A RESPONSABILIDADE CIVIL OBJETIVA DAS OPERADORAS DE PLANOS DE SAÚDE POR ERRO MÉDICO

Mitigação da Teoria Objetiva

MARCELO RIVERA

Prefácio
Othon de Azevedo Lopes

A RESPONSABILIDADE CIVIL OBJETIVA DAS OPERADORAS DE PLANOS DE SAÚDE POR ERRO MÉDICO

Mitigação da Teoria Objetiva

Belo Horizonte

2021

© 2021 Editora Fórum Ltda.

É proibida a reprodução total ou parcial desta obra, por qualquer meio eletrônico, inclusive por processos xerográficos, sem autorização expressa do Editor.

Conselho Editorial

Adilson Abreu Dallari
Alécia Paolucci Nogueira Bicalho
Alexandre Coutinho Pagliarini
André Ramos Tavares
Carlos Ayres Britto
Carlos Mário da Silva Velloso
Cármen Lúcia Antunes Rocha
Cesar Augusto Guimarães Pereira
Clovis Beznos
Cristiana Fortini
Dinorá Adelaide Musetti Grotti
Diogo de Figueiredo Moreira Neto (*in memoriam*)
Egon Bockmann Moreira
Emerson Gabardo
Fabrício Motta
Fernando Rossi
Flávio Henrique Unes Pereira

Floriano de Azevedo Marques Neto
Gustavo Justino de Oliveira
Inês Virgínia Prado Soares
Jorge Ulisses Jacoby Fernandes
Juarez Freitas
Luciano Ferraz
Lúcio Delfino
Marcia Carla Pereira Ribeiro
Márcio Cammarosano
Marcos Ehrhardt Jr.
Maria Sylvia Zanella Di Pietro
Ney José de Freitas
Oswaldo Othon de Pontes Saraiva Filho
Paulo Modesto
Romeu Felipe Bacellar Filho
Sérgio Guerra
Walber de Moura Agra

FÓRUM
CONHECIMENTO JURÍDICO

Luís Cláudio Rodrigues Ferreira
Presidente e Editor

Coordenação editorial: Leonardo Eustáquio Siqueira Araújo
Aline Sobreira de Oliveira

Av. Afonso Pena, 2770 – 15º andar – Savassi – CEP 30130-012
Belo Horizonte – Minas Gerais – Tel.: (31) 2121.4900 / 2121.4949
www.editoraforum.com.br – editoraforum@editoraforum.com.br

Técnica. Empenho. Zelo. Esses foram alguns dos cuidados aplicados na edição desta obra. No entanto, podem ocorrer erros de impressão, digitação ou mesmo restar alguma dúvida conceitual. Caso se constate algo assim, solicitamos a gentileza de nos comunicar através do *e-mail* editorial@editoraforum.com.br para que possamos esclarecer, no que couber. A sua contribuição é muito importante para mantermos a excelência editorial. A Editora Fórum agradece a sua contribuição.

Dados Internacionais de Catalogação na Publicação (CIP) de acordo com a AACR2

R621r	Rivera, Marcelo A responsabilidade civil objetiva das operadoras de planos de saúde por erro médico: mitigação da teoria objetiva / Marcelo Rivera. – Belo Horizonte : Fórum, 2021. 180 p. 14,5x21,5cm ISBN: 978-65-5518-187-6 1. Direito Civil. 2. Direito à Saúde. 3. Direito Empresarial. 4. Direito Processual Civil. I. Título. CDD: 342.1 CDU: 347

Elaborado por Daniela Lopes Duarte – CRB-6/3500

Informação bibliográfica deste livro, conforme a NBR 6023:2018 da Associação Brasileira de Normas Técnicas (ABNT):

RIVERA, Marcelo. *A responsabilidade civil objetiva das operadoras de planos de saúde por erro médico*: mitigação da teoria objetiva. Belo Horizonte: Fórum, 2021. 180 p. ISBN 978-65-5518-187-6.

Agradeço à minha esposa, Amanda, pelos estímulos e por acreditar na caminhada em conjunto. Sem ela, esse projeto não teria sequer se iniciado. Agradeço, imensamente, aos meus filhos, Pedro e Lucas, que, sem saber, tornaram-se os meus maiores incentivadores. Eles compõem a fonte de energia que me move. Agradeço igualmente à minha família, aos meus pais e irmãos – amo a todos. Como sou bastante apegado aos meus companheiros, a eles também dedico minhas conquistas: obrigado "Thor" e "Farofa". Não menos importante, agradeço profundamente ao meu querido professor Othon de Azevedo Lopes.

SUMÁRIO

PREFÁCIO
Othon de Azevedo Lopes 9

INTRODUÇÃO 13

**1
PREMISSAS DA RESPONSABILIDADE CIVIL DO MÉDICO E DA OPERADORA DE PLANO DE SAÚDE** 19

1.1 Dos elementos da responsabilidade civil: ato ilícito, dano e nexo de causalidade 21

1.2 Das teorias da responsabilidade civil: subjetiva, da culpa presumida e objetiva 36

1.3 Da responsabilidade civil por fato de terceiro 44

1.4 Teorias da culpa na responsabilidade civil subjetiva: culpa *in eligendo* e culpa *in vigilando* 49

1.5 Teoria do risco do empreendimento 51

1.6 Obrigações "de meio", "de resultado" e "de garantia" 55

1.7 Das excludentes de responsabilidade civil no Código Civil e no Código de Defesa do Consumidor 59

1.8 Da responsabilidade civil do médico 61

1.9 Da responsabilidade civil da operadora de plano de saúde 67

1.9.1 Nota introdutória e histórica da assistência privada à saúde no Brasil 69

1.9.2 Dos tipos de operadoras de planos de saúde (seguro-saúde, planos propriamente ditos) 72

1.9.3 Da diferenciação entre rede própria e cooperados, credenciados e referenciados 75

**2
PESQUISA EMPÍRICA SOBRE RESPONSABILIDADE CIVIL DO PLANO DE SAÚDE POR ERRO MÉDICO** 79

2.1 Metodologia da pesquisa empírica 79

2.2 Dos resultados gerais da pesquisa empírica no STJ 79

2.2.1	Dos julgamentos – condenação com base na existência de vinculação entre operadora do plano de saúde e médico	81
2.2.2	Dos julgamentos – operadoras de planos de saúde sob a natureza de cooperativa	93
2.2.3	Dos julgamentos – aplicação da teoria do risco do empreendimento	97
2.2.4	Dos julgamentos – condenação por fazer parte da "cadeia de fornecimento do serviço"	98
2.2.5	Dos julgamentos – simples aplicação da teoria objetiva	102
2.2.6	Aplicação da teoria da perda de uma chance	103
2.2.7	Dos casos em que se absolveu a operadora do plano de saúde..	104
2.2.8	Entendimento do Superior Tribunal de Justiça acerca da necessidade de se observar o grau de subordinação entre os agentes	105
2.3	Conclusões	107

**3
PROPOSTAS PARA UMA NOVA RESPONSABILIDADE CIVIL DO PLANO DE SAÚDE POR ERRO MÉDICO 109**

3.1	Da responsabilidade civil do plano de saúde por erro médico ..	112
3.1.1	Evento danoso decorrente de conduta de profissional da rede própria da operadora do plano de saúde	112
3.1.2	Evento danoso decorrente de conduta de profissional credenciado/conveniado à operadora do plano de saúde	118
3.1.3	Do liame de "subordinação" entre a operadora do plano de saúde e o médico/hospital referenciado	137
3.1.4	Questões processuais para a necessária análise da culpa do profissional que falhou e cometeu erro médico	140
3.1.4.1	A produção de provas nas ações de erro médico	141
3.1.4.2	Responsabilidade solidária e a ação de regresso	147
3.1.4.3	Intervenção de terceiros, proibição em ações consumeristas	151

CONCLUSÃO 153

REFERÊNCIAS 167

APÊNDICE 173

PREFÁCIO

É uma marca das sociedades contemporâneas a centralidade do risco. É preciso alocar de forma calculada os infortúnios que afligem os indivíduos. Daí que a responsabilidade civil esteja ocupando um papel central, como instituto jurídico, não só no Brasil, mas em todo o mundo capitalista em que os danos devem ser atribuídos com a intervenção de uma autoridade judicial. Sem isso, diversas atividades arriscadas, como o trânsito urbano, sequer seriam possíveis. O mesmo hoje pode-se dizer da medicina. São tantos os riscos que envolvem a atividade, que não mais é possível a delimitação de deveres de profissionais e de empresas que atuam na área sem a responsabilidade civil como esfera de definição.

Nisso está a importância do presente livro, que tenho o prazer de prefaciar. O seu foco é a responsabilidade civil das operadoras de planos de saúde quando o erro médico atinge os seus beneficiários.

Além do tema dos riscos, outra questão inerente ao presente trabalho é o esquadrinhamento dos distintos papéis sociais que se apresentam na cadeia de serviços e consumo da prestação dos serviços de saúde. Não há uma simples relação entre médico e paciente. Para mais do que o autor do dano, o médico, e a vítima, o consumidor, há também a operadora do plano ou do seguro saúde. Então, o foco do trabalho passa por expor deveres e responsabilidades dos atores envolvidos na indenização do dano.

Surgem, então, os papéis sociais, como núcleos significativos e centros integradores a unificar as interações sociais. Tem-se aí um plexo de direito e deveres vinculados a certa posição social dos atores. São eixos organizatórios da imputação das sanções. A vítima tem o direito de perseguir o causador do dano, o médico, e um responsável pela ação do médico, a operadora do plano de saúde.

No Estado de Bem-estar Social, a preocupação com os papéis sociais assume um primeiro plano, por ser a cidadania cindida em tais plexos de deveres e direitos, que estruturam compensações em relações assimétricas em que uma das partes é hipossuficiente. O paciente, como consumidor, diante do domínio da situação e saber qualificado do médico, e diante do plano de saúde e seu controle sobre os prestadores de serviço, fica numa posição fragilizada que deve receber atenção especial.

Este livro articula, portanto, múltiplos agentes: a operadora de plano de saúde, o profissional que supostamente errou e o paciente. Há um competente trabalho de expor cada cadeia de deveres e direitos que envolve esses atores e as peculiaridades das relações jurídicas, sabendo-se que há uma opção entre responsabilidade subjetiva e objetiva e as diversas modalidades que são nuances desses dois extremos, inclusive estruturando a responsabilidade civil por ato de terceiros. Assim, a exposição da responsabilidade do médico e dos planos de saúde faz-se acompanhar de um sério apanhado dos conceitos de responsabilidade civil que se relacionam a cada um dos papéis sociais trabalhados, destacando-se a responsabilidade civil por fato de terceiro, dado o seu claro vínculo com o presente trabalho.

Mostrando a relevância de aprofundar em cada um dos papéis sociais envolvidos, houve uma contextualização histórica das operadoras de planos de saúde no Brasil, que permite entender quais são as modalidades existentes (cooperativa, "seguro-saúde", operadoras de planos propriamente ditos) e o tipo de vínculo entre elas e os profissionais (se de rede própria, conveniados, credenciados e referenciados). Também foi dedicada uma parte do trabalho a estudar a responsabilidade civil do médico, sob as lentes da responsabilidade subjetiva e da obrigação de meio, destacando-se quatro categorias: (i) erro médico; (ii) evento adverso; (iii) acidente imprevisível; e (iv) resultado incontrolável.

Outro eixo do trabalho é uma laboriosa pesquisa de precedentes do Superior Tribunal de Justiça para ver como a Corte entende a imputação de responsabilidade por erros médicos sofridos pelos seus beneficiários às operadoras de planos de saúde.

O material angariado na pesquisa sobre precedentes do Superior Tribunal de Justiça dá lugar a uma análise crítica em que se utilizam os conhecimentos anteriores do trabalho, em que se diferenciou a rede própria da rede credenciada/conveniada e da referenciada, mostrando-se o impacto dessa distinção no âmbito da responsabilidade civil das operadoras de planos de saúde. Há o devido destaque para a responsabilidade objetiva dos planos de saúde, mas com a prudência do antecedente exame da responsabilidade subjetiva do médico. Com muita clareza, o autor explica como se dá essa relação e suas justificativas.

Aqui está um dos grandes méritos do trabalho. É que o Judiciário aborda os conflitos de maneira casuística, descontínua e fragmentada, tratando de problemas parciais, delimitados pelas lides concretas que lhe são apresentadas. A dispersão dos casos que são apresentados ao Judiciário exige uma maior consistência do discurso jurídico. Cabe ao julgador a filtragem do conflito, valendo-se de uma fidelidade estrita à consistência jurídica de sua decisão ao interpretar a lei e os precedentes sob a luz da dogmática, dos conceitos de teoria geral e dos princípios constitucionais, que guindam a resolução do caso a um nível de validação, abstração e agregação que a afasta de um mero decisionismo. A legitimidade da decisão judicial depende de sua consistência jurídica, e não da implementação de direitos de caráter compensatórios. É a subordinação ao direito e a autolimitação dos seus próprios poderes que validam materialmente a decisão judicial.

No âmbito da responsabilidade civil, especialmente nas relações de consumo, em que uma das partes apresenta-se, a um só tempo, como vítima e consumidor, expondo a sua evidente fragilidade, essa questão da consistência e legitimidade sobressai. Efetivamente a responsabilidade civil nas relações de consumo, com a aplicação da teoria objetiva e da inversão do ônus da prova, tem um caráter compensatório, visando a equalizar o desnível entre consumidor e produtor de serviços e bens. Todavia, o que valida a decisão judicial não é a mera correção desse desnível, mas o seu acertamento de acordo com parâmetros estritamente jurídicos. É dizer, a proteção da vítima deve estar de acordo com a lei, com os institutos e com os princípios jurídicos. É exatamente nesse ponto que o presente estudo dá a sua decisiva contribuição ao se preocupar, de forma dedicada, em apresentar uma construção que organize teoricamente o disperso material jurisprudencial.

Em conclusão, o leitor tem em mãos um cuidadoso e útil trabalho que trata de um importante tema: a responsabilidade civil das operadoras de planos de saúde quando o erro médico atinge os seus beneficiários. A obra o aborda profundamente, expondo conceitos da teoria da responsabilidade, estudando os papéis sociais do médico e das operadoras de saúde, coletando os precedentes do Superior Tribunal de Justiça sobre o tema e, sobretudo, conferindo consistência jurídica ao coletado de casos. Certamente será uma leitura prazerosa.

Othon de Azevedo Lopes
Doutor em Filosofia do Direito e do Estado pela Pontifícia Universidade Católica de São Paulo – PUC-SP (2011) e mestre em Direito pela Universidade de Brasília (2003). Atualmente é professor, aprovado em concurso para a área de Direito Econômico, Financeiro e Tributário, na Faculdade de Direito da Universidade de Brasília. Advogado inscrito na OAB desde 1996.

INTRODUÇÃO

O estudo da responsabilidade civil mostra-se bastante desafiador, dado que permeia um sem-número de situações no dia a dia e, às vezes, coloca em conflito teorias distintas sobre um mesmo evento. É o que se percebe, por exemplo, quando acontece o chamado erro médico e a participação de múltiplos agentes: a operadora de plano de saúde, o hospital e o próprio profissional que errou. No contexto dos erros médicos, é possível constatar que algumas teorias de responsabilidade civil conseguem responder sobre a participação isolada de um dado agente no evento danoso, mas, quando se conjuga a participação de outros agentes, aparecem elementos que impossibilitam a compatibilização das teorias aplicadas individualmente a cada um deles. O presente trabalho tem, como foco, a análise e o estudo da responsabilidade civil das operadoras de planos de saúde frente a erros médicos cometidos por profissionais que integram sua rede própria, credenciada ou referenciada, e sofridos por seus beneficiários.

O problema de pesquisa apresenta-se em razão do distanciamento que há entre a teoria da responsabilidade civil aplicada aos profissionais médicos que cometem erros médicos e a teoria da responsabilidade civil aplicada às operadoras de planos de saúde quando diante de erros médicos sofridos por seus beneficiários. Tal distanciamento tem mais impacto quando visto e analisado o liame jurídico estabelecido entre a operadora do plano de saúde e o médico que errou. Isso ocorre porque, em hipótese, para o primeiro caso (teoria aplicada aos profissionais) seria aplicada a teoria subjetiva da responsabilidade civil, considerando que a obrigação assumida pelo profissional seria uma "obrigação de meio". Por outro lado, para o segundo caso (operadora de plano de saúde), considerando a mesma "obrigação de meio", seria aplicada a teoria objetiva da responsabilidade civil. Essa diferenciação pode gerar distorções na aplicação da lei, para um e outro, sob os mesmos fatos e circunstâncias, trabalhando contra a segurança jurídica.[1]

A aplicação das teorias objetiva e subjetiva da responsabilidade civil, seja para a operadora do plano de saúde, seja para o profissional liberal, diante do mesmo evento danoso (erro médico), gera distorções sobre a própria natureza jurídica do evento danoso, porque transforma a obrigação de meio em uma obrigação de resultado, quando o foco está voltado para a operadora do plano de saúde. Os erros médicos são provenientes, como se verá na seção 1.8, de serviços médicos. Os serviços médicos[2] constituem, por natureza e essência, uma obrigação de meio ou de "diligência", conforme anota André Tunc.[3] A par de tal constatação, ao aplicar a teoria da responsabilidade civil objetiva para as operadoras dos planos de saúde, em decorrência de erros médicos, está-se – nessa hipótese – conferindo características de obrigações de resultado para os serviços médicos, que são, em sua essência, obrigações de meio.

O estudo da responsabilidade civil por ato de terceiros, como é o caso do tipo de responsabilidade ora em estudo, requer bastante atenção sobre quais são os liames fáticos e/ou jurídicos que poderiam afastar ou atrair a responsabilização da empresa. Isso, porque o fato de terceiro,

---

[1] Comparato (2019) assim ensina: "*É, justamente, pela qualidade da garantia que se define a natureza da segurança. Há, com efeito, garantia de fato e garantias de direito. A elas correspondem seguranças fáticas – fundadas na força física, no poder econômico, na capacidade de sedução e assim por diante – seguranças jurídicas, reguladas no sentido de serem suscetíveis de produzir efeitos de direito no interesse do respectivo sujeito, nem sempre são efetivas, a ponto de proteger, real e completamente, os seus interesses. (...). Assim, não há segurança jurídica que não tenha, ainda que em grau mínimo, uma existência efetiva*" (COMPARATO, F. K. Democratização e Segurança. *Revista de Direito Administrativo e Infraestrutura*. v. 8, p. 391-407, jan-mar. 2019).

[2] Anota-se, aqui, a divergência doutrinária que há na classificação de alguns serviços médicos, sendo obrigações de resultado: a cirurgia plástica puramente estética e os serviços de anestesia. A par da divergência doutrinária, entende-se que não há razão para diferenciar os tipos de serviços médicos, devendo todos serem vistos como obrigações de meio ou de diligência.

[3] "A distinção entre obrigações de 'resultado' e obrigações de 'meios' – que sugerimos denominar 'obrigações de diligência' – tem sido objeto de inúmeros estudos sem que se desfaça a incerteza que reina a respeito. (...) O médico, para limitar-nos a esse exemplo, não pode prometer a cura desejada pelo doente: esse resultado depende muito pouco dele, médico. Nem mesmo as próprias partes terão a ideia de dizer que ele se comprometeu a curar. Por outro lado, tecnicamente, isso não poderia ser admitido. De vez que torna-se normal que uma diligência apropriada não atinja o resultado desejado, com efeito, não mais se pode identificar as duas noções, ou pelo menos considerar, de alguma forma como intercambiáveis: é preciso retornar à realidade das coisas e resignar-se a cumprir a diligência, a qual é em si mesma, o objeto da obrigação. O médico não se compromete a curar, mas a prestar cuidados conscienciosos, atentos e conformes aos dados adquiridos pela ciência" (TUNC, A. A distinção entre obrigações de resultado e obrigações de diligência. *Doutrinas essenciais*: obrigações e contratos, v. 1, p. 747-760, jun. 2011).

como se verá adiante, pode apontar tanto para a responsabilização quanto para a exclusão da responsabilidade, pois o terceiro pode romper com o nexo de causalidade. Ao enfrentar o tema buscou-se realizar uma pesquisa empírica sobre os julgados do Superior Tribunal de Justiça que envolvessem o tema aqui debatido, para averiguar como se dá o entendimento da Instância Superior. Aprioristicamente, tem-se que a operadora do plano de saúde, em tese, só pode responder por erros médicos decorrentes da atuação de profissionais que compõem a sua rede própria de atendimento, dado que, apenas nesse caso, a disposição legal permitiria a extensão da responsabilidade civil por ato de terceiro à operadora do plano de saúde, tudo em conformidade com o artigo 932, III,[4] do Código Civil. Além disso, mesmo nesses casos a responsabilidade da operadora do plano de saúde não poderia ser constatada sem que antes se averiguasse a responsabilidade do profissional, ou seja, seria preciso analisar se houve a conduta culposa do profissional para, depois, concluir por eventual responsabilidade da operadora do plano de saúde.

Como o instituto da responsabilidade civil abrange um campo muito vasto de análise, far-se-á um recorte para os elementos e teorias que foram aplicados pelo Superior Tribunal de Justiça nas hipóteses de condenação das operadoras dos planos de saúde por erros médicos. De toda sorte, não é possível falar de responsabilidade civil sem antes abordar os conceitos dos elementos que permeiam o instituto, como o ato ilícito, o dano e o nexo de causalidade (seção 1.1). Não se deixará, também, de abordar as teorias da responsabilidade civil subjetiva, da culpa presumida e da objetiva (seção 1.2). Ainda, tratar-se-á das teorias da responsabilidade civil por fato de terceiro (seção 1.3), para, depois, abordar as teorias da culpa, em especial a da *culpa in eligendo* e da *culpa in vigilando* (seção 1.4).

Essencialmente, o problema de pesquisa envolve o estudo da responsabilidade civil por fato de terceiro (seção 1.3). A análise da responsabilidade civil por ato de terceiro, no contexto do presente trabalho, para além do estudo da teoria da culpa (seção 1.4), leva ao estudo da teoria do risco, com ênfase na teoria do risco do empreendimento (seção 1.5), e ao exame da natureza jurídica das obrigações assumidas tanto pela operadora do plano de saúde como pelo médico (de meio, de resultado, ou de garantia), a fim de se cotejar qual é a teoria

---

[4] Art. 932. São também responsáveis pela reparação civil:
(...)
III – o empregador ou comitente, por seus empregados, serviçais e prepostos, no exercício do trabalho que lhes competir, ou em razão dele;

da responsabilidade civil a ser aplicada a cada uma dessas obrigações (seção 1.6). Feita a abordagem desses conceitos, passa-se a verificar quais são as possíveis excludentes de ilicitude (seção 1.7). Depois do apanhado geral dos conceitos de todos esses institutos, buscar-se-á estudar os elementos que compõem a responsabilidade civil do médico (seção 1.8) e das operadoras de planos de saúde (seção 1.9). Nesse particular, aborda-se um breve contexto histórico das operadoras de planos de saúde no Brasil para entender quais são os tipos existentes (cooperativa, "seguro-saúde", operadoras de planos propriamente ditos), e das modalidades de contratação entre elas e os profissionais (se de rede própria, conveniados, credenciados e referenciados).

Após a análise conceitual exposta, passar-se-á para a análise jurisprudencial do tema no capítulo 2. Com efeito, a análise empírica buscará analisar como o Superior Tribunal de Justiça tem entendido a responsabilidade civil das operadoras de planos de saúde nos casos de erros médicos sofridos por seus beneficiários. A escolha do Superior Tribunal de Justiça levou em consideração o fato de o referido Tribunal ser a "última palavra" na interpretação de dispositivos legais infraconstitucionais, ditando como os Tribunais de Justiça de cada Estado devem ser orientados em seus julgamentos. Com isso, a forma como o Superior Tribunal de Justiça entende o tema aqui proposto conduz os trabalhos nas Cortes Estaduais, as quais replicam o entendimento exarado pela Corte Superior.

Tem-se, por hipótese, que o Superior Tribunal de Justiça aplica aos médicos, em casos de erro médico, a responsabilidade do tipo subjetiva, de forma que a culpa dos profissionais deve ser aferida para fins de ressarcimento civil ao paciente. Excepciona-se esse entendimento em situações de erro médico em cirurgias puramente estéticas. Nesses casos, o Superior Tribunal de Justiça entende que a obrigação constituída pelo profissional é uma obrigação de resultado, de modo a atrair a teoria da culpa presumida.[5] Também por hipótese, entende-se que, para o mesmo fato, erro médico, o Superior Tribunal de Justiça aplica a teoria da responsabilidade civil objetiva quando a demanda é direcionada à operadora do plano de saúde. Essas hipóteses apontam que para o mesmo fato há conclusões sensivelmente distintas e que não se compatibilizam. No capítulo 2, apresentar-se-á a metodologia utilizada na pesquisa (seção 2.1) e os resultados colhidos, destacando-se algumas

---

[5] Tópico já abordado por esse autor, em: SANTOS, M. H. G.; RIVERA M. Releitura da responsabilidade civil em cirurgia estética à luz do novo CPC: obrigação de meio e não de resultado. *Revista dos Tribunais*, São Paulo, v. 982, p. 53-86, ago. 2017.

das decisões encontradas (seção 2.2). Ao final do capítulo (seção 2.3), apontar-se-ão as conclusões da pesquisa realizada.

No capítulo 3, após a constatação do entendimento do Superior Tribunal de Justiça (capítulo 2), bem como após a apresentação e o estudo dos conceitos da responsabilidade civil que permeiam a situação aqui estudada (capítulo 1), propor-se-á como deve ser entendida a responsabilidade civil das operadoras de planos de saúde quando diante de casos de erros médicos, nas mais variadas circunstâncias, em razão do vínculo jurídico e/ou fático estabelecido entre a operadora de plano de saúde e o profissional que errou. Para além de tal proposição, apontar-se-ão, também, questões processuais que podem direcionar a proposta apresentada ou adequar-se a ela. Certamente, a conclusão pela aplicação de uma dada teoria (e suas nuances) da responsabilidade civil deve ser feita de forma orgânica e harmônica com o contexto dos negócios jurídicos e bens da vida tutelados pelo direito. É, pois, dentro desse contexto que se propõe uma releitura da responsabilidade civil aplicada pelo Superior Tribunal de Justiça às operadoras de planos de saúde em casos de erros médicos, de acordo com as eventuais particularidades de cada caso.

PREMISSAS DA RESPONSABILIDADE CIVIL DO MÉDICO E DA OPERADORA DE PLANO DE SAÚDE

A responsabilidade como um instituto jurídico nos leva à Antiguidade e denota ser peça fundamental na história do direito, nas palavras do professor Othon de Azevedo Lopes.[6] Como ensinado por Othon, no início não se tinham ilícitos civis nem penais. O que se tinha era a resposta a um *mal* com outro *mal*, em uma vingança pura e simples.

Tomando por base que o instituto da responsabilidade remonta à Antiguidade, e que o referido instituto evoluiu muito ao longo das eras, far-se-á uma análise e um estudo da responsabilidade civil na Idade Contemporânea – com foco nos chamados erros médicos. Mais precisamente, examinar-se-á a responsabilidade civil das operadoras dos planos de saúde quando seus beneficiários sofrem um erro médico. Essa análise contará, também, com o estudo da responsabilidade civil do próprio profissional.

O recorte temático e temporal do tema remete à análise do instituto da responsabilidade civil no Brasil e inicia-se já no Código Civil de 1916, quando se determinou, por meio do artigo 159,[7] que seriam consideradas ilícitas as ações comissivas ou omissivas positivas, a negligência ou a imprudência que violassem direito ou causassem prejuízo a outrem. Essas circunstâncias seriam alvo de reparação de eventual dano causado. Somente não constituiriam atos ilícitos aqueles

---

[6] LOPES, O. A. *Fundamentos da responsabilidade civil*. Rio de Janeiro: Processo, 2019.
[7] Art. 159. Aquele que, por ação ou omissão voluntária, negligência, ou imprudência, violar direito, ou causar prejuízo a outrem, fica obrigado a reparar o dano. A verificação da culpa e a avaliação da responsabilidade regulam-se pelo disposto neste Código, arts. 1.521 a 1.532 e 1.542 a 1.553.

praticados em legítima defesa ou no exercício regular de um direito; ou a deterioração ou destruição da coisa no intuito de se remover perigo iminente, apenas nos limites do indispensável para a remoção do perigo, conforme o artigo 160,[8] seus incisos e seu parágrafo.

A estrutura da responsabilidade civil demandava, então, a análise dos seguintes elementos: (i) o ato ilícito, que se caracterizaria somente mediante averiguação da culpa (ação ou omissão voluntária, negligência ou imprudência); e (ii) o dano (o prejuízo sofrido). Naturalmente, seria necessário encontrar a relação entre o ato ilícito praticado e o dano causado, como circunstância caracterizadora do dever de reparar. Entre 1916 e o Código Civil promulgado em 2002 acompanhou-se o surgimento da responsabilidade civil do tipo objetiva, incluída por legislações especiais.[9] Com a inclusão da responsabilidade civil objetiva, criaram-se, portanto, dois grandes tipos de responsabilidade civil: (i) a subjetiva; e (ii) a objetiva. A diferenciação entre elas deu-se, e dá-se, na questão de avaliação da culpa como elemento a ensejar a reparação do dano. Enquanto para a responsabilidade civil subjetiva é preciso verificar uma conduta culposa (com dolo ou culpa *stricto sensu*), para a responsabilidade civil objetiva prescinde-se da avaliação e da constatação da conduta culposa, bastando a existência do dano e do liame entre o evento (seja ele lícito[10] ou ilícito) que tenha gerado o dano.

Na atual sistemática legal, a responsabilidade civil dos médicos, quando no exercício da sua profissão, está inserida no rol das responsabilidades civis dos profissionais liberais, que seguem a teoria da responsabilidade subjetiva, de acordo com o Código de Defesa do Consumidor. Assim, em regra, quando diante de um erro médico, o profissional responde pelo erro[11] conforme a sistemática da responsabi-

---

[8] Art. 160. Não constituem atos ilícitos:
I – os praticados em legítima defesa ou no exercício regular de um direito reconhecido;
II – a deterioração ou destruição da coisa alheia, a fim de remover perigo iminente (arts. 1.519 e 1.520).
Parágrafo único. Neste último caso, o ato será legítimo, somente quando as circunstâncias o tornarem absolutamente necessário, não excedendo os limites do indispensável para a remoção do perigo.

[9] Exemplos de legislação especial que introduziu a responsabilidade objetiva: (i) acidente do trabalho – Decreto nº 3.724/1919; (ii) Código Brasileiro do Ar, Decreto-lei nº 483/1938; (iii) responsabilidade do Estado, Constituição Brasileira de 1946; (iv) a dos produtores de bens e serviços no Código de Defesa do Consumidor – Lei nº 8.078/90 (LOPES, O. A. *Fundamentos da responsabilidade civil.* Rio de Janeiro: Processo, 2019).

[10] Pode-se citar, como exemplo de um ato lícito que enseja reparação civil, a desapropriação de uma dada propriedade para utilidade pública.

[11] Aqui, "erro" não segue o conceito trazido pelo Código Civil sobre o tema. "Erro", aqui, é uma conduta contrária ao que se era esperado.

lidade subjetiva, com averiguação da culpa (dolo ou culpa *stricto sensu*, ou seja, da sua conduta), do dano e do nexo de causalidade entre um e outro. Por outro lado, as operadoras de planos de saúde, no oferecimento de serviços assistenciais à saúde, elaboram uma série de negócios jurídicos,[12] colocando-se em algumas posições que implicam a adoção de uma teoria ou outra da responsabilidade civil, a depender das diferentes obrigações que emanam de cada uma dessas relações. No que tange, especificamente, à responsabilização civil das operadoras de planos de saúde por erro médico, o Superior Tribunal de Justiça tem entendido que aquelas respondem por tais eventos de forma objetiva e solidária ao profissional, com fundamento em uma série de "subteorias". Com o fito de avaliar essas circunstâncias, passa-se a analisar os elementos da responsabilidade civil sob diferentes aspectos.

1.1 Dos elementos da responsabilidade civil: ato ilícito, dano e nexo de causalidade

A teoria da responsabilidade civil subjetiva aponta para a necessidade de se verificar a existência de três elementos: (i) ato ilícito (conduta culposa); (ii) dano; e (iii) nexo de causalidade entre a conduta e o dano sofrido. A teoria da responsabilidade civil objetiva estuda apenas dois desses elementos: o dano e o nexo de causalidade. Nela, o evento danoso não precisa ser, necessariamente, um ilícito. Em razão de a teoria da responsabilidade civil subjetiva abranger os elementos da teoria objetiva, passa-se à análise dos três elementos.

Primeiramente, trataremos do ato ilícito. Entende-se que os atos ilícitos são praticados com desvio de conduta, em que há um afastamento do comportamento "esperado".[13] O comportamento que

---

[12] Há, por exemplo, (i) a relação jurídica com os direitos e as obrigações entre a operadora do plano de saúde e do consumidor; (ii) a relação jurídica que há entre a operadora do plano de saúde e os profissionais que compõem a rede de assistência; e (iii) a relação jurídica que há entre a operadora do plano de saúde, os hospitais e as clínicas que compõem a rede de assistência à saúde da operadora do plano.

[13] Inicia-se, aqui, uma crítica à premissa de que, por vezes, acompanha posicionamentos sobre a conclusão de uma ação ou omissão de alguém em um dado contexto. É comum se observar a indicação "homem médio" ou "era esperado" de um determinado comportamento que não foi adequado à situação. A ideia por trás dessa construção é: uma dada ação ou omissão é reprovada partindo-se de uma premissa de que há um comportamento *standard* esperado das pessoas naquele contexto. A crítica que se faz é: não é crível que se reprove um dado comportamento utilizando-se, como pressuposto, uma suposta existência de um "comportamento padrão", pois cada ser humano é composto por inúmeros fatores que se congregam na tomada da decisão e que não podem ser isolados quando estão sob avaliação.

se espera é aquele previsto nas leis, de modo que – com isso – surge a ação que respeita os ditames legais, "atos jurídicos", e aquela que está em desconformidade com a lei, "atos ilícitos"[14] ou "antijurídicos". Indica-se, também, em sua conceituação, que apenas os atos resultantes de ação (ou omissão) consciente podem ser definidos como ilícitos, o que nos leva a concluir que a antijuridicidade se junta à subjetividade da vontade do agente.[15]

Nesse mister, nas palavras de Rui Stoco:[16]

> Assim sendo, para que haja ato ilícito, necessária se faz a conjugação dos seguintes fatores: a existência de uma ação; a violação da ordem jurídica; a imputabilidade; a penetração na esfera de outrem. Desse modo, deve haver um comportamento do agente, positivo (ação) ou negativo (omissão) que, desrespeitando a ordem jurídica, causa prejuízo a outrem, pela ofensa a bem ou a direito deste. Esse comportamento (comissivo ou omissivo) deve ser imputável à consciência do agente, por dolo (intenção) ou por culpa (negligência, imprudência ou imperícia), contrariando, seja um dever geral do ordenamento jurídico (delito civil), seja uma obrigação em concreto (inexecução da obrigação ou de contrato).

Seguindo os ensinamentos apontados acima, o ato ilícito, portanto, assume contornos para além de uma possibilidade aberta ou abstrata, dado que a inexecução de uma obrigação prevista em contrato pode fazer emergir o ato ilícito. Em outras palavras, a antijuridicidade não se revela apenas em um agir contrário ao regramento legal. A não observância de uma obrigação contratual (objeto lícito) enseja igualmente um ato ilícito, dado que se mostrou um desvio de conduta.

O ato ilícito é, em sua essência, o desvio de conduta. Quanto a esse ponto, é importante notar que a redação trazida pelo artigo 186[17] do Código Civil de 2002 deve ser bastante criticada. Isso se justifica porque, como se pode averiguar, para o ordenamento jurídico só haveria ato

---

Em outras palavras, não é possível isolar o comportamento de uma dada pessoa para dizer que outras (sem qualquer base empírica) agiriam de forma diversa, fazendo com que se possa reprovar a conduta daquela pessoa.

[14] STOCO, R. *Tratado de responsabilidade civil*. 10. ed. São Paulo: Revista dos Tribunais, 2014. p. 199.
[15] Ibid.
[16] Ibid., p. 200.
[17] Art. 186. Aquele que, por ação ou omissão voluntária, negligência ou imprudência, violar direito e causar dano a outrem, ainda que exclusivamente moral, comete ato ilícito.

ilícito por ação ou omissão voluntária, negligência ou imprudência, que viole e cause dano a outrem, ainda que exclusivamente moral. O uso do conectivo "e" faz surgir uma interpretação que não ganha guarida na doutrina e na jurisprudência, dado que, com esse conectivo, poder-se-ia entender que o ato ilícito só se aperfeiçoaria com a cumulação entre a ação antijurídica e a ocorrência de um dano proveniente da ação. A definição do ato ilícito não leva em consideração a existência de um prejuízo, mas tão somente a antijuridicidade do agir.

Considerando, igualmente, o texto disposto na lei, poder-se-ia apontar que a imperícia não faz parte de condutas culposas, o que também não guarda lógica. Isso, porque não consta esse instituto expressamente no texto legal, ao contrário da indicação expressa da negligência e da imprudência. Contudo, não há que se cogitar uma dispensação da imperícia como atributo ou elemento da culpa em sentido estrito (elementos que serão posteriormente detalhados neste trabalho). O Código Civil, com ênfase na temática do presente trabalho, apontou, em seu artigo 951,[18] que haverá obrigação de reparar nas hipóteses de ocorrência de imperícia. Afasta-se, pois, qualquer possibilidade de se cogitar não estar presente a imperícia como elemento da culpa.

Para o ato ilícito, importa observar que, segundo Francisco Amaral,[19] há os seguintes pressupostos: (i) dever violado (elemento objetivo); e (ii) imputabilidade do agente (elemento subjetivo). O elemento subjetivo, por sua vez, desdobra-se em outros dois elementos: (ii.a) possibilidade, para o agente, de conhecer o dever (discernimento); e (ii.b) possibilidade de observar o dever (previsibilidade e evitabilidade).

Há ainda de se fazer uma distinção entre o ato ilícito absoluto e o relativo. Ato ilícito absoluto seria aquele decorrente da responsabilidade extracontratual, também denominado de "aquiliano", quando o agente pratica ação ou omissão contrária ao direito e viola norma preexistente. Os ilícitos relativos seriam aqueles com origens de relações contratuais.[20] O ato ilícito poderia ser assim esquematizado:

---

[18] Art. 951. O disposto nos arts. 948, 949 e 950 aplica-se ainda no caso de indenização devida por aquele que, no exercício de atividade profissional, por negligência, imprudência ou imperícia, causar a morte do paciente, agravar-lhe o mal, causar-lhe lesão, ou inabilitá-lo para o trabalho.

[19] AMARAL, F. Os atos ilícitos. In: DOMINGOS, F. N.; MENDES, G. F.; MARTINS FILHO, I. G. S (Coords.). O novo código civil: estudos em homenagem ao Prof. Miguel Reale, São Paulo: LTr, 2003.

[20] STOCO, R. Tratado de responsabilidade civil. 10. ed. São Paulo: Revista dos Tribunais, 2014.

Figura 1 – Esquema representativo do ato ilícito

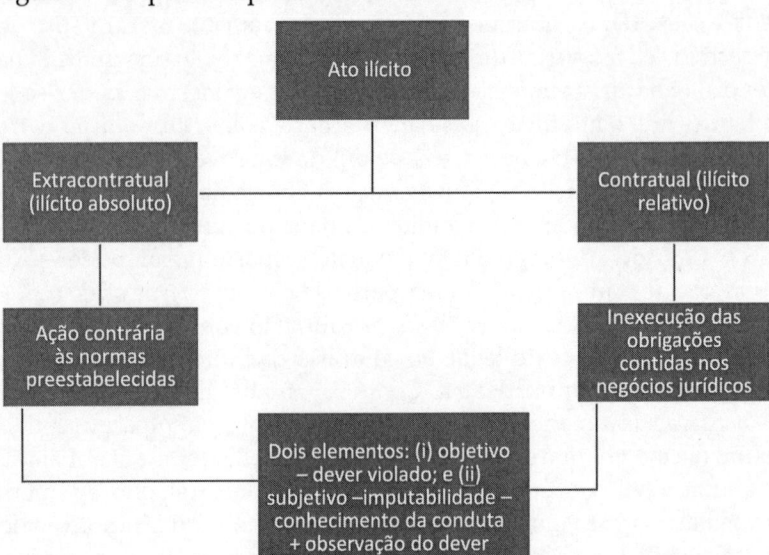

Fonte: Elaborada pelo autor.

O dano, por seu turno, é o prejuízo causado pelo agente e sofrido pela vítima. O dano, para o direito, seria a lesão ao bem juridicamente protegido,[21] de forma que nem todo prejuízo pode ser tutelado juridicamente. Como exemplo de um dano não protegido por lei, tem-se a perda de uma carga de entorpecentes. A carga de entorpecentes fazia parte do patrimônio da pessoa, e sua perda constituiu uma diminuição do patrimônio, um prejuízo, uma lesão. No entanto, essa lesão não atingiu um bem juridicamente protegido, dado que o entorpecente é considerado ilegal, com o que não se poderia falar da ocorrência de um dano. Conforme nos ensina Luiz Edson Fachin,[22] existem dois tipos de danos (decorrentes de bens juridicamente protegidos, claro): o patrimonial e aquele que atinge as pessoas.

Para o primeiro, o regime de responsabilização é o da reparação, enquanto para o segundo, o regime é o da compensação. O dano é, assim como o ato ilícito, um elemento essencial para a configuração do dever

---

[21] LOPES, O. A. *Fundamentos da responsabilidade civil*. Rio de Janeiro: Processo, 2019.
[22] FACHIN, L. E. Responsabilidade civil contemporânea no Brasil: notas para uma aproximação. *Revista Jurídica – Notadez, Sapucaia do Sul*, ano 58, nº 397, nov. 2010.

de indenizar, seja ele decorrente de uma não obediência legal, seja de um inadimplemento de um contrato.

Segundo Sérgio Cavalieri Filho,[23] seria possível pensar na existência de uma responsabilidade sem culpa, mas não se pode pensar em uma responsabilidade sem dano. Com isso, elenca o doutrinador que o "dano é, sem dúvida, o grande vilão da responsabilidade civil".

Em contraposição, ensina-nos Teresa Ancona Lopez[24] que seria possível pensar na existência de uma reparação civil sem dano, constante na ameaça, consignando, pois, que "será que é possível caracterizar-se como dano (prejuízo) a ameaça ou risco de 'danos graves e irreversíveis'? Ou seja, existiria o 'dano de risco'? Pensamos que é possível na teoria e na prática".

Não obstante o posicionamento de Lopez, entende-se que não seria possível concluir por uma reparação civil sem dano. Com efeito, é justamente a extensão do dano ou o *quantum* do dano que dá a dimensão da reparação devida, ideia que está umbilicalmente ligada ao fato de que o objetivo da reparação é o reingresso da vítima ao *status* econômico anterior ao da produção do prejuízo.

Em outro prisma, há de se atentar ao fato de que, apesar de a ausência de dano inviabilizar um ressarcimento civil, isso não significa dar validade para um ato ilícito. Em outras palavras, deve-se negar qualquer tipo de reparação a quem não sofreu danos (sejam pessoas físicas ou jurídicas), mas não se pode admitir que sejam válidos ou que produzam efeitos os atos ilícitos. Nesse cenário em que há ato ilícito, mas dele não decorreu dano, poder-se-ia buscar uma declaração de invalidade do ato ilícito sem, contudo, pleitear um ressarcimento civil, dado que não ocorreu o dano.

O dano, enquanto tipo de prejuízo, pode ser classificado em duas grandes categorias: material e imaterial. O primeiro tipo consistiria nos danos patrimoniais, e o segundo, nos danos morais. No universo dos danos materiais, tem-se três outras categorias: (i) os emergentes; (ii) os lucros cessantes; e (iii) a perda de uma chance.[25] O primeiro refere-se

---

[23] CAVALIERI FILHO, S. *Programa de responsabilidade civil*. 10. ed. São Paulo: Atlas, nº 17, 2012. p. 76-77.

[24] LOPES, T. A. *Princípio da precaução e evolução da responsabilidade civil*. São Paulo: Quartier Latin, 2010. p. 139.

[25] É possível aplicar essa categoria também aos danos morais, por exemplo, ao se falar de "perda de uma chance" na adoção de uma dada terapêutica a um paciente. Em outras palavras, pode-se dizer que um paciente sofreu um dano quando o profissional que o acompanhou não adotou todas as terapêuticas possíveis, impossibilitando-o, assim, de saber se uma dada terapêutica conseguiria curar-lhe. Portanto, perdeu-se a chance de se tentar a cura.

àquilo que efetivamente se perdeu, e o segundo, àquilo que se deixou de ganhar, nos termos do artigo 402[26] do Código Civil.

O dano material, ou patrimonial, possui como característica principal a possibilidade de reparação por pecúnia.[27] É de se entender, também, que é possível existirem ofensas a direitos imateriais que repercutam na esfera patrimonial, o que configuraria como dano patrimonial indireto.[28] Atento às categorias dos danos materiais, tem-se que o dano emergente é aquele que aponta para uma diminuição patrimonial efetiva decorrente do evento delituoso e que demanda uma reposição do patrimônio *in natura* ou a sua correspondência em pecúnia. A respeito da quantificação do correspondente em pecúnia devido ao dano ocasionado, o professor Othon de Azevedo Lopes[29] formula indagação extremamente pertinente, qual seja: deve o autor do dano indenizar o dano abstratamente considerado ou o dano concretamente sofrido pela vítima? Indicou-se como resposta a necessidade de se transitar nos dois "mundos", dado que o "arbitramento da indenização ocorre justamente numa tensão que envolve parâmetros abstratos e concretos que possibilitem quantificar concretamente os prejuízos subjetivos da vítima".

Os lucros cessantes, por sua vez, seriam aqueles correspondentes ao que a vítima deixou de auferir em decorrência do ato ilícito praticado pelo agente delituoso. Trata-se de reparação de evento futuro certo e determinado (ou determinável). Há de se verificar um juízo de probabilidade objetiva de sua ocorrência.[30] Encontra-se o fundamento para os lucros cessantes nos artigos 402 e 403,[31] ambos do Código Civil. O que se verifica da leitura dos dispositivos é que os lucros cessantes possuem uma ligação intrínseca, a juízo de razoabilidade, com aquilo que se deixou de lucrar, somado à necessidade de verificar a vinculação direta e imediata com a ação delituosa.

---

[26] Art. 402. Salvo as exceções expressamente previstas em lei, as perdas e danos devidos ao credor abrangem, além do que ele efetivamente perdeu, o que razoavelmente deixou de lucrar.

[27] LOPES, O. A. *Fundamentos da responsabilidade civil*. Rio de Janeiro: Processo, 2019.

[28] *Ibid*. p. 343. O autor cita, como exemplo, danos à saúde, o que – à primeira vista – seria um dano a um patrimônio imaterial, mas com repercussão na esfera patrimonial, dado que a vítima terá que suportar prejuízos decorrentes de despesas médicas e hospitalares, além de, eventualmente, deixar de auferir lucros enquanto se recupera da convalescência.

[29] *Ibid*., p. 343.

[30] *Ibid*., p. 345.

[31] Art. 403. Ainda que a inexecução resulte de dolo do devedor, as perdas e danos só incluem os prejuízos efetivos e os lucros cessantes por efeito dela direto e imediato, sem prejuízo do disposto na lei processual.

A terceira categoria dos danos materiais é a chamada "teoria da perda de uma chance", que encontra mais ênfase na responsabilidade dos médicos e dos advogados. Para Rafael Pettefi da Silva,[32]

> a chance representa uma expectativa necessariamente hipotética, materializada naquilo que se pode chamar de ganho final ou dano final, conforme o sucesso do processo aleatório. Entretanto, quando esse processo aleatório é paralisado por um ato imputável, a vítima experimentará a perda de uma probabilidade de um evento favorável. Esta probabilidade poder ser estaticamente calculada, a ponto de lhe ser conferido um caráter de certeza.

Já para Miguel Kfouri Neto,[33] trata-se de uma possibilidade e uma certeza, pois seria "verossímil que a chance poderia se concretizar; é certo que a vantagem esperada está perdida – e disso resulta um dano indenizável. Noutras palavras: há incerteza no prejuízo e certeza na probabilidade".

O que se constata é que a teoria da perda de uma chance baseia-se na incerteza, na suposição da ocorrência do dano, com o que se poderia imaginar a possibilidade de pleitear uma indenização na hipótese de um médico que deixa de utilizar dada técnica mais avançada e inovadora para o tratamento de alguma doença, e o paciente morre. Nesse caso, poder-se-ia questionar o fato de o profissional não ter utilizado a tal técnica, retirando a chance daquele paciente ser, eventualmente, curado.[34] Todavia, a referida situação não guarda qualquer certeza de que, mesmo se a técnica fosse utilizada, o resultado morte do paciente não adviria. É fundamental, portanto, que seja verificado o nexo de causalidade para se sustentar a aplicação da tese.[35]

Um ponto importante acerca da apreciação da perda de uma chance, segundo Daniel Amaral Carnaúba,[36] é que os tribunais franceses deixaram de indenizar o resultado aleatório, passando a indenizar a chance. Ilustra-se esse entendimento, por exemplo, na hipótese de

---

[32] SILVA, R. P. *Responsabilidade civil pela perda de uma chance*. São Paulo: Atlas, 2007. p. 263.
[33] NETO KFOURI, Miguel. Graus de culpa e a redução equitativa da indenização. *Revista dos Tribunais*, São Paulo, v. 94, nº 839, p. 47-68, 2005. p. 65.
[34] Aponta Teresa Ancona Lopes que, na França, em 1965, na ânsia de proteger a vítima do dano, e ainda por causa das dificuldades já apontadas na formação da culpa médica, teria surgido a teoria da *perte d'une chance*" (LOPES, T. A. *Responsabilidade civil dos médicos*. São Paulo: Saraiva, 1984. p. 311).
[35] STOCO, R. *Tratado de responsabilidade civil*. 10. ed. São Paulo: Revista dos Tribunais, 2014.
[36] CARNAÚBA, D. A. A responsabilidade civil pela perda de uma chance: a técnica na jurisprudência francesa. *Revista dos Tribunais*, São Paulo, v. 922, nº 139, ago. 2012.

um cliente que contrata um advogado para ajuizar-lhe uma causa, e o profissional assim não o faz. Passado algum tempo, sendo incidente o instituto da prescrição, aquele cliente não terá mais a chance de ver o seu direito discutido nos tribunais. Não se sabe se a demanda seria julgada procedente, mas o cliente não teve a chance de pôr em debate o que desejara. Nesse caso, o que se colocaria em análise não seria a procedência ou improcedência da demanda, mas a chance perdida de discutir aquele direito.

Longe de se exaurirem os temas relativos aos danos patrimoniais, passa-se a tecer comentários sobre os danos imateriais, ou morais. Esses correspondem à ofensa que atinge bens e valores de ordem interna da pessoa, como a honra, a imagem, o bom nome, a intimidade, a privacidade, além dos demais atributos da personalidade.[37] Para ambos os danos (materiais ou morais), o ressarcimento dá-se em patrimônio, em dinheiro. Em relação aos danos materiais, não sendo possível o retorno do *status quo ante*, indeniza-se a vítima pelo que efetivamente perdeu, ou pelo que deixou de ganhar, com dinheiro. No que tange aos danos morais, por não existir uma equivalência patrimonial, realiza-se uma compensação com um determinado valor, sem métrica preestabelecida. É certo, como já exposto, que o dano é que "mede" a extensão da reparação, de modo que não é possível (ou desejável) que a vítima, após o ressarcimento recebido, atinja um *status* melhor do que tinha antes do prejuízo. Não é, pois, desejável que o instituto da reparação civil sirva de enriquecimento sem causa para aquele que um dia foi ofendido. Corroborando o já exposto, ensina Clóvis do Couto e Silva[38] que se deve impedir que, através da reparação, a vítima possa ter benefícios ou alcance situação econômica melhor do que aquela em que se encontrava anteriormente ao ato delituoso. Tudo em consonância com o disposto no artigo 944[39] do Código Civil.

Dano, portanto, possui sentido econômico de diminuição ocorrida no patrimônio de alguém, por ato ou fato estranho à sua vontade, equivalendo a perda ou prejuízo. O dano pode decorrer de um contrato

---

[37] STOCO, R. *Tratado de responsabilidade civil*. 10. ed. São Paulo: Ed. Revista dos Tribunais, 2014.
[38] SILVA, C. C. O *conceito de dano no direito brasileiro e comparado*. São Paulo: Revista dos Tribunais, nº 14, 1991.
[39] Art. 944. A indenização mede-se pela extensão do dano.
Parágrafo único. Se houver excessiva desproporção entre a gravidade da culpa e o dano, poderá o juiz reduzir, eqüitativamente, a indenização.

(dano contratual) ou de um ato ilícito absoluto (dano aquiliano)[40] e é ponto fulcral na responsabilização civil e ponto prioritário na reparação civil, pois consiste na lesão a direito subjetivo e não há como sustentar um ressarcimento civil sem dano. O que se tem observado, na doutrina e na jurisprudência, é a tendência de tornar o dano o ponto central da reparação civil, tirando o foco da conduta culposa, de modo a caminhar para uma "socialização dos encargos".[41] Nessa dinâmica, a culpa perde importância na avaliação da responsabilidade civil, e isso se reflete no nítido avanço das responsabilizações civis objetivas (sem avaliação da culpa), algo já sinalizado por Alvino Ferreira Lima.[42] Com esteio nessa observação, o que se constata é que o dano é elemento essencial na reparação, não se admitindo dano incerto, improvável ou eventual, dano condicional e nem mesmo dano hipotético.[43]

No que diz respeito ao dano moral, em importante contribuição e constatação, Othon de Azevedo Lopes[44] acrescenta que

> há estrito vínculo entre o dano moral e a ofensa à dignidade da pessoa humana, já que é por meio da coerção das ofensas aos direitos constitutivos da personalidade que se afirmam simbolicamente a existência de pessoas dignas, merecedoras de igual respeito e consideração.

Em relação ao dano moral, surge o desafio de entender a sua extensão para uma devida reparação. A definição desse parâmetro impõe a necessidade de uma avaliação do equilíbrio entre aquele que lesou e aquele que foi lesado de modo que a indenização não sirva de fonte de enriquecimento para o último e nem de ruína para o primeiro. Em outra vertente, a indenização também não pode ser tão pequena que não sirva de desestímulo ao ofensor, nem mesmo tão insignificante que não compense e não satisfaça o ofendido.

Para a construção desse parâmetro de ressarcimento dos danos morais, faz-se necessária uma breve análise do instituto da equidade na responsabilização civil. A equidade, conforme os ensinamentos do professor Othon, estaria ligada à ideia de justiça, sendo um corretivo da justiça legal.[45] Parte-se da ideia de que o legislador não consegue

---

[40] STOCO, R. *Tratado de responsabilidade civil*. 10. ed. São Paulo. Ed. Revista dos Tribunais, 2014.
[41] Ibid., p. 1662.
[42] LIMA, A. F. *Culpa e risco*. 2. ed. São Paulo: Ed. Revista dos Tribunais, 1998.
[43] STOCO, R. *Tratado de responsabilidade civil*. 10. ed. São Paulo. Ed. Revista dos Tribunais, 2014.
[44] LOPES, O. A. *Fundamentos da responsabilidade civil*. Rio de Janeiro: Processo, 2019. p. 349.
[45] Ibid., p. 412.

prever todas as hipóteses de acontecimentos na elaboração das leis, de modo que se deve ter ferramentas para equacionar assimetrias de informações e situações, avaliando-se, com ponderações, cada situação vivenciada. A equidade pode, no entanto, conflitar com o princípio da restituição integral do prejuízo sofrido.

Conforme visto, a definição da compensação em razão de um dano moral sofrido leva em consideração inúmeros fatores, dentre os quais a capacidade contributiva do ofensor e o *status* econômico da vítima.[46] No entanto, em tese e em princípio, a reparação do dano deve ser integral, ou seja, o lesado deve ser "integralmente" reparado pelo dano que sofreu. Indagações sobre essa premissa surgem quando se fala em dano moral, dado que não se tem elementos objetivos que consigam estipular de forma precisa a extensão efetiva do dano moral. Com isso, a avaliação da equidade, com a ponderação do grau da culpa do ofensor, pode opor-se ao princípio da restituição integral do patrimônio da vítima,[47] visto que, em algumas hipóteses, avalia-se a culpa do agente minorando a sua condenação, com o consequente não ressarcimento integral do dano sofrido pela vítima.

O desafio de uma "reparação integral" é igualmente visto no sistema da *Common Law*, de modo que, em tal sistema, instituiu-se o termo *fair compensation*, cujo objetivo é encontrar a indenização a partir de um caso concreto, observando as complexidades do sistema jurídico. O termo é frequentemente usado na *Common Law* para fazer referência à justa

---

[46] Parâmetro que, por si só, pode gerar diferentes percepções de "justiça" e de equidade. Imagine-se no lugar de uma pessoa pobre, cuja renda não passe de um salário mínimo por mês, e que sofra um dano moral com a inclusão indevida de seu nome nos órgãos de proteção ao crédito. Nesse caso, poder-se-ia condenar a empresa ao pagamento, por exemplo, de cinco salários mínimos. Tratando-se desse mesmo caso, quando ocorre com alguém que receba, por exemplo, 10 salários mínimos, não se chegará à solução de uma indenização de 50 salários mínimos. Eventualmente, chega-se aos mesmos cinco salários mínimos. Pode ser que, de um ponto de vista, encontrou-se uma "justiça", dado que o resultado foi igual para ambos os ofendidos. Todavia, ao mesmo tempo, pode-se argumentar que não se teve justiça, dado que um recebeu, proporcionalmente, muito mais do que outro. Pode-se entender que a condenação, no primeiro caso, teria levado a um enriquecimento sem causa do ofendido, dada a sua capacidade econômica, entre outras tantas e complexas percepções.

[47] Esse princípio, conforme ensina Iacyr de Aguilar Vieira, no Direito brasileiro vem de longa data, sendo consagrado pelo Código Criminal do Império (Lei de 16.12.1830), que dispunha: "A satisfação (do dano) será sempre a mais completa que for possível, sendo, no caso de dúvida, a favor do ofendido" (VIEIRA, I. A. A análise econômica da responsabilidade civil – viabilidade jurídica no sistema nacional e o princípio da reparação integral. *Doutrinas Essenciais de Dano Moral*, v. 1, p. 593-613, jul. 2015). Relativamente aos danos morais, constata-se um paradoxo intrínseco. Como se pode falar em reparação integral do "patrimônio" quando diante de uma circunstância "extrapatrimonial", os danos morais? O que se constata é que, apesar de os danos morais incidirem no âmbito extrapatrimonial, não deixam de compor o princípio de restituição integral, consagrado no ordenamento jurídico.

indenização devida ao trabalhador em caso de despedida arbitrária.[48-49] De acordo com Lundberg,[50] o termo *fair compensation* também é visto como sendo a remuneração adequada para certos profissionais. Para a responsabilidade civil, de maneira geral, a utilização do termo *fair compensation* surge como contraponto ao princípio da reparação integral, quando diante de danos não econômicos ou imateriais.[51] Nesses casos, dada a complexidade de determinar qual seria a "reparação integral" do dano sofrido, utiliza-se o termo *fair compensation* fazendo referência à "reparação justa" para aquele que sofreu o dano e para aquele que causou o dano. Nesse contexto, é possível concluir que a aplicação da *fair compensation* seria a mais adequada no nosso ordenamento jurídico, como fundamento de definição do valor indenizatório em casos de danos morais, visto que não há condições prévias de estipular qual seria a exatidão do dano sofrido e que não se pode definir, com precisão, o valor a ser estipulado como fonte de ressarcimento, para se falar em reparação integral do dano.

Dando ênfase ao tema do presente trabalho, responsabilidade civil decorrente de erro médico, chama-se a atenção para o denominado "dano estético", que, na definição de Martinho Garcez Neto,[52] seria "toda alteração morfológica do indivíduo, qualquer que seja sua extensão e tenha ou não exercido qualquer influência sobre a capacidade laborativa da pessoa". Para Teresa Ancona Lopez,[53] "qualquer modificação duradoura ou permanente na aparência externa de uma pessoa, modificação esta que lhe acarreta um 'enfeamento' que lhe causa humilhações e desgostos, dando origem portanto a uma dor moral". Um dano estético não guarda relação na proteção da beleza física, dado que não se tem qualquer parametrização de beleza. O que se busca com uma reparação de um dano estético é proteger a incolumidade física do indivíduo, o que justifica serem indenizáveis, também, marcas ou cicatrizes que estejam em locais pouco expostos do corpo do indivíduo.

---

[48] MCGINN, K. Fair compensation. *Waste Age*, v. 35, out. 2004; POLLACK, D. International legal note – salaries of CEOs of international NGOs: ensuring fair compensation while avoiding populist rage. *International Social Work*, v. 54, jul. 2011.

[49] FLUMIGNAN, S. J. G. Por uma reinterpretação do princípio da reparação integral: a teoria da fair compensation. *Revista de Direito Privado*, v. 83, p. 113-135, nov. 2017.

[50] LUNDBERG, G. D. Fair compensation for physicians. *Journal of the American Medical Association*, v. 261, 1989.

[51] GOLDBERG, J. C. P. Two conceptions of tort damages: fair v. full compensation. *DePaul Law Review*, v. 55, nº 2, p. 435-468, 2006.

[52] GARCEZ NETO, Martinho. *Prática da responsabilidade civil*. 4. ed. São Paulo: Saraiva, 1989. p. 55.

[53] LOPES, T. A. *O dano estético*. 3. ed. São Paulo: Revista dos Tribunais, 2004. p. 46.

A conclusão pelo ressarcimento leva em conta o fator de afetação da autoestima do lesado, donde ele mesmo prejudica sua autoavaliação, de acordo com Nehemias Domingos de Melo.[54]

A definição monetária desse dano é de impossível mensuração, dado que não é possível qualquer critério objetivo para se definir o montante devido.[55] Nessas circunstâncias, pois, é plenamente admissível a adoção da *fair compensation* como vetor de definição do valor devido à indenização. Não se trata de definir o valor da indenização pelo exato dano sofrido (cuja premissa é a reparação integral do dano), mas de entender que o recebimento de uma indenização é devido, e o valor a ser indenizado deve ser justo.

Quando ocorre um erro médico, é comum que se constatem as duas tipologias de dano: (i) o imaterial, seja o moral propriamente dito, seja o estético; e (ii) o material, a perda patrimonial efetiva ou eventualmente aquilo que se deixou de ganhar, em razão da convalescência. Assim, poder-se-ia esquematizar o *dano* da seguinte maneira:

Figura 2 – Esquema representativo do dano

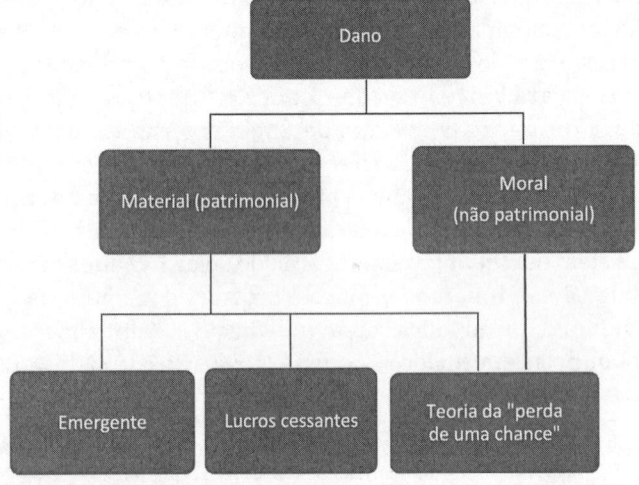

Fonte: Elaborada pelo autor.

---

[54] MELO, N. D. *Responsabilidade civil por erro médico*: doutrina e jurisprudência. 3 ed. São Paulo: Atlas, 2014.

[55] A par dessa constatação, tem-se a adoção, em alguns países europeus, como França, Portugal e Itália, de uma tabela com a quantificação do dano estético para cada parte do corpo. É o que afirma Fábio Queiroz Pereira. (PEREIRA, F. Q. Danos estéticos: uma análise à luz da função social da responsabilidade civil e da dignidade humana. *Revista de Direito Privado*, v. 50, p. 205-226, abr-jun. 2012)

Enfrenta-se, agora, o terceiro elemento caracterizador do dever de indenizar: o nexo de causalidade, que pode ser entendido como sendo o vínculo entre a conduta delituosa e o prejuízo dela decorrente. Conforme ensina Sergio Cavalieri Filho,[56] o nexo causal não é propriamente um conceito jurídico, dado que decorre de leis naturais, pois é a ligação ou relação de causa e efeito entre conduta e resultado.

Essa ligação "fecha", aprioristicamente, o dever de indenizar, sob a tutela da teoria da responsabilidade civil subjetiva. Para isso, pois, não basta que o agente tenha cometido um ato ilícito, ou que a vítima tenha percebido um dano, um prejuízo; é preciso que, entre uma coisa (conduta danosa) e outra (dano suportado), haja um liame, uma relação de causalidade. De acordo com René Demogue,[57] é preciso ter a certeza de que, sem o fato, o dano não teria ocorrido. Decerto que não basta que a pessoa tenha contravindo determinadas regras, sendo preciso constatar que, sem a contravenção, o dano não teria ocorrido.

Não obstante a simplicidade com que o tema se apresenta, Fernando Noronha[58] reconhece que se trata de um elemento de difícil constatação, dado que nem sempre é fácil atestar se a contribuição de um fato foi suficiente para que este seja considerado o gerador de um determinado dano. Acrescenta-se que, a determinados danos, é possível atribuir inúmeras causas ou, ainda, que não há como saber todos os danos decorrentes de determinado fato.

Nesse contexto, pois, é que se impõe enfrentar o princípio da "causalidade adequada". De acordo com Guilherme Henrique Lima Reinig,[59] a teoria da causalidade adequada tornou-se dominante na doutrina civil alemã já no início do século XX e foi rapidamente acolhida pelo Tribunal do Reich e, posteriormente, pelo *Bundesgerichtshof*, o Tribunal Federal Alemão. No Brasil, essa teoria alcançou notoriedade e é utilizada como fundamento de inúmeros julgamentos. Contudo, anota Guilherme,[60] os nossos tribunais não conseguem oferecer uma casuística clara sobre o tema.

Como apontado anteriormente, a responsabilidade civil está fundamentada no princípio da reparação integral. Esse princípio,

---

[56] CAVALIERI FILHO, S. *Programa de responsabilidade civil*. 10. ed. São Paulo: Atlas, nº 17, 2012.
[57] DEMOGUE, R. *Traité des obligations em général*. Paris: Libraire Arthur Rousseau, v. 4, nº 66, 1924.
[58] NORONHA, F. O nexo de causalidade na responsabilidade civil. *In*: NERY, R. M. A. (Org). *Doutrinas essenciais* – responsabilidade civil. São Paulo: Revista dos Tribunais, 2010.
[59] REINIG, G. H. L. A teoria da causalidade adequada no direito civil alemão. *Revista de Direito Civil Contemporâneo*, v. 18, jan-mar, 2019.
[60] *Ibid.*

para além da discussão sobre valor a ser fixado como parâmetro de ressarcimento, o qual deve recompor o patrimônio perdido pelo lesado, no caso do dano material, e fornecer a devida compensação, no caso do dano moral, também deve ser visto como razão de atribuição do dever de reparar. Ou seja, a reparação integral atrai, também, a noção de que o causador do dano deverá responder integralmente por todas as consequências lesivas do seu ato.

Todavia, não se aponta que a reparação deveria alcançar o infinito. Para Dernburg,[61] o dever de indenizar é condicionado à relação de causalidade entre o ato culposo e o dano, sem se estender ao infinito. Em sentido aproximado, Vangerow[62] também relativizou a regra de que o dever de indenizar deve abranger todas as consequências lesivas que não se realizariam sem a ocorrência do ilícito. Por exemplo, quem causa dano a uma casa não deve ser responsabilizado por um eventual furto ocorrido durante a reforma do dano causado. Ainda sobre a causalidade, Guilherme Reinig ensina que é preciso fazer uma observação: na doutrina alemã é comum que se oponha a "causalidade que fundamenta a responsabilidade" à "causalidade que preenche a responsabilidade" (*haftungsbegründende und haftungsausfüllende Kausalität*).[63] A causalidade que fundamenta a responsabilidade é aquela existente entre a conduta do agente lesivo e o fato que justifica, por assim dizer, a sua responsabilização, como o fato da morte ou da lesão à saúde da vítima. A causalidade que preenche a responsabilidade é aquela estabelecida entre a lesão ao direito ou bem jurídico e os danos ou prejuízos dela resultantes.[64]

Entende-se que, muitas das vezes, o que se busca nos processos judiciais, em nosso sistema jurídico, é a constatação da causalidade que preenche a responsabilidade. Porém, antes, como elemento essencial para a caracterização do dever de indenizar, deve-se analisar se o agente agiu com culpa (no caso da responsabilidade civil subjetiva) e, daí, verificar se, da sua ação ilícita decorreu o dano suportado pela

---

[61] DERNBURG, H. *Pandekten*: obligationenrecht. Berlim: Verlag von velhagen rafling, v. 2, 1892.

[62] VANGEROW, K. A. L. P. *Marburg e Leipzig*: Elwert'sche Universitätsbuchhandlung, 7. ed. v. 3, nº 571, 1869.

[63] Sobre a distinção *cf*. LARENZ, K. *Lehrbuch des Schuldrecht*. 14. ed. Munique: C. H. Beck, v. 1, 1987; SCHLECHTRIEM, P.; SCHMIDT-KESSEL, M. *Schuldrecht*: allgemeiner Teil. 6. ed. Tubinga: Mohr Siebeck, 2005; LANGE, H.; SCHIEMANN, G. *Schadensersatz*. 3. ed. Tubinga: Mohr, 2003.

[64] REINIG, G. H. L. A teoria da causalidade adequada no direito civil alemão. *Revista de Direito Civil Contemporâneo*, v. 18, jan-mar, 2019.

vítima. A exemplificar uma hipótese de ato ilícito sem nexo com um dano suportado, pode-se apontar o caso de uma infração de trânsito em que o motorista de uma ambulância, durante o transporte de um paciente, atravessa um semáforo com luz vermelha e vem a ocasionar um acidente, após o qual o paciente foi encontrado morto. Após as apurações devidas, constata-se que o paciente já se encontrava morto antes da colisão ocasionada pelo motorista. Em vista da situação narrada, verifica-se que não há relação de causa e efeito entre a conduta delituosa do motorista da ambulância (avançar o sinal vermelho) e o dano (perda da vida) do paciente que estava sendo transportado. Para Caio Mário,[65] "este [o nexo de causalidade] o mais delicado dos elementos da responsabilidade civil e o mais difícil de ser determinado".

Assim, consegue-se representar o dever de indenizar, pela responsabilidade civil subjetiva, conforme o esquema abaixo. Observa-se que é preciso constatar a coexistência dos três elementos (ato ilícito, dano e nexo de causalidade) para que emerja o dever de reparação.

Figura 3 – Esquema representativo da teoria da responsabilidade civil subjetiva

Fonte: Elaborada pelo autor.

---

[65] PEREIRA, C. M. S. *Responsabilidade civil*. 9. ed. Rio de Janeiro: Forense, 1998. p. 93.

1.2 Das teorias da responsabilidade civil: subjetiva, da culpa presumida e objetiva

Depois de definir cada um dos elementos básicos da responsabilidade civil,[66] chega-se às duas teorias "mães" do dever de indenizar: a teoria subjetiva e a teoria objetiva. Conforme indicado no Capítulo 1, o instituto da responsabilidade civil evoluiu com o tempo,[67] de modo que fez surgir a teoria da responsabilidade objetiva. Com o advento dessa nova teoria, a responsabilização concebida anteriormente foi nomeada de subjetiva. O grande cerne de diferenciação entre as duas teorias está na avaliação da culpa (conduta) do agente no momento em que pratica o ato ilícito. Pode-se dizer que a teoria da responsabilidade objetiva é a evolução da teoria da responsabilidade subjetiva, porque nela já não se avalia o agir do agente danoso.

A responsabilidade civil, no Brasil, considerando o recorte temporal analisado neste trabalho, fundou-se essencialmente na teoria da culpa, conforme o Código Civil de 1916. Quase 90 anos depois, verifica-se, no atual Código Civil, que a culpa ainda é um dos pressupostos fundamentais da responsabilidade civil, em regra. Diz-se ser "ainda" dada a evolução da responsabilidade civil no tempo e o surgimento da teoria da responsabilidade objetiva. Embora o Código Civil tenha posto a culpa como elemento essencial para a responsabilidade civil, incorporou-se – na excepcionalidade – a responsabilidade civil "objetiva", de acordo com o parágrafo único do artigo 927[68] do Código Civil.

No cerne da questão, naquilo que separa as duas teorias, o que vem a ser culpa? Com efeito, o nosso ordenamento jurídico (Código Civil – seja o de 1916, seja o atual, de 2002) não traz o conceito de culpa,

---

[66] Lembrando-se que foram utilizados elementos da responsabilidade civil subjetiva, visto que são mais abrangentes do que os da responsabilidade civil objetiva.

[67] É o que se observa do trabalho de Ana Paula Cazarini Ribas de Oliveira: "Como visto, a responsabilidade objetiva emerge independentemente da culpa do lesante, sendo irrelevante a censurabilidade/reprobabilidade do seu comportamento. Seu fundamento deixa de ser a culpa e passa a ser a causalidade material do dano, por isso compete à vítima provar o dano e o nexo causal. A criação desse sistema de responsabilidade visava atender às necessidades da sociedade, garantindo à vítima meios legais de alcançar, em pé de igualdade com o lesante, o reconhecimento de seu direito à indenização e, em última análise, obter a reparação/compensação do dano sofrido" (OLIVEIRA, A. P. C. R. A "culpa" e a evolução da responsabilidade civil. *Revista de Direito Privado*, v. 88, p. 81-95, abr. 2018.)

[68] Art. 927. Aquele que, por ato ilícito (arts. 186 e 187), causar dano a outrem, fica obrigado a repará-lo.
Parágrafo único. Haverá obrigação de reparar o dano, independentemente de culpa, nos casos especificados em lei, ou quando a atividade normalmente desenvolvida pelo autor do dano implicar, por sua natureza, risco para os direitos de outrem.

de modo que é necessário amparar a sua conceituação no passado e noutro ramo do direito. Assim, recorre-se ao direito penal para a conceituação de culpa e, nessa vertente do direito, adota-se a teoria normativa da culpabilidade.[69] Para o direito civil, percebe-se a existência da culpabilidade em duas vertentes, duas espécies: o dolo e a culpa em sentido estrito.

O dolo, nas palavras de Agostinho Arruda Alvim,[70] é "a vontade consciente de violar o direito". Já a culpa em sentido estrito traduz um comportamento antijurídico impensado pelo agente, sem que haja a intenção da lesão ou da violação do direito juridicamente tutelado. No entanto, apesar de não existir a intenção de prejudicar, seria possível exigir um comportamento diverso do que fora adotado pelo agente.[71] A culpa, nesses casos, pode advir de uma ação ou omissão, sendo revelada por três circunstâncias: imprudência, imperícia e negligência. Caso seja um erro escusável e/ou plenamente justificável, não há que se falar em culpa.

A imprudência pode ser definida como um agir com falta de cautela, um ato impulsivo, um agir precipitado. A imperícia é a demonstração de uma inabilidade por parte do profissional no exercício da sua atividade de natureza técnica, podendo ser constatada por ação ou omissão. A negligência, por sua vez, é o descaso, a falta de cuidado por omissão, a indolência; é o não agir, quando se esperava a ação do agente.[72]

Trazendo luz ao foco do presente trabalho, relativamente às modalidades de culpa *stricto sensu*, tem-se que alguns autores, como

---

[69] Basicamente, tinha-se duas teorias: (i) a psicológica da culpabilidade; e (ii) a normativa da culpabilidade. Pela teoria psicológica, a posição psíquica do autor diante do fato praticado é o foco de análise. O dolo e a culpa seriam suas espécies. Caso fosse constatada a existência de intenção ou assunção do risco de produção do resultado (dolo), ou a inobservância ordinária do dever legal de cautela (culpa), ter-se-ia o agente por culpável.
Essa teoria não encontrou espaço. Se, por um lado, o dolo caracteriza-se pelo querer do agente, com o que existiria liame psíquico entre o agente e o resultado da ação, na culpa não há liame algum, sendo exatamente a ausência do querer, em contraponto com a possibilidade de previsão do resultado (avaliação feita pelo magistrado), o fator que enseja sua constatação. A culpa surge como um elemento normativo, dada a reprovação dos preceitos legais existentes (criados na abstração, para a proibição de determinados atos).

[70] ALVIM, A. A. *Da inexecução das obrigações e suas consequências*. 4. ed. São Paulo: Saraiva, 1972. p. 256.

[71] Entende-se que é completamente frágil qualquer alegação ou sustentação de teorias de comportamentos *standards* como meio de parametrizar a conduta de uma dada pessoa, no tempo e no modo ocorridos, sob uma parca e falha premissa de que haveria um comportamento médio a ser seguido. Eventualmente, até mesmo pela inexistência objetiva de um comportamento médio, a avaliação ou não da ocorrência e da culpa em sentido estrito faça com que se deseje suprimir a prova da sua ocorrência, com o fito de ressarcir os danos sofridos por quem foi lesionado. Talvez, seja objeto de novas pesquisas.

[72] STOCO, R. *Tratado de responsabilidade civil*. 10. ed. São Paulo: Ed. Revista dos Tribunais, 2014. p. 209.

Genival Veloso de França,[73] entendem que não há que se falar em imperícia na hipótese de conduta de um profissional legalmente habilitado para exercer sua profissão. Contudo apontar-se-ão, mais adiante (na seção 1.6), de forma mais detalhada e aprofundada, as razões pelas quais se entende ser plenamente possível aferir a imperícia em condutas médicas, ainda que praticadas por profissionais legalmente habilitados para o exercício da profissão.

Portanto, na teoria da responsabilidade civil subjetiva, apura-se, na conduta do agente, a ocorrência do dolo ou da culpa *stricto sensu* (imprudência e/ou imperícia e/ou negligência). A apuração desses elementos, na maioria das vezes caberia à vítima, dado que a ela se impõe o dever de provar os fatos constitutivos do seu direito, conforme preconiza o Código de Processo Civil, em seu artigo 373, I.[74] É a ocorrência de quaisquer das modalidades de culpa que, efetivamente, constitui o direito a um ressarcimento pelo dano sofrido.

Muito em razão disso, ou seja, de a vítima ter que provar a ocorrência das modalidades da culpa, é que a teoria da responsabilidade civil subjetiva perde cada vez mais espaço e gera mais insatisfações. Sobre o tema, Karl Larenz[75] indica ser justa uma distribuição de danos, de modo que aquele que causa o dano, ainda que sem culpa, esteja sujeito a ressarcir o dano causado, e que a vítima do dano não tenha que suportar, sozinha, o ônus dos efeitos do evento danoso. De forma costumeira, constata-se a incapacidade do lesado de produzir essas provas necessárias para demonstrar a culpa na conduta do agente, aperfeiçoando os elementos da responsabilidade civil. Com o tempo, ante a constatação de inúmeros casos com desfechos sociais não aceitos – onde quem foi lesado não consegue reparar o dano sofrido –, verificaram-se as insuficiências da teoria da responsabilidade civil subjetiva. É o que se observa nas obras de Agostinho Alvim,[76] Antônio Chaves[77] e Wilson Melo da Silva.[78]

---

[73] FRANÇA, G. V. *Direito médico*. 13. ed. Rio de Janeiro: Forense, 2016.
[74] Art. 373. O ônus da prova incumbe:
I – ao autor, quanto ao fato constitutivo de seu direito;
[75] LARENZ, Karl apud STOCO, Rui. *Tratado de responsabilidade civil*. 10. ed. São Paulo. Ed. Revista dos Tribunais. 2014. p. 235.
[76] ALVIM, A. A. *Da inexecução das obrigações e suas consequências*. 4. ed. São Paulo: Saraiva, 1972.
[77] CHAVES, A. *Tratado de direito civil* – responsabilidade civil. São Paulo: Ed. Revista dos Tribunais, v. 3, 1985.
[78] SILVA, W. M. *Responsabilidade sem culpa*. 2. ed. São Paulo: Saraiva, 1974.

Em razão dessa insatisfação, levada a cabo pelos casos em que o lesado não conseguiu reparar o seu dano dadas as barreiras processuais (dificuldade de obtenção de prova) e materiais (identificação da culpa no agir do agente), emergiu a teoria da culpa presumida. Essa teoria pode ser vista como uma mola propulsora para a teoria objetiva. O que se objetivou com a "culpa presumida" não foi abandonar a culpa como condição de suporte da responsabilidade civil, mas aliviar o lesado da carga probatória de sua existência. Segundo Stoco,[79] a partir daí, depara-se com indícios da degradação da culpa como elemento "etiológico fundamental da reparação", aflorando fatores para se considerar a vítima como "centro da estrutura de ressarcimento".

Essa teoria – a da culpa presumida – está presente, atualmente, nos casos de erros médicos cometidos pelos cirurgiões plásticos, diante de casos puramente estéticos. Na evolução jurisprudencial do tema, constata-se sua ampla aplicação pelo Superior Tribunal de Justiça, incumbindo o profissional de provar que agiu da forma como, em tese, deveria agir, a fim de que, com isso, consiga ilidir eventual dever de reparação ao paciente. Essa temática já pôde ser aprofundada pelo autor do presente trabalho.[80] O que se extrai, efetivamente, da teoria da culpa presumida é que, de fato, ela "abriu as portas" para se aceitar uma responsabilização civil do tipo "objetiva".

É interessante apontar que a teoria da culpa presumida atrai a teoria da responsabilidade objetiva e distancia-se da teoria da responsabilidade subjetiva no que concerne ao ônus de provar a conduta delituosa. Em outras palavras, sendo a culpa presumida, cabe ao agente fazer prova em contrário, isto é, fazer prova de que agiu de acordo com o que dele se esperava. Atualmente, contudo, essa teoria perde muita força, dado que o Código de Processo Civil, por meio do §1º do artigo 373,[81] contemplou a teoria dinâmica da prova. De forma bem simples,

---

[79] STOCO, R. *Tratado de responsabilidade civil*. 10. ed. São Paulo: Ed. Revista dos Tribunais, 2014. p. 235.
[80] Esse tema foi alvo de publicação de artigos, tanto na Revista dos Tribunais (Revista dos Tribunais, São Paulo, v. 982, ago./2017, p. 53/85) e no livro *Direito médico e da saúde* – o direito a saúde e a justiça – cenários e desafios. Org. Cláudio Lamachia e Sandra Krieger Gonçalves, Brasília, CFOAB, 2018, p. 187.
[81] Art. 373. O ônus da prova incumbe:
I – ao autor, quanto ao fato constitutivo de seu direito;
II – ao réu, quanto à existência de fato impeditivo, modificativo ou extintivo do direito do autor.
§1º Nos casos previstos em lei ou diante de peculiaridades da causa relacionadas à impossibilidade ou à excessiva dificuldade de cumprir o encargo nos termos do caput ou à maior facilidade de obtenção da prova do fato contrário, poderá o juiz atribuir o ônus da prova

essa teoria aponta para que o juiz do caso distribua o ônus da prova entre as partes, com o objetivo de facilitar a prova daquilo que está em discussão no processo. Todavia, isso é matéria para outra pesquisa, eventualmente.

O passo seguinte à teoria da culpa presumida, entendendo que a demonstração dos elementos da culpa deixa de ser indispensável para se alcançar o ressarcimento, é o do surgimento da teoria da responsabilidade civil objetiva, de modo que não mais se avalia se o ato praticado é culpável. Sob os preceitos dessa teoria, nem mesmo se fala da necessidade de um ato ilícito para a caracterização do dever de indenizar, tomando-se por base o texto do §único do artigo 927 do Código Civil, que revela ser indenizável, independentemente de culpa, o dano gerado em decorrência do risco da atividade desempenhada. Em outras palavras, nesses casos, ainda que o ato seja lícito, se este gerou um dano, o agente terá que indenizar o lesado não mais em razão de um ilícito praticado, mas do risco que a atividade representa. Sem dúvidas, adota-se o sustentado por Caio Mário,[82] quando revela ser mais fácil apurar a infração de um dever preexistente no escopo de um instrumento contratual do que no campo de uma responsabilidade extracontratual.

Entende-se que a evolução da responsabilidade civil aponta para uma responsabilidade objetiva, sem avaliação da culpa, a qual, segundo Stoco,[83] encontra maior supedâneo na doutrina do risco.[84] Sob uma

---

de modo diverso, desde que o faça por decisão fundamentada, caso em que deverá dar à parte a oportunidade de se desincumbir do ônus que lhe foi atribuído.
§2º A decisão prevista no §1º deste artigo não pode gerar situação em que a desincumbência do encargo pela parte seja impossível ou excessivamente difícil.
§3º A distribuição diversa do ônus da prova também pode ocorrer por convenção das partes, salvo quando:
I – recair sobre direito indisponível da parte;
II – tornar excessivamente difícil a uma parte o exercício do direito.
§4º A convenção de que trata o §3º pode ser celebrada antes ou durante o processo.

[82] PEREIRA, C. M. S. *Responsabilidade civil*. 3. ed. Rio de Janeiro: Forense, 1992.
[83] STOCO, R. *Tratado de responsabilidade civil*. 10. ed. São Paulo: Ed. Revista dos Tribunais, 2014.
[84] Nota-se que o fundamento da teoria do risco repousa no dever de cuidado daquele que exerce atividade que possa colocar em perigo a segurança, e, por isso, a incolumidade de outrem deve ser maior, de modo que, havendo dano a terceiro, surge a obrigação de reparar. A periculosidade da atividade é inerente à própria atividade, devendo àquele que exerce profissão perigosa, ao assumir o risco dela decorrente, pois, mesmo sabendo da potencialidade ou possibilidade de danos a terceiros, ainda assim optou por dedicar-se a ela. A questão que se coloca é: qual é o conceito de "atividade perigosa"? Essa definição é importante, pois, dependendo da resposta dada no caso concreto, aplicar-se-á a teoria subjetiva (em caso de se entender que a atividade não é perigosa) ou a teoria objetiva (no caso de se entender que a atividade é perigosa).

premissa de "senso comum", pensa-se que pode ser foco de pesquisa e estudo, no campo sociológico/psicológico, a ideia de que eventual lesão ou prejuízo sofrido por alguém deva apontar um terceiro responsável, para a busca de uma reparação, dado que as relações atuais apontam, cada vez mais, para uma ideia de que a culpa é sempre de alguém, do outro. A par de tal observação, a teoria da responsabilidade objetiva está cada vez mais presente como ferramenta para alcançar a reparação civil.

Voltando para a responsabilidade civil objetiva, esta não se presta a se fundamentar na configuração dos elementos da teoria da responsabilidade civil subjetiva (ato ilícito [culpa], dano e nexo causal). Para a teoria objetiva, a equação é binária: evento e dano. Em outras palavras, para a teoria objetiva, se a ocorrência de dado evento, lícito ou ilícito, resultou em um dano, este é passível de reparação. O que está por trás da desnecessidade de se avaliar a licitude do ato é o "risco" da ação praticada. Sobre o tema, Caio Mário[85] aponta o conceito de risco nos seguintes termos:

> é o que se fixa no fato de que, se alguém põe em funcionamento uma qualquer atividade, responde pelos eventos danosos que esta atividade gera para os indivíduos, independentemente de determinar se cada caso, isoladamente, o dano é devido à imprudência, à negligência, a um erro de conduta.

Efetivamente, para aplicar o disposto no parágrafo único do artigo 927 do Código Civil, é preciso estar diante de uma atividade cujo risco seja intrínseco à atividade e não seja um risco qualquer, mas um risco especial.[86] Abordando o tema, Eugênio Facchini Neto[87] aponta que, na teoria do risco, a responsabilidade não é mais uma contrapartida de um proveito econômico ou lucro particular, nem mesmo está relacionada a uma atividade empresarial, à exploração de uma indústria, mas liga-se a qualquer ato do homem que seja potencialmente danoso aos bens juridicamente tutelados de seus pares.

Discorrendo sobre o tema com propriedade, Jurandir Sebastião[88] afirma que o disposto no Código Civil aponta para a incidência da teoria

---

[85] PEREIRA, C. M. S. *Responsabilidade civil*. 9. ed. Rio de Janeiro: Forense, 1998. p. 268.
[86] STOCO, R. *Tratado de responsabilidade civil*. 10. ed. São Paulo. Ed. Revista dos Tribunais, 2014.
[87] FACCHINI NETO, E. Da responsabilidade civil no novo Código. *Revista Jurídica* – Notadez, Porto Alegre, ano 55, nº 356, jun. 2007.
[88] SEBASTIÃO, J. *Fundamentos da responsabilidade civil e criminal e a aplicação do direito*. 1. ed. Minas Gerais: W/S Editora e Gráfica, 2012.

objetiva, excepcionalmente, em duas hipóteses: (i) quando expressamente previsto em lei; e (ii) quando se trata de atividades de risco. No primeiro caso, não há necessidade de maiores desdobramentos, dado que a lei estipulará os casos em que se aplicará a teoria da responsabilidade civil objetiva. No que se refere à segunda hipótese, nos casos de atividades de risco, a lei trouxe um conceito indeterminado de "risco", deixando tal avaliação para cada caso a ser analisado.

Outro ponto interessante que permeia a responsabilidade civil objetiva, e que será melhor tratado adiante, é a responsabilização por ato de terceiro. Com o advento do Código Civil de 2002 surgiu um rol extenso da responsabilização civil para além da responsabilização do agente direto do ato ilícito, a saber: (i) responsabilidade do incapaz – art. 928; (ii) responsabilidade pelos produtos postos em circulação – art. 931,[89] (iii) responsabilidade dos pais pelos filhos menores que estiverem sob sua autoridade e em sua companhia, os tutores e os curadores, pelos pupilos e curatelados; o empregador ou comitente, por seus empregados, serviçais ou prepostos, no exercício do trabalho que lhe competir, ou em razão dele; (iv) responsabilidade dos donos de hotéis, hospedarias, casas ou estabelecimentos onde se albergue por dinheiro, pelos hóspedes, moradores e educandos;[90] (v) responsabilidade daqueles que, gratuitamente, houverem participado no produto do crime – art. 932 e seus incisos; (vi) responsabilidade do dono ou detentor do animal – art. 936;[91] (vii) responsabilidade daquele que habita em prédio, ou parte dele, por coisas que caiam ou forem lançadas em lugar indevido – art. 938;[92] (viii) responsabilidade daquele que demanda por dívida já paga, no todo ou em parte – art. 940. Além da extensão do rol de responsabilidades

---

[89] Incidência da "teoria do risco criado": é aquela na qual o agente responde em razão do risco ou perigo que a atividade exercida apresenta, ou seja, aquele que, em razão de sua atividade ou profissão, cria um perigo ou expõe alguém ao risco de dano. Nessa teoria, a responsabilidade não está conectada a um proveito ou lucro, mas apenas à consequência da atividade em geral, de sorte que a ideia do risco passa a se conectar a qualquer atividade humana que seja potencialmente danosa para outros (STOCO, R. *Tratado de responsabilidade civil*. 10. ed. São Paulo: Ed. Revista dos Tribunais, 2014).

[90] Para os pontos (iii) e (iv) incide a "teoria da responsabilidade por ato de terceiro" em termos bem básicos para o momento, tendo em vista que essa teoria será amplamente discutida na seção 1.4. Além disso, indica-se apenas alguém responsável pelo ato cometido por um terceiro, importando verificar a qualificação de *terceiro* para o afastamento, ou aproximação, do dever de indenizar.

[91] Incidência da "teoria da responsabilidade pelo fato ou guarda de animais": casos em que animais, de propriedade ou detidos por alguém, agem de forma a causar dano a alguém, hipótese em que faz surgir o dever de reparação pelo dono ou detentor do animal.

[92] Incidência da "teoria da responsabilidade pelo fato da coisa": é caso quando a própria coisa dá causa ao evento danoso, sem intervenção direta do proprietário ou de um preposto.

civis indicado no Código Civil de 2002, também ocorreu a consolidação, além das legislações especiais, da responsabilidade civil objetiva. É o que se percebe nos artigos 927, parágrafo único, 931, 933 (combinado com o art. 932) e 936.

Viram-se, pois, as teorias da responsabilidade civil, as quais podem ser assim esquematizadas:

Figura 4

    4.A – Esquema da responsabilidade civil subjetiva

(Ato ilícito ou antijurídico; Responsabilidade Civil Subjetiva; Nexo de causalidade entre ato ilícito e dano; Dano)

4.B – Esquema da responsabilidade civil com base na teoria da culpa presumida

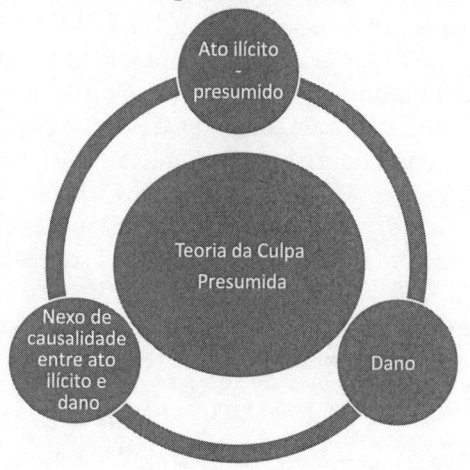

(Ato ilícito - presumido; Teoria da Culpa Presumida; Nexo de causalidade entre ato ilícito e dano; Dano)

4.C – Esquema da responsabilidade civil objetiva

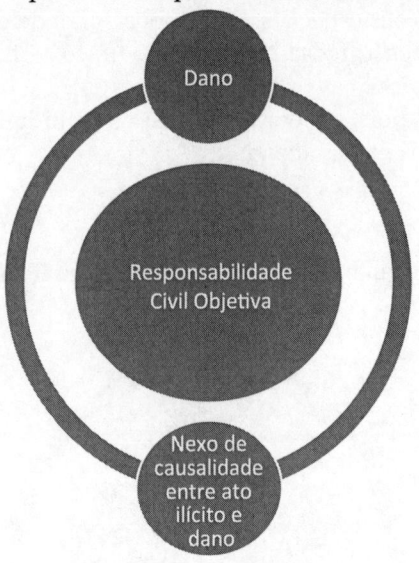

- Dano
- Responsabilidade Civil Objetiva
- Nexo de causalidade entre ato ilícito e dano

Fonte: Elaboradas pelo autor.

1.3 Da responsabilidade civil por fato de terceiro

Para os fins a que se propõe este trabalho, isto é, traçar os liames de responsabilização das operadoras de planos de saúde por erros médicos cometidos pelos profissionais a ela credenciados/conveniados, referenciados ou de rede própria, deve-se entender como se opera uma responsabilização por fato de outrem ou fato de terceiro.

Interessante destacar que o fato de terceiro pode gerar tanto a responsabilização do agente (no caso, agente indireto) quanto a excludente de sua responsabilidade. Dadas tais possibilidades, essa temática ainda é bem controvertida. Como já mencionado, no campo da responsabilidade civil, a regra aponta para uma responsabilização direta do causador do evento danoso. Nesse prisma, a culpa de terceiro não exime, *per se*, o autor direto do evento danoso de responsabilizar-se por ele.

Para Sergio Cavalieri Filho,[93] o ato de terceiro só se aperfeiçoa como elemento de não responsabilização do agente, quando se rompe

---

[93] CAVALIERI FILHO, S. *Programa de responsabilidade civil*. 10. ed. São Paulo: Ed. Atlas, 2012.

com o nexo de causalidade entre o agente e o dano sofrido pela vítima. A responsabilidade civil por fato de terceiro está disposta no Código Civil, nos artigos 929[94] e 930,[95] indicando-se que, se o evento danoso ocorrer por culpa de terceiro, contra ele (terceiro) caberá ação de regresso para se ressarcir aquilo que se pagou à vítima. Segundo Caio Mário,[96] devem-se estabelecer dois conceitos na apreciação da configuração de ato de terceiro, sendo eles: (i) quem deve ser considerado terceiro, em matéria de responsabilidade civil; e (ii) a extensão necessária da participação do terceiro no evento danoso. Na visão do renomado jurista, definidos esses dois pontos, os demais aspectos a serem analisados fluiriam com relativa facilidade.

O terceiro, na visão do citado doutrinador, é aquele que não é parte no negócio jurídico, mas que sofre os seus efeitos ou altera o seu resultado. O autor prossegue dizendo que:

> conceitua-se em termos mais sutis a caracterização do terceiro como excludente de responsabilidade civil. Esta se decompõe, nos dois polos ativo e passivo: as pessoas do agente e da vítima. Considera-se, então, terceiro qualquer outra pessoa, estranha a este binômio, que influi na responsabilidade pelo dano. Mas, para que seja excludente, é mister que por sua conduta atraia os efeitos do fato prejudicial e, em consequência, não responda o agente, direta ou indiretamente, pelos efeitos do dano.[97]

Verifica-se, portanto, que a conduta do terceiro é uma conduta ativa, comissiva, pois é o seu comportamento que implica na realização do fato danoso. A excludente da responsabilidade ocorre, então, quando se pode estabelecer que o terceiro é o causador do dano. Prosseguindo nos ensinamentos de Caio Mário,[98] tem-se que a participação do terceiro altera a relação causal. Em outras palavras, embora o dano seja constatado, e o responsável aparente identificado, este não incorre em responsabilidade, porque a conduta do terceiro interveio para negar a relação agente-vítima, ou para afastar o nexo causal do indigitado

---

[94] Art. 929. Se a pessoa lesada, ou o dono da coisa, no caso do inciso II do art. 188, não forem culpados do perigo, assistir-lhes-á direito à indenização do prejuízo que sofreram.

[95] Art. 930. No caso do inciso II do art. 188, se o perigo ocorrer por culpa de terceiro, contra este terá o autor do dano ação regressiva para haver a importância que tiver ressarcido ao lesado.
Parágrafo único. A mesma ação competirá contra aquele em defesa de quem se causou o dano (art. 188, inciso I).

[96] PEREIRA, C. M. S. *Responsabilidade civil*. 3. ed. Rio de Janeiro: Forense, 1992. p. 298-299.

[97] *Ibid.*, p. 298-299.

[98] *Ibid.*, p. 298-299.

autor. Rui Stoco[99] completa ensinando que, "para que se possa afirmar que o fato de terceiro constitui causa estranha e atue como excludente de responsabilidade, o comportamento do terceiro causador do dano deve ser inevitável e imprevisto".

Com essa contextualização, o fato de terceiro assemelha-se, em matéria de efeitos, aos efeitos produzidos pelo caso fortuito ou de força maior, porque, num e noutro, há a efetiva exoneração da responsabilidade civil do agente, em razão do rompimento do nexo de causalidade entre o evento danoso e o prejuízo sofrido pela vítima.

Na responsabilidade civil decorrente de uma relação contratual, considera-se terceiro quem não é parte no negócio jurídico, ou seja, pessoa estranha ao contrato firmado entre as partes, mas que interfere nessa relação para influenciar na contratação em si, ou para alterar os efeitos e o resultado do objeto da avença.[100] Já na responsabilidade civil extracontratual, terceiro é qualquer pessoa, além do autor imediato e da vítima, que se inclua na relação causal entre o fato e o resultado – e que nele interfira.[101] Deve-se, portanto, considerar terceiro alguém que não tem nenhuma ligação com o causador aparente do dano e o lesado.[102]

A par de todas essas constatações e repetindo que, em regra, a responsabilização civil é decorrente do agente direto do dano, tem-se que a responsabilização por ato de terceiro é excepcional, devendo, portanto, estar devidamente prevista no Código Civil. No referido diploma legal constam as hipóteses de responsabilização civil por ato de terceiro, sendo elas: (i) os pais respondem pelos filhos menores de 18 anos, sob seu poder e companhia; (ii) o tutor ou curador responde pelos pupilos ou curatelados, sob seu poder e companhia; (iii) as pessoas jurídicas ou naturais que exerçam empresa hoteleira, de hospedaria, casa ou estabelecimento em que se albergue por dinheiro, mesmo para fins educativos, respondem por seus hóspedes, moradores e educandos; (iv) aquele que, gratuitamente, participar nos produtos de crime, praticado por outrem, responderá pelos danos, até a quantia com que se haja beneficiado; e (v) o empregador responde pelos danos que seus empregados, no exercício de sua atividade, causarem a terceiros.

---

[99] STOCO, R. *Tratado de responsabilidade civil*. 10. ed. São Paulo: Ed. Revista dos Tribunais, 2014. p. 287-288.

[100] Ibid., p. 287-288.

[101] Ibid., p. 287-288.

[102] CAVALIERI FILHO, S. *Programa de responsabilidade civil*. 10. ed. São Paulo: Ed. Atlas, 2012. p. 69.

Essas são, portanto, as hipóteses legais para a responsabilização por ato/fato de terceiro.

Na primeira hipótese (responsabilidade dos pais pelos filhos menores de 18 anos, sob seu poder e companhia), entende-se que o fundamento da responsabilização decorre do poder parental aliado à paternidade responsável. Isso não exclui a responsabilidade própria do menor[103] que foi o causador direto do dano. Comprovado o ato ilícito do filho menor, e que desse ato resultaram danos a terceiros, os pais tornam-se responsáveis pela reparação civil independentemente de estes terem culpa. Pode-se entender que há uma responsabilidade objetiva indireta dos pais, uma vez que não se analisa a sua culpa, mas apenas a do filho.[104]

Aproveitando o tema, fala-se da responsabilidade subsidiária e mitigada do incapaz, insculpida no artigo 928[105] do Código Civil, que estabelece que o incapaz responde pelos prejuízos que causar, na hipótese de as pessoas por ele responsáveis não terem a obrigação de fazê-lo ou não disporem de meios suficientes. O parágrafo único do citado artigo completa a responsabilização do incapaz indicando que a indenização equitativa não terá lugar caso prive o incapaz do necessário para sua subsistência ou prive as pessoas que dele dependam. O que se denota é o afastamento de uma irresponsabilidade absoluta do incapaz (que pode ser, inclusive, menor de idade), tendo em vista que, na hipótese de os pais não possuírem patrimônio para arcar com o dever de reparação da conduta do menor, o patrimônio daquele poder ser atingido para a satisfação da reparação.

Seguindo os princípios da responsabilidade dos pais pelos filhos menores, entende-se que há responsabilidade dos tutores e curadores pelos atos dos seus pupilos e curatelados, conforme disposto no inciso II do artigo 932[106] do Código Civil. Nesses casos, os tutores ou curadores possuem direito de regresso quando cessar a tutela ou curatela, a não ser que sejam ascendentes dos tutelados ou curatelados.

---

[103] FIUZA, C. *Direito civil*: curso completo. 1 ed. São Paulo: Revista dos Tribunais; Belo Horizonte: Del Rey Editora, 2014.

[104] ALONSO, P. S. G. Responsabilidade civil por fato de terceiros. *Revista de Direito Privado*, v. 64, p. 161-176. out-dez. 2015.

[105] Art. 928. O incapaz responde pelos prejuízos que causar, se as pessoas por ele responsáveis não tiverem obrigação de fazê-lo ou não dispuserem de meios suficientes.
Parágrafo único. A indenização prevista neste artigo, que deverá ser eqüitativa, não terá lugar se privar do necessário o incapaz ou as pessoas que dele dependem.

[106] Art. 932. São também responsáveis pela reparação civil:
II – o tutor e o curador, pelos pupilos e curatelados, que se acharem nas mesmas condições;

Há, também, a responsabilidade do hoteleiro e dos que exercem atividades similares, a qual se encontra estabelecida no inciso IV do artigo 932[107] do Código Civil. Nessa condição, ainda que não haja culpa da parte dos donos de hotéis e afins, estes responderão pelos atos praticados com culpa pelos seus hóspedes, moradores e educandos, deixando de existir a responsabilidade na hipótese de albergue gratuito.[108] O que se infere da regra é que ela diz respeito à hospedagem onerosa, ou seja, em que há um proveito econômico por parte do hospedeiro. Com efeito, tal onerosidade atrai uma modalidade de risco para o desenvolvimento da atividade, que justifica a responsabilidade.

Os hospedeiros e afins possuem, para além da responsabilidade pelos atos de seus hóspedes, a responsabilidade pela guarda das bagagens e pertences destes últimos, criando, assim, duas vertentes de responsabilização: (i) em relação aos atos praticados com culpa pelos hóspedes; e (ii) em relação à guarda dos pertences dos hóspedes e afins. Para José de Aguiar Dias,[109] não faz sentido o hospedeiro alegar uma excludente de responsabilização por perda/furto de bagagens e pertences, dado que a obrigação deste (hospedeiro), em relação à guarda dos pertences, é uma obrigação de resultado, com o que deve garantir à pessoa e aos seus pertences a mesma segurança que o transportador deve ao passageiro. A excludente de responsabilidade dos hospedeiros em relação à guarda dos pertences dos seus hóspedes pode ser arguida na hipótese prevista pelo artigo 650,[110] que prevê que cessa a responsabilidade se for provado que os fatos prejudiciais aos viajantes não poderiam ser evitados. Com efeito, a previsão desse artigo poderia ser suprimida, dado que o ali previsto nada mais é do que a excludente por caso fortuito ou força maior (seção 1.7).

Em mais uma hipótese de responsabilidade por fato de terceiro, tem-se a responsabilização civil do empregador pelos danos que seus empregados, no exercício da atividade laboral, causarem a terceiros. Nessa hipótese, igualmente a vítima do dano deve provar a culpa (*stricto sensu*) do empregado para requerer o ressarcimento pelo empregador.

---

[107] Art. 932. São também responsáveis pela reparação civil:
IV – os donos de hotéis, hospedarias, casas ou estabelecimentos onde se albergue por dinheiro, mesmo para fins de educação, pelos seus hóspedes, moradores e educandos;

[108] ALONSO, P. S. G. Responsabilidade civil por fato de terceiros. *Revista de Direito Privado*, v. 64, p. 161-176, out-dez. 2015.

[109] DIAS, J. A. *Da responsabilidade civil*. 10. ed. v.1-2. Rio de Janeiro: Forense, 1995.

[110] Art. 650. Cessa, nos casos do artigo antecedente, a responsabilidade dos hospedeiros, se provarem que os fatos prejudiciais aos viajantes ou hóspedes não podiam ter sido evitados.

Essas são as hipóteses em que é possível incumbir a alguém o dever de reparar um dano, mesmo que não seja o causador direto do evento danoso. É interessante notar que: em todas as hipóteses de responsabilização civil por ato de terceiro aqui mencionadas, é necessária a verificação da culpa pelo causador direto do dano. Em outras palavras, ainda que se impute a um terceiro o dever de reparação do dano, sem avaliação da sua culpa no evento danoso ocorrido, é necessário que se demonstre a culpa de quem causou diretamente o dano, para fazer surgir a responsabilização por ato de terceiro.

Com efeito, o pai que responde pelos atos de seus filhos menores só o faz mediante a comprovação da culpa destes; o tutor e o curador somente respondem pelos danos causados por seus tutelados e curatelados quando for possível aferir a culpa destes; os donos de hotelarias e afins responderão pelos danos causados por seus hóspedes quando restar demonstrada a culpa destes; e o mesmo se observa na responsabilização civil do empregador pelos atos de seus empregados, quando ferem direitos de terceiros. Constata-se que a regra é a responsabilização civil direta do causador do dano, sendo possível – mediante previsão expressa na lei – que alguém responda por conduta danosa de terceiro quando restar demonstrado que o terceiro agiu com culpa.

1.4 Teorias da culpa na responsabilidade civil subjetiva: culpa *in eligendo* e culpa *in vigilando*

Como apontado em seção anterior (seção 1.2), a teoria da responsabilidade civil subjetiva, regra em nosso ordenamento jurídico, leva em conta a existência de três elementos: o ato ilícito, o dano e o nexo de causalidade. Em outra vertente, a teoria da responsabilidade civil objetiva indica a necessidade de se averiguar a ocorrência de um evento (seja ele lícito ou ilícito) que tenha gerado um dano, para ser suficiente o dever de indenizar. Até este momento, a análise do dever de indenizar tomou por base uma conduta direta do agente. Ou seja, quem praticou o ato que gerou um dano ficará obrigado a ressarcir a vítima. É regra, portanto, que cada pessoa responda por seus próprios atos.[111]

---

[111] Tudo em harmonia com o que preceitua o Código de Processo Civil, ao determinar que não se pode pleitear direito alheio em nome próprio, conforme artigo 18: "Ninguém poderá pleitear direito alheio em nome próprio, salvo quando autorizado pelo ordenamento jurídico".

Essa regra, assim como a teoria da responsabilidade civil subjetiva, passou a não mais alcançar inúmeros casos de danos gerados, gerando insatisfações e injustiças.[112] Para que se alcance a justiça,[113] e que a vítima de um evento danoso tenha seu patrimônio ressarcido/recomposto, é preciso saber se é possível desbordar da pessoa que diretamente causou o dano e alcançar outra pessoa (física ou jurídica) à qual o agente esteja, de alguma forma, ligado por uma relação jurídica. Tomando por base essa relação, a terceira pessoa poderá ser responsabilizada.

Essa responsabilização por fato de outrem não ocorre sem que haja uma razão lógico-jurídica, nem se pode imaginar uma responsabilização indiscriminada. Segundo Sérgio Cavalieri Filho,[114]

> para que a responsabilidade do desborde do autor material do dano, alcançando alguém que não concorreu diretamente para ele, é preciso que esse alguém esteja ligado por algum vínculo jurídico ao autor do ato ilícito, de sorte a resultar-lhe, daí, um dever de guarda, vigilância ou custódia.

Assim, o que se percebe é que o Código Civil deu guarida à responsabilização por fato de outrem, para maior garantia da vítima, ampliando o rol daqueles que devem responder por determinados eventos, dada a alta probabilidade de o agente direto não conseguir recompor o patrimônio daquele que foi lesado. A ampliação dessa responsabilização levou em conta o dever de vigilância, de cuidado, de guarda ou de incolumidade. Trata-se de hipótese de exceção, cabendo, portanto, indicação expressa pela lei de sua incidência, assim como ocorre com a responsabilização objetiva. Apesar da ampliação do dever de responder por determinados danos, a indicação de uma responsabilização por fato de outrem deve ser expressa na lei, dado que, em regra, a responsabilidade deve decorrer de forma direta entre o agente e o ofendido.

---

[112] Isso, porque se conseguiria vislumbrar a não reparação do dano sofrido pela vítima pela quebra do nexo de causalidade.
[113] Segundo André Franco Montoro, "só é justiça propriamente dita a relação que tem por objeto dar a outrem, o que lhe é devido, segundo uma igualdade" (MONTORO, A. F. *Introdução à ciência do direito*. 25. ed. São Paulo: Revista dos Tribunais, 2000. p. 129-130).
[114] CAVALIERI FILHO, S. *Programa de responsabilidade civil*. 10. ed. São Paulo: Atlas, 2012. p. 204.

Abordando as hipóteses de culpa por fato de outrem, dar-se-á ênfase em duas:[115] (i) a culpa *in eligendo*; e (ii) a culpa *in vigilando*. Tais hipóteses "abriram as portas" para uma responsabilização civil por fato de outrem e fizeram parte de julgados do Superior Tribunal de Justiça, que acabaram por condenar as operadoras de planos de saúde por erros médicos.

A culpa *in eligendo* é decorrente de uma "má escolha" do representante ou do preposto. Caracteriza-se pelo fato de se admitir ou manter proponente a seu serviço empregado não legalmente habilitado, ou sem as aptidões requeridas.[116] Ora, se escolheu mal o seu representante, procurador ou preposto, deve responder pelos atos ilícitos praticados por ele. O Código Civil de 2002, sobre o tema, adotou posicionamento vanguardista, dado que apontou ser tal responsabilidade independente de culpa.

A culpa *in vigilando*, por seu turno, é a que emana da ausência de fiscalização por parte do empregador, tanto em relação aos seus empregados quanto à própria coisa.[117]

Essas duas teorias surgem para que, de algum modo, ainda que não haja uma vinculação formal (escrita) entre os agentes, um responda pelo outro, em razão da vinculação fática/jurídica existente. A respeito do objeto do presente estudo, é possível encontrar decisões judiciais que aplicam uma ou outra teoria para atrair a responsabilidade da operadora do plano de saúde para erros médicos cometidos em face de seus beneficiários. A aplicação das teorias, de forma bem simplista, leva em conta as seguintes perspectivas: (i) quanto à *culpa in eligendo*, a operadora de plano de saúde escolhe o profissional que irá prestar o serviço de assistência médica, de modo que se "escolheu mal", deve responder pela escolha feita; e (ii) na *culpa in vigilando*, uma vez escolhido o profissional pela operadora do plano de saúde, deve ela fiscalizar, vigiar aquele profissional, para que ele não desvie sua conduta.

1.5 Teoria do risco do empreendimento

Após passar pelos elementos da responsabilidade civil, das teorias e também da responsabilidade por ato de terceiro, importa discorrer

---

[115] Dado que se aponta para a existência de outras três modalidades de culpas indiretas: (i) a *in committendo*; (ii) a *in omittendo*; e (iii) a *in custodiendo*.
[116] STOCO, R. *Tratado de responsabilidade civil*. 10. ed. São Paulo: Revista dos Tribunais, 2014.
[117] Ibid.

sobre a teoria do risco, como fundamento de responsabilização civil. A teoria do risco surge como forma de explicar a teoria da responsabilidade civil objetiva com base na ideia de que aquele que exerce determinada atividade, e tira proveito direto ou indireto dela, responde pelos danos que causar, independentemente de culpa sua ou de seus prepostos. O simples exercício da atividade que possa gerar risco a outrem atrai a responsabilidade de ressarcimento dos danos por ela causados.[118] Segundo Cavalieri Filho,[119] a teoria do risco surgiu na França, quando se buscava uma razão para a responsabilidade civil objetiva, em pleno período de desenvolvimento industrial, época em que eclodiram acidentes de trabalho, donde se esperava emanar reparação.

O conforto na adoção de uma teoria que possa explicar a necessidade de alguém ressarcir a vítima de um evento, sem ter que se debruçar detalhadamente sobre as nuances da situação ocorrida, fez surgir vários "subtipos" de riscos, a explicar a necessidade de ressarcimento frente às mais diversas situações. A "teoria do risco" fez surgir as teorias do "risco-proveito", do "risco profissional", do "risco criado" e do "risco integral".

A teoria do risco-proveito impõe a responsabilização civil à pessoa que extrair proveito de certa atividade pelo risco natural que a atividade traz. Essa teoria, segundo Cristiane Marchi,[120] está fundada no princípio *ubi emolumentum ibi onus*, que indica ser responsável aquele que tira proveito ou vantagem do fato causador do dano, sendo, então, obrigado a repará-lo. Defende-se que, se a atividade econômica exercida gera riqueza ao empreendedor e, ao mesmo tempo, a possibilidade de que a execução do serviço cause danos, nada mais justo que, na ocorrência do evento danoso, ainda que sem culpa, exista a responsabilidade pelos danos ocorridos da exploração dessa atividade. Assim, aquele que cria o risco para obter o ganho deve suportar os ônus daí decorrentes.

Registra-se a crítica de Paulo Sérgio Gomes Alonso[121] à essa teoria, apontando que a teoria do "risco-proveito" confundir-se-ia com a teoria do risco integral, pois seria difícil determinar o conceito de "proveito".

---

[118] FERREIRA, A. L. L.; VIEGAS, C. M. A. R. A Teoria do risco empresarial e a responsabilidade do código de defesa do consumidor. *Revista de Direito Empresarial*, v. 16, p. 195-209, jul-ago. 2016.

[119] CAVALIERI FILHO, S. *Programa de responsabilidade civil*. 9. ed. São Paulo: Atlas, 2010.

[120] MARCHI, C. A culpa e o surgimento da responsabilidade objetiva: evolução histórica, noções gerais e hipóteses previstas no Código Civil. *Revista dos Tribunais*, v. 964, p. 215-241, fev. 2016.

[121] ALONSO, P. S. G. Responsabilidade civil por fato de terceiros. *Revista de Direito Privado*, v. 64, p. 161-176, out.-dez. 2015.

Essa crítica fundou-se na visão de que toda atividade gera "proveito". Para Alvino Lima,[122] a questão da responsabilidade seria uma mera questão de reparação de dano, de proteger o direito violado da vítima e encontrar um equilíbrio social, devendo ser resolvida recorrendo-se somente ao critério objetivo, de modo que, quem ganha benefícios de uma dada atividade, deve, inversamente, suportar os males que a mesma atividade provoca. Assim estaria explicada a teoria do risco-proveito.

A teoria do risco profissional, por sua vez, revela que o dever de indenizar é sempre decorrente da atividade laborativa do lesado. Esta modalidade de teoria é utilizada para explicar a reparação civil nos acidentes de trabalho.[123]

Segundo Caio Mário,[124] a teoria do risco criado aduz que, aquele que, em função da sua atividade ou profissão, cria um perigo, deve estar sujeito a reparar os danos que causar. Para Facchini Neto,[125] a teoria do risco-criado afasta-se da teoria do risco-proveito, pois não mais pensa a responsabilidade como decorrente do proveito obtido pela atividade, mas como consequência inafastável da atividade em geral. O risco, no caso, desliga-se de um aspecto econômico ou profissional, afastando-se, igualmente, de uma atividade empresarial (industrial ou de um comércio), e liga-se a qualquer ato do homem que seja potencialmente danoso aos patrimônios juridicamente tutelados de seus pares. Para Caio Mário,[126] a teoria do risco-criado importa em uma ampliação do conceito do risco-proveito, dado que aumenta os encargos do agente e é mais equitativa para a vítima, que não precisa mais demonstrar que o dano sofrido é resultante de uma atividade que gerou vantagem ou benefício ao causador do dano.

Por fim, destaca-se a teoria do risco integral, que não admite qualquer invocação de excludente de responsabilidade civil. Quando possível aplicar tal teoria, não se cogita invocar fatos que poderiam, em tese, excluir a ilicitude, como os previstos no artigo 188[127] do Código

---

[122] LIMA, A. F. *Culpa e risco*. 2. ed. São Paulo: Revista dos Tribunais, 1998.
[123] FERREIRA, A. L. L.; VIEGAS, C. M. A. R. A Teoria do risco empresarial e a responsabilidade do código de defesa do consumidor. *Revista de Direito Empresarial*, v. 16, p. 195-209, jul-ago. 2016.
[124] PEREIRA, C. M. S. *Responsabilidade civil*. 9. ed. Rio de Janeiro: Forense, 1998.
[125] FACCHINI NETO, E. Da responsabilidade civil no novo código. *Revista do Tribunal Superior do Trabalho*, Porto Alegre, RS, v. 76, nº 1, p. 17-63, jan-mar. 2010.
[126] PEREIRA, C. M. S. *Responsabilidade civil*. 9. ed. Rio de Janeiro: Forense, 1998.
[127] Art. 188. Não constituem atos ilícitos:
I – os praticados em legítima defesa ou no exercício regular de um direito reconhecido;
II – a deterioração ou destruição da coisa alheia, ou a lesão a pessoa, a fim de remover perigo iminente.

Civil. Nem mesmo se admitiria a excludente de nexo de causalidade, como a culpa ou fato exclusivo da vítima, o fato exclusivo de terceiro e o caso fortuito ou de força maior. Para Fernando Noronha,[128] a teoria do risco integral gera uma responsabilidade civil objetiva "agravada". Observa-se a aplicação dessa teoria em questões relativas a danos ambientais, dado o disposto no artigo 225, §3º, da Constituição Federal.[129] É o que se observa em julgados do Superior Tribunal de Justiça, como o julgamento do Recurso Especial nº 1.175.907/MG, publicado no DJe do dia 25 de setembro de 2014.

Sobre essas modalidades das teorias do risco, indica Venosa[130] que, em "todas as situações socialmente relevantes, quando a prova da culpa é um fardo pesado ou intransponível para a vítima, a lei opta por dispensá-la". O princípio do risco repousa na necessidade de segurança jurídica. Sob esse prisma, deve existir uma imputação ao agente, quer responda ele por culpa, na responsabilidade subjetiva, quer responda pelo risco de sua atividade, na responsabilidade objetiva. Apesar da relevante posição e do ensinamento do renomado jurista, a suscitação da segurança jurídica para aplicação do risco, como vetor de responsabilização, pode não atingir o seu objetivo, dado que tal instituto – o da segurança jurídica – deve trazer consigo, igualmente, uma previsibilidade de aplicação. Nesse sentido, ancorar a aplicação da teoria do risco, sem critérios objetivos prévios, pode contribuir para uma insegurança jurídica, pois o jurisdicionado ficará na expectativa e na surpresa de saber se a teoria do risco (e qual) será aplicada no seu caso.

Ainda sobre o risco, Cavalieri Filho[131] ensina que, pela teoria do risco do empreendimento, todo aquele que se disponha a exercer alguma atividade no mercado de consumo tem o dever de responder pelos eventuais vícios ou defeitos dos bens e serviços fornecidos, independentemente de culpa. Este dever advém do dever de obediência às normas técnicas e de segurança, bem como aos critérios de lealdade,

---

Parágrafo único. No caso do inciso II, o ato será legítimo somente quando as circunstâncias o tornarem absolutamente necessário, não excedendo os limites do indispensável para a remoção do perigo.

[128] NORONHA, F. *Direito das obrigações*. São Paulo: Saraiva, v. 1, 2003.

[129] Art. 225. Todos têm direito ao meio ambiente ecologicamente equilibrado, bem de uso comum do povo e essencial à sadia qualidade de vida, impondo-se ao Poder Público e à coletividade o dever de defendê-lo e preservá-lo para as presentes e futuras gerações.
§3º As condutas e atividades consideradas lesivas ao meio ambiente sujeitarão os infratores, pessoas físicas ou jurídicas, a sanções penais e administrativas, independentemente da obrigação de reparar os danos causados.

[130] VENOSA, S. S. *Direito civil:* responsabilidade civil. 10. ed. São Paulo: Atlas, 2010. p. 16.

[131] CAVALIERI FILHO, S. *Programa de responsabilidade civil*. 9. ed. São Paulo: Atlas, 2010. p. 484.

quer perante os bens e serviços ofertados, quer perante os destinatários dessas ofertas. A responsabilidade decorre do simples fato de dispor-se alguém a realizar atividade de produzir, estocar, distribuir e comercializar produtos ou executar determinados serviços. O fornecedor passa a ser o garantidor dos produtos e serviços que oferece ao mercado de consumo, respondendo pela qualidade e segurança desses. Portanto, ancorando-se nesse ensinamento, faz-se necessária a mais precisa delimitação do serviço posto em circulação, para que se avalie o limite da responsabilização do fornecedor.

1.6 Obrigações "de meio", "de resultado" e "de garantia"

A averiguação da natureza jurídica da obrigação, se "de meio", "de resultado", ou "de garantia", tem papel fundamental na aplicação de tal ou qual teoria de responsabilidade civil, bem como na possibilidade de incidência, ou não, de excludentes de ilicitude.

Atribui-se a René Demogue[132-133] a sistematização doutrinária da distinção entre tipos obrigacionais (obrigações de meio e obrigações de resultado), formulada, incidentemente, ao tratar-se da repartição do ônus da prova com relação às obrigações contratuais. Basicamente, o que se constatou foi que, em determinadas relações obrigacionais, o devedor possuía o compromisso de ser diligente, tão somente, e cabia ao credor provar a inexistência de tal comportamento. Já em outras relações, ocorria a situação inversa, ou seja, o credor tinha o direito de exigir a produção de um determinado e certo resultado, sem o qual a obrigação seria considerada inadimplida. Nessa situação, o devedor precisava provar a ocorrência do resultado pretendido ou a ausência de culpa de sua parte no inadimplemento, por qualquer das excludentes

---

[132] Observa Elton Minasse que "a atribuição da paternidade da classificação a Demogue, embora equívoca, não constitui erro grave. Trata-se de erro histórico, mas que redundou em homenagem ao jurista francês, que teve o mérito inegável de divulgar a distinção como nenhum outro fez. Sem a obra de Demogue, muito provavelmente a classificação teria caído no ostracismo, relegada a obras doutrinárias de reduzida influência prática. A pena de Demogue ensejou um debate franco acerca do valor da distinção como instrumento para a solução de problemas, especialmente empregado em França" (MINASSE, E. *Contribuição ao estudo das obrigações "de meios" e "de resultado"*. 2005. Dissertação (Mestrado) – Faculdade de Direito, Universidade de São Paulo, São Paulo, 2005. p. 68.

[133] É o que se observa, também, na obra de Rui Stoco: STOCO, R. *Tratado de responsabilidade civil*. 10. ed. São Paulo: Ed. Revista dos Tribunais, 2014.

de responsabilidade, como o caso fortuito e a força maior.[134] Caio Mário da Silva Pereira[135] afirma que "nas obrigações de resultado, a execução considera-se atingida quando o devedor cumpre o objetivo final; nas de meio, a inexecução caracteriza-se pelo desvio de certa conduta ou omissão de certas precauções, a que alguém se compromete sem se cogitar do resultado final".

É certo que, ao fim e ao cabo, no estabelecimento de qualquer relação obrigacional, as partes contratantes almejam alcançar um dado "resultado", que se revela na motivação para a concretização do ato jurídico; algo que pode ser visto, também, na hipótese de não se querer atingir dado resultado. Em outras palavras, o "não agir" almeja um resultado da "não ação". A par de tal constatação, existem relações obrigacionais em que a finalidade integra, intrinsecamente, o negócio jurídico firmado, e outras em que não.[136]

Assim, nas obrigações em que a finalidade não integra o negócio jurídico, o adimplemento contratual ocorre mesmo que não se constate o resultado pretendido quando se firmou o negócio jurídico. Clóvis do Couto e Silva[137] salienta esses "deveres em cujo processo a obtenção do fim, embora certamente desejado, não constitui, por si só, critério para verificar se houve, ou não, adimplemento".

O objetivo da correta delimitação da natureza jurídica de uma obrigação é definir o grau de comprometimento do devedor para saber, em casos de inadimplemento, quais seriam as teorias da responsabilidade civil aplicáveis à hipótese e as ferramentas do devedor para ilidir-se da responsabilidade a ele atribuída. Em uma análise direta, tem-se que, nas obrigações "de meio", em que se espera que o devedor aja com diligência, não se esperando um dado resultado, aplicar-se-á a teoria da responsabilidade civil subjetiva, em caso de inadimplemento[138].

Isso, porque nessas relações obrigacionais, ainda que se deseje um dado resultado, não se pode exigir do devedor a obtenção do resultado pretendido de forma incontestável. Como expresso no próprio nome, se a obrigação é "de meio", o alvo da atenção no seu adimplemento é a

---

[134] CLÁPIS, A. L. Obrigações de meio, de resultado e de garantia. *Revista de Direito Privado*, v. 39, p. 9-42, jul-set. 2009.

[135] PEREIRA, C. M. S. *Instituições de direito civil* – teoria geral das obrigações. 26. ed. v. 3. Rio de Janeiro: Forense, 2003. p. 48.

[136] CLÁPIS, A. L. Obrigações de meio, de resultado e de garantia. *Revista de Direito Privado*, v. 39, p. 9-42, jul-set. 2009.

[137] COUTO E SILVA, C. V. *Obrigação como processo*. São Paulo: Bushatsky, 1976. p. 72.

[138] CLÁPIS, A. L. Obrigações de meio, de resultado e de garantia. *Revista de Direito Privado*, v. 39, p. 9-42, jul-set. 2009.

adequação do "meio". Esse tipo obrigacional é facilmente percebido na prestação de serviços médicos, advocatícios, publicitários etc. O que importa, na contratação de tais serviços, não é um resultado em si, ainda que – mais uma vez – se queira atingir um dado resultado. O que se contrata, na verdade, é a diligência e a dedicação na execução do serviço em benefício do credor. Segundo André Tunc,[139] o devedor vincula-se a um agir zeloso e diligente dos meios que possui para alcançar, eventualmente, um dado resultado, que se conserva externo ao contrato. O agir do devedor é a própria obrigação contratada.

Em outras palavras, nas obrigações de meio, o objeto obrigacional do devedor concentra-se na sua atuação, não sendo este responsabilizado por não alcançar o resultado pretendido quando da contratação pelo credor. A não obtenção do resultado não conferirá, ao credor, o direito de exigir indenização por inadimplemento do devedor. Esse entendimento, segundo Alexandre Laizo Clápis,[140] pode parecer paradoxal, dado que se exige do devedor uma conduta de exemplar diligência, para que se possa alcançar um resultado, sem, porém, atribuir-lhe responsabilidade na hipótese de o resultado não ser atingido. Contudo, isso se justifica pelo fato de o resultado não ser consequência direta da ação do devedor, dependendo de fatores externos à relação contratual, de forma que pode escapar ao seu controle/vontade.[141]

Com efeito, um paciente procura um médico com o objetivo de restabelecer sua saúde, ficar "curado" da enfermidade que lhe assola. Não obstante o desejo de estar curado, não se pode exigir do médico que garanta a cura do paciente. Na impossibilidade de se exigir a cura, a obrigação assumida pelo médico revela-se como uma obrigação de meio. Ao médico competirá solicitar e/ou realizar todos os exames necessários para conseguir definir o correto diagnóstico, para depois elaborar a terapêutica adequada, devendo contar sempre com a anuência do paciente para quaisquer intervenções.

Já nas obrigações de resultado, o agir do devedor almeja a satisfação específica dos interesses do credor, sendo esta parte integrante e intrínseca da relação jurídica firmada entre as partes. Nessa modalidade obrigacional, o foco está no alcance do resultado pretendido pelo credor ao formular o negócio jurídico. Esse tipo de relação obrigacional

---

[139] TUNC, A. A distinção entre obrigações de resultado e obrigações de diligência. *Revista dos Tribunais*, v. 778, p. 755-764. ago. 2000.
[140] CLÁPIS, Alexandre Laizo. Obrigações de meio, de resultado e de garantia. *Revista de Direito Privado*, vol. 39/2009, jul.-set. 2009, p. 9-42.
[141] Ibid.

é exemplificado pelos contratos de depósito, nos quais se exige, do depositário, uma conduta diligente na guarda e conservação da coisa, para futura devolução ao depositante, conforme o artigo 629[142] do Código Civil. No entanto, apesar de constar, no texto legal, que o depositário deve ser diligente e cuidadoso, o resultado "entrega do bem no estado em que recebeu" vincula o depositário ao depositante. Portanto, o que se verifica é que, efetivamente, não vai importar a conduta do agente, mas apenas se o bem depositado foi restituído da forma como deveria.

Essa hipótese, contrato de depósito, não admite incertezas na sua execução, ou seja, ao entregar o bem, o depositante [credor] não tem a dúvida de que, passado o tempo firmado no contrato, ele reaverá o bem entregue ao depositário. Não há, aprioristicamente, qualquer razão que impute, ao credor, dúvidas na execução do contrato (salvaguardando-se hipóteses de casos fortuitos ou de força maior). Nesses cenários, estar-se-á diante de obrigações de resultado.

Segundo Ruy Rosado de Aguiar,[143] a obrigação será de resultado quando o devedor estiver comprometido a atingir determinado fim, como transportar uma carga de um lugar para outro, ou consertar e pôr em funcionamento uma máquina. O que se percebe é que quando o resultado final não traz consigo elementos externos, aleatórios, para a finalidade para a qual foi concebida a obrigação, ter-se-á uma obrigação por resultado cuja não obtenção significará o inadimplemento contratual. Isso, em última análise, pode fazer incidir a obrigação do devedor de reparar os danos sofridos pelo credor, salvo prova de ocorrência de caso fortuito ou força maior. Em síntese, nos casos de obrigações de resultados, aplica-se a teoria da responsabilidade civil objetiva, dado que a conduta do agente, em si, não é fator de análise do adimplemento contratual. Em outras palavras, ainda que o agente tenha sido zeloso, diligente, que tenha empregado toda sua técnica, a não obtenção do resultado implica no inadimplemento contratual, o qual configura ilícito a ser reparado.

Fugindo do cenário binário de "obrigações de meios" e "obrigações de resultado", Comparato[144] indica a existência de um terceiro tipo de

---

[142] Art. 629. O depositário é obrigado a ter, na guarda e conservação da coisa depositada, o cuidado e a diligência que costuma com o que lhe pertence, bem como a restituí-la, com todos os frutos e acrescidos, quando o exija o depositante.

[143] AGUIAR JÚNIOR, R. R. Responsabilidade civil do médico. *ADV Advocacia Dinâmica: seleções jurídicas*, São Paulo, v. 1, p. 25-35, dez. 2003. Edição especial.

[144] COMPARATO, F. K. Obrigações de meios, de resultado e de garantia. *In*: NERY JUNIOR, Nelson; NERY, R. M. A. *Doutrinas essenciais*: responsabilidade civil. São Paulo: Revista dos Tribunais, 2010, v. 5. p. 333-348.

obrigação, a "de garantia". Resumidamente, nesse tipo obrigacional, o devedor elimina os riscos do credor. Com isso, a ocorrência dos riscos envolvidos no negócio jurídico resultará em proteção ao credor, que firmou compromisso que garantia a ausência de riscos para ele. Pode-se exemplificar esse tipo obrigacional por meio dos contratos de seguro ou de garantias, onde o segurado paga um determinado valor para se certificar de que, caso algo lhe ocorra, o devedor irá ressarcir-lhe da forma como fora pactuado. Nessa modalidade não se pode sequer cogitar a implicação de excludentes de ilicitude como caso fortuito ou força maior, dado que a garantia dada pelo devedor elimina todos os riscos do credor. Nas obrigações de garantia, caso o devedor não cumpra com sua obrigação, imputa-se-lhe o dever de ressarcir o seu credor de modo objetivo, dado que não se analisa, ou não é foco de análise, a conduta do agente.

1.7 Das excludentes de responsabilidade civil no Código Civil e no Código de Defesa do Consumidor

Em linhas gerais, qualquer que seja a teoria a ser aplicada para uma responsabilização civil em determinado caso (subjetiva, objetiva e/ou da culpa presumida), duas hipóteses fáticas ilidem a necessidade de o agente responder pelo dano causado, quais sejam: caso fortuito e força maior. Para Sérgio Cavalieri Filho,[145] o caso fortuito ocorre quando se está diante de um evento imprevisível e, por isso, inevitável. Se o evento for inevitável, ainda que previsível, por se tratar de fato superior às forças do agente, como normalmente são os fatos da natureza (tempestades, enchentes, etc.), estar-se-á frente à causa de força maior.[146]

Em outro sentido, Carlos Roberto Gonçalves[147] e Agostinho Alvim[148] dividem o caso fortuito em duas classes: fortuito interno e fortuito externo. O primeiro trata de causas ligadas à pessoa (condutas humanas) ou à coisa, não se prestando a justificar a exclusão de uma responsabilidade. É o caso, por exemplo, de greve, motim, guerra, etc. O fortuito externo está ligado aos fatos da natureza, que seriam, esses sim, excludentes de responsabilização.

---

[145] CAVALIERI FILHO, S. *Programa de responsabilidade civil*. 10. ed. São Paulo: Atlas, 2012.
[146] Ibid.
[147] GONÇALVES, C. R. *Responsabilidade civil*. 14. ed. São Paulo: Saraiva, 2012.
[148] ALVIM, A. A. *Da inexecução das obrigações e suas conseqüências*. 4. ed. São Paulo: Saraiva, 1972. p. 256.

Apesar da existência da diferenciação indicada anteriormente, sabe-se que não se chegou a consensos sobre o tema. Por outro lado, pela redação dada pelo ordenamento jurídico, pode-se entender que os conceitos de caso fortuito e força maior tratam de coisas iguais. Ou seja, apesar da validade da discussão doutrinária sobre o tema, a lei estaria a tratar as duas hipóteses como se fossem uma coisa só. É o que se depreende da leitura do artigo 393[149] do Código Civil. Quanto a esse ponto, inclusive, cita-se Cavalieri Filho,[150] quando diz que muito já foi discutido sobre a diferença entre o caso fortuito e a força maior, sem se chegar a qualquer entendimento uniforme. Em outra ponta, é indiscutível o efeito produzido por um ou pelo outro, dado que ambos estão situados "fora" dos limites da culpa, fazendo com que não haja a responsabilização civil do agente.

A razão de o caso fortuito ou a força maior ilidirem a responsabilidade do agente é que a ocorrência de quaisquer um deles "quebra" o elo entre a conduta danosa e o dano suportado.

O Código de Defesa do Consumidor, naquilo que importa para o presente trabalho,[151] aponta para duas outras circunstâncias que impõem um afastamento do dever de reparar um dano, quais sejam: culpa exclusiva da vítima e culpa exclusiva de terceiro. A razão de se ilidir a responsabilização do agente nessas duas hipóteses é a mesma pela qual se ilide a responsabilidade civil em casos fortuitos e de força maior: a quebra do nexo de causalidade entre o dano e o evento danoso atribuído ao agente. Em casos médicos, por exemplo, poder-se-ia ilidir a responsabilização do profissional na hipótese de o paciente não seguir as recomendações médicas pós-cirúrgicas. Nesse caso, não há qualquer ação do profissional que tenha gerado dano ao paciente. Aliás, foi o próprio paciente que – ao não seguir as recomendações – gerou danos a si mesmo.

---

[149] Art. 393. O devedor não responde pelos prejuízos resultantes de caso fortuito ou força maior, se expressamente não se houver por eles responsabilizado.
Parágrafo único. O caso fortuito ou de força maior verifica-se no fato necessário, cujos efeitos não era possível evitar ou impedir.

[150] CAVALIERI FILHO, S. *Programa de responsabilidade civil*. 10. ed. São Paulo: Atlas, 2012.

[151] Deixou-se de observar as seguintes hipóteses de exclusão do dever de indenizar, presentes no Código de Defesa do Consumidor: (i) que não colocou o produto no mercado; (ii) que, embora haja colocado o produto no mercado, o defeito inexiste; (iii) o fabricante, o construtor, o produtor ou o importador não puderem ser identificados; (iv) o produto for fornecido sem identificação clara do seu fabricante, produtor, construtor ou importador; (v) não conservar adequadamente os produtos perecíveis. Isso, porque se tratam de causas de não responsabilização por fato do produto, e o foco do trabalho está em fato do serviço, de modo que não há razão de enfrentar os temas aqui indicados.

Considerando o objeto de estudo do presente trabalho – a responsabilização civil das operadoras de planos de saúde por erros médicos – entende-se que há três hipóteses de excludentes da responsabilização: caso fortuito ou de força maior, culpa exclusiva da vítima e culpa exclusiva de terceiro.

1.8 Da responsabilidade civil do médico

Depois de passar pelos elementos da responsabilidade civil, seja nas teorias subjetiva e objetiva, seja na teoria da culpa presumida, definindo o que seriam o ato ilícito (culpa e suas variáveis), o dano e o nexo de causalidade; após tecer comentários sobre as teorias da culpa (*culpa in eligendo* e *culpa in vigilando*); após discorrer sobre o fato de terceiro, a teoria do risco do empreendimento, as obrigações de meio, de resultado e de garantia, e as excludentes de responsabilização, chega-se ao ponto de definir a responsabilidade civil do médico.

Quanto a esse ponto, inicia-se pelo disposto no Código Civil. Com efeito, o artigo 951[152] estabelece que as disposições dos artigos 948,[153] 949[154] e 950[155] aplicam-se nos casos de indenização devida por aquele que, no exercício da atividade profissional, por negligência, imprudência ou imperícia, causar a morte do paciente, agravar-lhe o mal, causar-lhe lesão ou inabilitá-lo para o trabalho. O texto da lei cita, expressamente, o termo "paciente", remetendo-nos aos profissionais da área de saúde, como os médicos. O artigo também traz a indicação da necessidade de constatação das modalidades da culpa *stricto sensu*, como a negligência, a imprudência e a imperícia.

---

[152] Art. 951. O disposto nos arts. 948, 949 e 950 aplica-se ainda no caso de indenização devida por aquele que, no exercício de atividade profissional, por negligência, imprudência ou imperícia, causar a morte do paciente, agravar-lhe o mal, causar-lhe lesão, ou inabilitá-lo para o trabalho.

[153] Art. 948. No caso de homicídio, a indenização consiste, sem excluir outras reparações:
I – no pagamento das despesas com o tratamento da vítima, seu funeral e o luto da família;
II – na prestação de alimentos às pessoas a quem o morto os devia, levando-se em conta a duração provável da vida da vítima.

[154] Art. 949. No caso de lesão ou outra ofensa à saúde, o ofensor indenizará o ofendido das despesas do tratamento e dos lucros cessantes até ao fim da convalescença, além de algum outro prejuízo que o ofendido prove haver sofrido.

[155] Art. 950. Se da ofensa resultar defeito pelo qual o ofendido não possa exercer o seu ofício ou profissão, ou se lhe diminua a capacidade de trabalho, a indenização, além das despesas do tratamento e lucros cessantes até ao fim da convalescença, incluirá pensão correspondente à importância do trabalho para que se inabilitou, ou da depreciação que ele sofreu.
Parágrafo único. O prejudicado, se preferir, poderá exigir que a indenização seja arbitrada e paga de uma só vez.

Embora tenha uma redação bem simplista, o Código Civil aponta para uma responsabilidade por ato próprio do médico. Assinala Stoco[156] que, além de ato próprio, a responsabilidade do médico seria do tipo contratual. No entanto, entende-se não existir essa vinculação prévia, dado que, em situações emergenciais, pode haver intervenções médicas sem instrumento contratual.

Para além do Código Civil, e segundo o disposto no Código de Ética Médica,[157] com o advento do Código de Defesa do Consumidor, é inegável que a relação "médico-paciente" representa uma relação de consumo. No que importa para este trabalho, o Código de Defesa do Consumidor estabelece, na Seção II – "Da Responsabilidade pelo Fato do Produto e do Serviço", no artigo 14,[158] como se dará a responsabilização do fornecedor de serviços (médico), indicando que não haverá averiguação da existência de culpa, em caso de defeitos na prestação dos serviços. O §1º do artigo 14 traz a definição de um serviço defeituoso, sendo este aquele que não fornece a segurança que o consumidor dele pode esperar, levando-se em consideração as circunstâncias relevantes, quais sejam: (i) o modo do seu fornecimento; (ii) o resultado e os riscos que razoavelmente dele se esperam; (iii) a época em que deve ser fornecido.

Já os §§2º e 3º do citado artigo 14 indicam que o serviço não é considerado defeituoso pela adoção de novas técnicas, além de indicar as hipóteses em que o fornecedor de serviços não será considerado responsável, ou seja, em casos de: defeito inexistente e culpa exclusiva

---

[156] STOCO, R. *Tratado de responsabilidade civil*. 10. ed. São Paulo: Ed. Revista dos Tribunais, 2014.
[157] Com efeito, pelo Código de Ética Médica, em seu Capítulo I, inciso XX, estipula que "A natureza personalíssima da atuação profissional do médico não caracteriza relação de consumo".
[158] Art. 14. O fornecedor de serviços responde, independentemente da existência de culpa, pela reparação dos danos causados aos consumidores por defeitos relativos à prestação dos serviços, bem como por informações insuficientes ou inadequadas sobre sua fruição e riscos.
§1º O serviço é defeituoso quando não fornece a segurança que o consumidor dele pode esperar, levando-se em consideração as circunstâncias relevantes, entre as quais:
I – o modo de seu fornecimento;
II – o resultado e os riscos que razoavelmente dele se esperam;
III – a época em que foi fornecido.
§2º O serviço não é considerado defeituoso pela adoção de novas técnicas.
§3º O fornecedor de serviços só não será responsabilizado quando provar:
I – que, tendo prestado o serviço, o defeito inexiste;
II – a culpa exclusiva do consumidor ou de terceiro.
§4º A responsabilidade pessoal dos profissionais liberais será apurada mediante a verificação de culpa.

do consumidor ou de terceiro. Ainda, o §4º, também do artigo 14, expressa que a responsabilidade pessoal dos profissionais liberais será apurada mediante a verificação de culpa.

O que se constata é que, havendo uma relação de consumo entre o médico e o paciente, o Código de Defesa do Consumidor, assim como o Código Civil, atribuiu a essa relação, em casos de responsabilização civil do profissional, a necessidade de averiguação de culpa, devendo-se demonstrar que o profissional agiu com dolo ou culpa *stricto sensu* (imprudência, negligência e/ou imperícia). Em outras palavras, para se aferir a responsabilidade civil do médico, é preciso analisar a sua conduta perante o paciente, daí porque dizer que o médico tem "deveres de conduta". A partir disso, também, denota-se que a relação contratual existente entre médico e paciente constitui uma relação obrigacional de meio, conforme exposto na seção 1.6.

A respeito do tema, Gustavo Tepedino[159] nos ensina que

> a investigação da culpa do médico, portanto, imprescindível à configuração da responsabilidade, requer uma definição dos inúmeros deveres de que é cometido, os quais podem ser enquadrados em três categorias centrais: a) o dever de fornecer ampla informação quanto ao diagnóstico e ao prognóstico; b) emprego de todas as técnicas disponíveis para a recuperação do paciente, aprovadas pela comunidade científica e legalmente permitidas; c) a tutela do melhor interesse do enfermo em favor de sua dignidade e integridade física e psíquica.

Genival Veloso de França[160] aponta os seguintes deveres de conduta: (i) informação; (ii) atualização; (iii) vigilância e cuidados; e (iv) abstenção de abuso. Entende-se ser oportuno considerar, como deveres de conduta, todos aqueles que compõem o Código de Ética Médica. No entanto, em linhas gerais, aproxima-se do ensinado por Tepedino e entende-se, por básico, que cabe ao profissional médico: (i) fornecer ampla e completa informação ao paciente sobre o seu estado de saúde e o prognóstico; e (ii) empregar a melhor técnica disponível e cientificamente aceita para o tratamento do paciente.

Sob esses dois pilares, entende-se que se contemplam os direitos mais básicos dos pacientes-consumidores. Por um lado, com o primeiro pilar, o paciente terá plena consciência para a tomada da decisão,

---

[159] TEPEDINO, G. A responsabilidade médica na experiência brasileira contemporânea. *Revista Jurídica*, Porto Alegre: Natadez, ano 51, nº 311, p. 17-43, set. 2003.
[160] FRANÇA, G. V. *Direito médico*. 13. ed. Rio de Janeiro: Forense, 2016.

optando, ou não, pela realização de determinada terapêutica e assumindo os riscos inerentes da sua escolha. Por outro lado, com base no segundo, o médico desempenhará seu labor da forma esperada, com diligência e prudência. A análise do segundo dever de conduta apresentado culmina na discussão sobre a responsabilidade médica ser decorrente de uma "obrigação de meio" ou "de resultado". Com as devidas ressalvas, expostas por Rivera,[161] a jurisprudência do Superior Tribunal de Justiça aponta que, em regra, a obrigação dos médicos é uma obrigação de meio, mas que, para as cirurgias plásticas puramente estéticas,[162] essa obrigação passa a ser de resultado. Cumpre anotar, ainda, que o Superior Tribunal de Justiça entende que os exames laboratoriais também devem ser analisados sob o véu das obrigações de resultado.

Basicamente, seguindo os ensinamentos de Ruy Rosado de Aguiar Júnior,[163] por um lado a obrigação é de meio quando o profissional assume prestar um serviço ao qual dedicará atenção, cuidado e diligência, sem o comprometimento com a obtenção de um certo resultado; por outro, a obrigação de resultado ocorre quando o devedor se compromete a realizar um dado encargo, objetivando um certo fim, como ao transportar uma carga de um lugar para outro. Sendo a obrigação de resultado, ao lesado cabe comprovar a existência do contrato e a não obtenção do objetivo prometido, dado que isso basta para comprovar o inadimplemento contratual, independentemente de suas razões. Nesses casos, ao devedor cabe invocar, para eximir-se de sua responsabilidade, eventual caso fortuito ou de força maior.

Na seara médica e na avaliação dos julgados na prática, entender se uma obrigação é de meio ou de resultado significa aplicar a teoria da responsabilidade civil subjetiva ou da culpa presumida, com a inversão do ônus da prova para o profissional. Em outras palavras, o entendimento de que se aplica às cirurgias plásticas estéticas uma obrigação de resultado significa aplicar a teoria da culpa presumida do profissional e, consequentemente, inverter o ônus da prova, para que o profissional demonstre que agiu com o zelo e com a diligência que dele se espera. Para os outros casos, entende-se que a obrigação do profissional é de meio, de modo que se aplica a teoria da responsabilidade civil subjetiva.

---

[161] SANTOS, M. H. G.; RIVERA M. Releitura da responsabilidade civil em cirurgia estética à luz do novo CPC: obrigação de meio e não de resultado. *Revista dos Tribunais*, São Paulo, v. 982, p. 53-85, ago. 2017.

[162] Em alguns julgados pelo país, encontra-se a aplicação dessa teoria (obrigação de resultado), para além das cirurgias plásticas estéticas, como aplicável para anestesistas e radiologistas.

[163] JÚNIOR AGUIAR, R. R. *Responsabilidade civil do médico*. São Paulo: Ed. Revista dos Tribunais, ano 843, v. 718, p. 33-53, ago. 1995.

Entende-se, no entanto, que a adoção da teoria dinâmica da prova, pelo Código de Processo Civil, supera a questão de adotar um sistema ou outro de responsabilidade civil (subjetiva ou culpa presumida) como critério de definição dos ônus de prova no processo judicial. Isso, porque o magistrado pode estipular, à luz do caso concreto, da forma como entende ser a melhor, o encargo de provar os fatos delineados na demanda. Ou seja, no "pior cenário" para o médico, aplica-se a teoria da culpa presumida para se inverter o ônus da prova.

É nesse universo, pois, que se insere a responsabilização médica, de modo que a infringência dos deveres de conduta pode levar o profissional a ressarcir lesão afeta ao paciente. No entanto, isso não significa, por exemplo, que todos os resultados negativos de uma dada cirurgia sejam erros médicos. Com bastante precisão, Genival Veloso faz uma distinção entre quatro categorias de eventos: (i) erro médico; (ii) evento adverso; (iii) acidente imprevisível; e (iv) resultado incontrolável.

Indica o citado autor que o que se chama de erro médico é uma forma de conduta inadequada do profissional, que supõe uma inobservância técnica e que é capaz de produzir um dano à vida ou à saúde do paciente. É o dano, sofrido pelo paciente, que pode ser ocasionado por imperícia, negligência ou imprudência do médico no exercício das suas atividades profissionais. Levam-se em conta as condições do atendimento, a necessidade da ação e os meios empregados.[164] Assim, nem todo resultado adverso na assistência à saúde é sinônimo de erro médico.

De fato, há resultados que não são aqueles desejados/esperados, ainda que se tenha operado da maneira correta, diligente e perita. Esses resultados são chamados de eventos adversos. Tais eventos não se revelam como erros médicos, mas ocorrem pela impossibilidade – por razões outras além da capacidade e diligência do profissional – de se chegar ao resultado almejado.

Há, ainda, o acidente imprevisível, caracterizado por um resultado lesivo, supostamente oriundo de caso fortuito ou força maior, à integridade física ou psíquica do paciente. Esse evento ocorre durante o ato médico ou em face dele, porém não pode ser previsto ou evitado, nem pelo autor do ato médico, nem por qualquer outro em seu lugar.

Por fim, existe o resultado incontrolável, que seria aquele decorrente de uma situação grave e de curso inexorável. Ou seja, aquele resultado danoso proveniente de sua própria evolução, para o qual

---

[164] FRANÇA, G. V. *Direito médico*. 13. ed. Rio de Janeiro: Forense, 2016.

as condições atuais da ciência e a capacidade profissional ainda não oferecem solução.

Nessa construção teórica, apenas o efetivo erro médico converte-se em ato ilícito, em razão de comportamento culposo do profissional, permeado por negligência, imprudência ou imperícia, e a forma de se eximir da responsabilidade está em provar ser hipótese de caso fortuito ou força maior, culpa exclusiva da vítima ou fato de terceiro.

Categorizando, igualmente, possíveis falhas de conduta dos profissionais para a configuração de um erro médico, Stoco[165] aponta basicamente três tipos de erros: (i) de diagnóstico; (ii) de procedimento; e (iii) no procedimento. Quanto ao primeiro, indica-se que a falha em diagnosticar o mal que afeta o paciente implicará adoção equivocada do procedimento a ser realizado, que, embora executado corretamente, não produzirá o efeito desejado. Em relação ao segundo erro, o de procedimento, entende-se que o diagnóstico foi correto, mas a terapêutica escolhida não o foi. Por fim, no erro no procedimento revelam-se acertados os diagnósticos e o procedimento, mas erra-se na sua execução. Para todas essas categorias, a implicação de uma responsabilização do profissional necessitará de verificação de culpa.

Ponto interessante a ser observado na verificação da culpa do profissional médico é o entendimento de alguns[166] de que não é possível constatar uma eventual imperícia, dado que o médico é legalmente habilitado (supostamente possui *expertise*) para o exercício da profissão. Para Stoco,[167] há diferença entre "erro profissional" e "imperícia". O primeiro ocorre quando a conduta médica é correta, mas a técnica empregada é incorreta. Significa que o médico aplicou corretamente uma técnica ruim para aquele caso. A imperícia ocorreria quando a técnica empregada é correta, mas a conduta ou a atuação do médico é incorreta, isto é, o médico aplica mal uma técnica boa.

Para além da diferenciação feita pelo ilustre doutrinador, e considerando as normas trazidas pelo Código de Ética Médica e os

---

[165] STOCO, R. *Tratado de responsabilidade civil*. 10. ed. São Paulo: Ed. Revista dos Tribunais, 2014.

[166] É o que sustenta, por exemplo, Genival Veloso de França, quando indica que "Nosso pensamento é que o médico habilitado – profissional e legalmente – não pode ser considerado imperito em nenhuma circunstância, por mais palpável que seja essa situação, uma vez que consideramos imperícia a falta de habilidade no exercício de uma tarefa, ou a ausência de conhecimentos necessários para desempenhar uma atividade" (FRANÇA, G. V. *Direito médico*. 13. ed. Rio de Janeiro: Forense, 2016. p. 275).

[167] STOCO, R. *Tratado de responsabilidade civil*. 10. ed. São Paulo: Ed. Revista dos Tribunais, 2014.

largos avanços científicos e tecnológicos, diverge-se do posicionamento exarado por Genival Veloso e defende-se a possibilidade de ocorrência da imperícia na avaliação de culpa de um médico. Isso, porque é imposto ao profissional, pelo órgão regulador de sua atividade, que se mantenha sempre atualizado, conhecendo novas e melhores técnicas a fim de que as pessoas possam ter mais acesso a dinâmicas que propiciem uma melhor qualidade de vida e alcancem melhores resultados na superação de enfermidades. Portanto, um diploma dado em uma determinada época não pode ter o condão de garantir que aquele profissional estará sempre em condições de exercer a sua profissão com a perícia que dele se espera. Assim, o profissional médico, caso não prove que está atualizado e que é conhecedor das técnicas inovadoras e atuais, poderá ser enquadrado como imperito na execução do seu ofício, para além da classificação de "imperícia" dada por Rui Stoco.

Por tudo o que se viu, verifica-se que o médico responde, como profissional liberal, com base na teoria da responsabilidade subjetiva, avaliando-se a sua conduta, se culposa ou não. Quando muito, alcança-se a teoria da culpa presumida,[168] mas ainda não se chegou a determinar uma responsabilização objetiva por condutas delituosas praticadas pelos médicos no exercício da profissão. Logo, em qualquer cenário será avaliada a conduta do profissional para se determinar se há o dever de ressarcimento ou não.

1.9 Da responsabilidade civil da operadora de plano de saúde

Antes de se falar da responsabilidade civil, propriamente dita, das operadoras de planos de saúde, entende-se ser relevante abordar o "produto" "plano privado de assistência à saúde" e suas modalidades. Só depois de entender o contexto em que estão inseridos, será possível entender as responsabilidades envolvidas. Nessa contextualização, entende-se ser igualmente relevante compreender se há diferenças entre as operadoras de planos de saúde e as seguradoras de saúde. Ainda dentre as operadoras cabe verificar se há diferença entre as

---

[168] Situação vivenciada pelos cirurgiões plásticos quando diante de casos puramente estéticos. Aos poucos, esse entendimento começa a atingir outras especialidades médicas, como os Anestesiologistas. Segundo Nehemias Domingos de Melo, a responsabilidade do médico anestesista ensejaria uma obrigação de resultado. Essa conclusão leva à aplicação da teoria da culpa presumida nas hipóteses em que o "resultado" não foi obtido (MELO, N. D. *Responsabilidade civil por erro médico*: doutrina e jurisprudência. 3. ed. São Paulo: Atlas, 2014).

naturezas jurídicas das empresas, sendo algumas instituídas sob o viés de cooperativas e outras de sociedades empresárias.

Com base na contextualização feita, considerando as inúmeras nuances que permeiam as também dinâmicas posições assumidas pelas operadoras de planos de saúde, tem-se que a sua responsabilização civil pode se dar de diferentes maneiras, tudo em conformidade com a posição assumida em dado contexto. No capítulo 3 do presente trabalho, será abordada de forma mais detalhada e aprofundada a responsabilidade civil das operadoras de planos de saúde. De forma bem superficial para o momento, entende-se que a operadora de plano de saúde pode, em algumas circunstâncias, absorver a teoria da responsabilidade civil objetiva para ressarcir danos decorrentes de condutas adotadas por ela ou por seus prepostos; e, em outras, atrair a responsabilidade civil subjetiva.

Existe a possibilidade de adoção da teoria objetiva para os planos de saúde, mormente, quando o resultado danoso advir dos serviços que devam ser prestados diretamente pela operadora do plano de saúde. É o caso, por exemplo, da negativa de cobertura de terapêutica incluída no plano de saúde contratado. Quanto a isso, entende-se, inclusive, que a obrigação da operadora de plano de saúde é do tipo "de garantia", dada a definição legal de "plano privado de assistência à saúde"[169] trazida pela Lei nº 9.656 ("Lei dos Planos de Saúde"). Essa caracterização importa para impossibilitar a alegação de excludente de ilicitude, em favor da operadora do plano de saúde, na hipótese de negativa de cobertura terapêutica incluída no plano de saúde contratado pelo consumidor, em conformidade com o exposto na seção 1.6.

Por outro lado, entende-se ser possível aplicar a teoria da responsabilidade civil subjetiva aos planos de saúde quando o evento danoso decorra de serviços que não são prestados diretamente pela operadora do plano de saúde, mas que estão a ela vinculados, como é o caso dos serviços médicos. Assim, no cerne deste trabalho, que é

---

[169] Art. 1º Submetem-se às disposições desta Lei as pessoas jurídicas de direito privado que operam planos de assistência à saúde, sem prejuízo do cumprimento da legislação específica que rege a sua atividade, adotando-se, para fins de aplicação das normas aqui estabelecidas, as seguintes definições:
I – Plano Privado de Assistência à Saúde: prestação continuada de serviços ou cobertura de custos assistenciais a preço pré ou pós estabelecido, por prazo indeterminado, *com a finalidade de garantir, sem limite financeiro, a assistência à saúde*, pela faculdade de acesso e atendimento por profissionais ou serviços de saúde, livremente escolhidos, integrantes ou não de rede credenciada, contratada ou referenciada, visando a assistência médica, hospitalar e odontológica, a ser paga integral ou parcialmente às expensas da operadora contratada, mediante reembolso ou pagamento direto ao prestador, por conta e ordem do consumidor (sem grifos nos originais).

a responsabilidade civil das operadoras de planos de saúde por erros médicos, entende-se que se deverá aplicar a teoria da responsabilidade subjetiva à operadora, conforme será amplamente discutido na seção 3.

1.9.1 Nota introdutória e histórica da assistência privada à saúde no Brasil

Partindo-se do período abrangido por este trabalho, ou seja, século XX em diante, destaca-se a aprovação da "Lei Elói Chaves" pelo Congresso Nacional, marco inicial da Previdência Social, que instituiu as Caixas de Aposentadoria e Pensão (CAPS) em 1923. As CAPS tinham como características os seguintes pontos: (i) ser constituídas por Instituições ou Empresas; (ii) garantir aposentadoria e pensões; (iii) garantir serviços funerários, socorro médico para a família e medicamento por preço especial; (iv) garantir assistência por acidente de trabalho; e (v) garantir assistência médica para o empregado e a sua família. As CAPS eram constituídas por cada uma das empresas e fomentadas pelos empregados e empregadores (financiamento bipartite). Foram as precursoras da assistência privada à saúde no Brasil.

Já na Revolução de 1930, a chamada "Era Vargas", houve grandes avanços nas políticas sociais no Brasil. Em 1933, as CAPS foram unificadas, sendo criado os Institutos de Aposentadorias e Pensões (IAPS). Esses Institutos tinham, como pressuposto, garantir benefícios aos assegurados/associados, como: (i) aposentadoria; (ii) pensão em caso de morte; (iii) assistência médica e hospitalar; e (iv) socorros farmacêuticos mediante indenização pelo preço do custo acrescido das despesas de administração. Os IAPS surgem ante a necessidade de se estender as proteções anteriormente conferidas pelas CAPS a todas as categorias de operários urbanos organizados. Com os IAPS, surge a participação do Estado no financiamento dos serviços à saúde, emergindo um modelo de financiamento tripartite.

Após o ano de 1945, e até a chegada da ditadura militar, não se verificaram marcos históricos na saúde do Brasil, mas com a ditadura militar unificaram-se os IAPS no Instituto Nacional de Previdência Social (INPS) em 1966. O INPS concentrou todas as contribuições previdenciárias e passou a gerir todas as aposentadorias, pensões e assistência médica de todos os trabalhadores formais (excluídos os trabalhadores rurais e os urbanos informais). Segundo registros,[170]

---

[170] SOUZA de, N. O.; COLETTO, Y. C. *Legislação do SUS comentada e esquematizada*. 2. ed. Ed. Sanar, Salvador, 2018.

nesse período o Brasil viveu a maior expansão de leitos disponíveis, em cobertura e em volume de recursos arrecadados, dado que dispôs do maior orçamento de sua história. Nessa época, para aqueles que não contribuíam, existiam (i) centros e postos de saúde pública; (ii) serviços de saúde filantrópicos (importância das "Santas Casas" no acolhimento dessas pessoas); e (iii) consultórios e clínicas privados.

Contudo, o sistema de assistência médica dentro do INPS foi tornando-se cada vez mais complexo (administrativo e financeiro), culminando na criação do Instituto Nacional de Assistência Médica da Previdência Social (INAMPS) em 1978. Nesse contexto, surge o modelo "médico privatista/curativo",[171] que se torna o modelo hegemônico (o foco do modelo é a doença e o doente). Grandes hospitais foram criados para atender aqueles que contribuíam, o que fortalecia o caráter excludente das ações e dos serviços de saúde e ratificava o perfil contributivo. No entanto, o modelo sanitarista não deixou de existir.

Nesse ínterim, há crescente movimento de mercantilização da saúde, de modo que o acesso à saúde esteve diretamente ligado à capacidade de o indivíduo pagar pelos planos privados, ou à sua condição de trabalhador formal (lembrando que o acesso à saúde surge como um direito trabalhista). No final dos anos de 1970, dada a dificuldade de acesso aos serviços de saúde pela população desempregada (até então, o acesso era praticamente restrito aos empregados formais ou àqueles que podiam pagar os planos de saúde), passou-se a encarar a saúde como um "direito" de cada cidadão. Um dos marcos para essa mudança de entendimento da saúde foi a Conferência Internacional sobre a Atenção Primária à Saúde, em 1978 (realizada no atual Cazaquistão). Nessa oportunidade, criticou-se a elitização da saúde e a sua inacessibilidade, pela população, apontando-se para o fato de que a saúde é um direito fundamental do homem.

No Brasil, já no início dos anos de 1980, a população com baixos salários, vítima de repressão e dificuldades econômicas, passou a conviver com o desemprego, o que culminou no aumento da marginalidade e de outras mazelas sociais. O modelo até então utilizado para garantir acesso à saúde começa a mostrar seus problemas. O modelo curativo[172] não consegue solucionar os problemas de saúde coletiva,

---

[171] Modelo implementado na época da ditadura, cujo viés era eliminar a população de qualquer participação política-decisória.
[172] Esse modelo ainda apresentou outros problemas: (i) aumento constante dos custos de medicina curativa, centrada na atenção médico-hospitalar de complexidade crescente; (ii) diminuição do crescimento econômico com a respectiva repercussão na arrecadação

como as endemias, as epidemias e os indicadores de saúde (mortalidade infantil). Na tentativa de conter custos e combater fraudes, o Governo criou, em 1981, o Conselho Consultivo de Administração da Saúde Previdenciária (CONASP).[173] Em 1983, criaram-se a Ações Integradas de Saúde (AIS), um projeto interministerial (Previdência-saúde-educação) para um novo modelo assistencial, integrando ações curativo-preventivas educativas.

O fim da ditadura militar e a chegada da Nova República geraram diversos movimentos sociais, culminando na criação da Associação dos Secretários de Saúde Estadual (CONASS) e Municipal (CONASEMS), bem como lançaram as bases para uma Reforma Sanitária e do Sistema Único Descentralizado de Saúde (SUDS). Nessa época, a conscientização da população é maior, e o engajamento para entender a saúde como um "direito" é mais presente, forte e palpável. Nesse movimento, a população "trabalhou" para: (i) afastar o autoritarismo na administração da saúde, que foi exercido durante anos pelo regime militar brasileiro; (ii) defender a ampliação da saúde como direito de todos e dever do Estado, de modo a afastar a perspectiva de um serviço privado ou decorrente de vínculo empregatício; (iii) enfatizar a participação da sociedade civil em todas as ações em saúde, desde o planejamento até a execução e fiscalização; (iv) promover uma visão desmedicalizada da saúde, que deveria considerar o paciente como um ser humano inserido em um contexto social específico e com subjetividades singulares; (v) defender que a saúde não deveria ser compartimentalizada, mas, sim, entendida como um complexo cultural, social, psicológico, biológico etc. A redemocratização do país encontrou espaço para ampliar o sentimento de que a saúde deveria ser vista como um direito universal, dado que os candidatos levantavam tal "bandeira". A VIII Conferência Nacional de Saúde, realizada em 1986, surge como um espaço de relevância social, jurídica, política e institucional, para entender a evolução da saúde como um "direito fundamental". Das discussões levantadas em tal Conferência, tiraram-se as bases para as modificações Constitucionais que seriam realizadas em 1988.

---

do sistema previdenciário reduzindo as suas receitas; (iii) incapacidade do sistema em atender a uma população cada vez maior de marginalizados que, sem carteira assinada e contribuição previdenciária, se viam excluídos do sistema; (iv) desvios de verba do sistema previdenciário para cobrir despesas de outros setores e para realização de obras por parte do Governo Federal; (v) o não repasse, pela União, de recursos do Tesouro Nacional para o sistema previdenciário, visto ser este tripartite (empregador, empregado e União).

[173] Objetivos: aumentar a produtividade; melhorar a qualidade da assistência; equilibrar as ações ofertadas à população urbana e rural.

Nesse pequeno e breve apanhado histórico, constatam-se elementos marcantes na assistência privada à saúde, o que pode explicar um sentimento quase que cultural de se tentar imprimir uma assistência à saúde integral e irrestrita. Desses elementos, destaca-se o próprio início da assistência à saúde, dado que era promovido pelos empregadores, com participação dos empregados. Na era Vargas, esse modelo passa a contar com a participação do Estado, tornando-se um modelo de financiamento tripartite. O avanço do acesso à assistência à saúde ocorreu sempre com a premissa de democratização desse acesso, dado que sempre se viu que ter acesso à saúde era (ou ainda é) privilégio dos mais afortunados.

É certo que os modelos de assistência à saúde possuíam (como ainda possuem) inúmeras falhas. Para se encurtar a história, em 1975, quando ficou instituído o INAMPS, introduziu-se um sistema de livre escolha e prestigiaram-se os convênios INAMPS/Empresa, prática que foi eliminada em 1979, porque se mostrou lesiva às finanças da Previdência oficial, em razão de os tratamentos de alto custo ficarem a cargo desta, aliviando o encargo dos conveniados.

Dadas as dificuldades da assistência oferecida pelo INAMPS, surgiram a chamada "medicina de grupo", os "seguros-saúde", a organização de médicos e clínicas sob o regime de cooperativas e os serviços médicos administrados pelas próprias empresas. Neste último modelo, os beneficiários são os próprios empregados e seus dependentes,[174] o que denota um claro retorno ao modelo utilizado em 1923. Feito esse apanhado preambular histórico, passa-se a diferenciar os tipos empresariais existentes de assistência privada à saúde.

1.9.2 Dos tipos de operadoras de planos de saúde (seguro-saúde, planos propriamente ditos)

A prestação de serviços de assistência à saúde surge, basicamente, de duas formas: seguro-saúde e planos de saúde propriamente ditos. O seguro-saúde, dentro dessas modalidades de assistência privada à saúde, foi instituído, no Brasil, por meio do Decreto-Lei nº 73/1966. Por meio desse modelo, a seguradora garante o pagamento, diretamente ou mediante reembolso, dos gastos do segurado com assistência médica e hospitalar. Veda-se, no entanto, que as seguradoras possuam assistências

---

[174] MACHADO, M. C.; BOTTESINI, M. Â. *Lei dos planos e seguros de saúde comentada*: artigo por artigo. 3. ed. Rio de Janeiro: Forense, 2015.

médica e hospitalar próprias.[175] Basicamente, as pessoas pagam um valor para a seguradora e, quando necessitam de alguma assistência médica, a empresa seguradora arca com as despesas mediante reembolso.

As cooperativas médicas surgiram, para os profissionais da área, como uma forma de se organizarem sob a vestimenta de uma pessoa jurídica, com estrutura para operar convênios com as empresas. Assim, transformaram-se os médicos, a um só tempo, em sócios que participam dos resultados financeiros da cooperativa e em prestadores de serviços à empresa de que são sócios.[176]

A operadora do tipo "autogestão" é uma empresa ou outro tipo de organização (associação, fundação etc.) que institui e administra o programa ou plano de saúde de seus sócios, empregados ou beneficiários. Nesse tipo de organização, são reduzidos os custos administrativos, publicitários e com intermediadores, que acabam por onerar as empresas especializadas em planos de saúde.[177]

Por fim, existem as operadoras "tradicionais" de planos de saúde, cuja atividade econômica reside na disponibilização de uma rede médica e hospitalar, para os seus beneficiários, mediante o pagamento de uma mensalidade. Basicamente, a operadora de plano de saúde faz dois contratos:

(i) O primeiro contrato consiste em um pacto, com o beneficiário, em que ficam estipulados os direitos e obrigações de cada uma das partes. De forma bem simplista, e no que mais importa, ficam estabelecidos, neste contrato, a extensão da cobertura e os tratamentos não cobertos pelo contrato, mediante uma dada contraprestação mensal pelo beneficiário.

(ii) Em outra ponta, a operadora do plano de saúde firma contrato com os prestadores efetivos dos serviços de saúde (profissionais [médicos, dentistas, fisioterapeutas, psicólogos entre outros] e hospitais), que basicamente terão que prestar os seus serviços para os beneficiários dos planos de saúde.

Frente a essa estrutura, é interessante observar que se está diante de contratos denominados do tipo "plataforma de dois lados".[178] Segundo Athayde, essa teoria conta com alguns autores principais,

---

[175] *Ibid.*
[176] *Ibid.*
[177] *Ibid.*
[178] ATHAYDE, A. *Antitruste, varejo e infrações à ordem econômica*. São Paulo: Singular, 2017. p. 87.

como Jean-Charles Rochet e Jean Tirole,[179] David Evans,[180] Geoffrey Parker e Marshall Van Alstyne,[181] Bernard Caillaud e Bruno Jullien,[182] Mark Armstrong[183] e Richard Schmalensee.[184] O que se observa com essa teoria, inicialmente mencionada por Jean-Charles Rochet e Jean Tirole, é que a "plataforma de dois lados" existiria quando houvesse: (i) dois grupos distintos que precisassem interagir um com outro; e (ii) externalidades indiretas positivas entre esses dois grupos de contratantes. Para David Evans, no entanto, o conceito é utilizado para se referir, genericamente, a situações em que existem dois grupos de contratantes que se beneficiam da interação e para quem a plataforma pode oferecer uma intermediação eficiente de serviços. Para a Organização para a Cooperação e Desenvolvimento Econômico (OCDE),[185] haveria um consenso sobre três aspectos para a utilização da teoria da "plataforma de dois lados", quais sejam: (i) a existência de dois grupos distintos, que precisam um do outro de alguma maneira e que confiam na plataforma para intermediar as transações entre eles; (ii) a existência de externalidades indiretas entre os grupos de adquirentes, de modo que o valor atribuído por um dos lados da plataforma aumenta o número do outro lado da plataforma; e (iii) a não neutralidade da estrutura de preço, ou seja, a plataforma afeta o volume das transações, não sendo um intermediário neutro no mercado.

Por definição, verifica-se que a teoria da plataforma de dois lados amolda-se, perfeitamente, aos planos de saúde, tendo em vista: (i) a presença de dois grupos distintos (beneficiários do plano/consumidores/ pacientes e médicos/hospitais) que precisam um do outro e que confiam na plataforma (operadora do plano de saúde) para intermediar a relação entre eles; (ii) a existência de externalidades indiretas entre os grupos,

---

[179] ROCHET, J-C; TIROLE, J. Cooperation among competitors: some economics of payment card associations. *Rand Journal of economics*, v. 33. nº 4, p. 645-667, 2002.

[180] EVANS, D. S. Some empirical aspects of multi-sided plataform industries. *Review of Network Economics*, v. 2, nº 3, 2003.

[181] PARKER, G.; VAN ALSTYNE, M. Two-sided network effects: a theory of information product design. *Management Science*, v. 51, nº 10, p. 1494-1504, 2005.

[182] CAILLAUD, B.; JULLIEN, B. Competing cybermediaries. *European Economic Review*, v. 45, nº 4, p. 797-808, 2001.

[183] ARMSTRONG, M. Competition in two-sided markets. *RAND Journal of Economics*, v. 37, nº 3, p. 668-691, 2006.

[184] EVANS, D. S.; SCHMALENSEE, R. *Matchmakers*: the new economics of multi-sided plataforms. Massachusetts: Havard business review press, 2016.

[185] OCDE – ORGANIZAÇÃO PARA A COOPERAÇÃO E DESENVOLVIMENTO ECONÔMICO. *Roundtable on two-sided markets*: competition Committee. DAF/COMP. Paris: OECD, nº 69, 2009.

de modo que o valor atribuído por um dos lados aumenta o número do outro lado da plataforma (é o caso de se ter um número grande de beneficiários que impacta nos valores de repasse aos prestadores de serviços, bem como é o fato de um dado hospital constar na lista da rede de assistência para aumentar a adesão de beneficiários); e (iii) a não neutralidade da plataforma na definição dos preços (a todo momento, a operadora do plano de saúde reajusta seus preços com os prestadores de serviços e com os beneficiários).

Nessa triangulação, a operadora do plano de saúde coloca-se como um intermediário entre o beneficiário e o prestador de serviço, assumindo inúmeras obrigações com um e com outro. Esse "desenho" não é percebido, no entanto, em relação às empresas de "seguro-saúde", dado que elas não firmam contratos com os prestadores de serviços, mas tão somente reembolsam os valores gastos por seus segurados. As empresas de "seguro-saúde", igualmente, não podem ser compostas por uma rede própria de assistência à saúde – proibição que não alcança as operadoras de planos de saúde propriamente ditas, que podem contar com uma rede própria de prestadores de serviços e/ou com uma rede de conveniados/credenciados e/ou com uma rede de referenciados. Todas essas terminologias decorrem da Lei nº 9.656/98, e como certamente não há texto legal inútil, sem propósito ou "vazio", há uma razão de ser para cada uma dessas terminologias. É o que se passa a enfrentar.

1.9.3 Da diferenciação entre rede própria e cooperados, credenciados e referenciados

A Lei nº 9.656/98, em seu artigo 1º, traz a definição do que seria o "plano privado de assistência à saúde", definindo-o como

> prestação continuada de serviços ou cobertura de custos assistenciais a preço pré ou pós estabelecido, por prazo indeterminado, com a finalidade de garantir, sem limite financeiro, a assistência à saúde, pela faculdade de acesso e atendimento por profissionais ou serviços de saúde, livremente escolhidos, integrantes ou não de rede credenciada, contratada ou referenciada, visando a assistência médica, hospitalar e odontológica, a ser paga integral ou parcialmente às expensas da operadora contratada, mediante reembolso ou pagamento direto ao prestador, por conta e ordem do consumidor.

Na definição do que é o plano privado de assistência à saúde, trouxe a lei que a prestação do serviço será feita por profissionais da saúde livremente escolhidos pelo consumidor, integrantes ou não de rede credenciada, contratada ou referenciada. A distinção entre cada um desses tipos de contratação influencia a interpretação da responsabilidade civil da operadora do plano de saúde.

Como apontado, as operadoras de planos de saúde podem funcionar com uma rede própria de prestadores de serviços. Sendo composta uma rede própria, em termos de responsabilidade civil, fica fácil constatar a atração da responsabilidade da empresa pelos atos cometidos por seus prepostos seja no descumprimento das normas contratuais firmadas com os consumidores (responsabilização direta da operadora de plano de saúde), seja na inexecução do contrato pelos prestadores de serviços (responsabilização indireta da operadora do plano de saúde por fato de terceiro, seu preposto).

Sob um outro prisma, encontra-se o liame jurídico estabelecido entre a operadora de plano de saúde e aqueles profissionais que são credenciados ou conveniados a ela, hipótese que indica uma contratação para atendimento dos beneficiários da operadora do plano de saúde em um regime de escolha dirigida.[186] Em outras palavras, quando o consumidor vai contratar com a operadora do plano de saúde, é-lhe entregue um informativo (qualquer que seja o meio, eletrônico ou não) com as indicações dos prestadores de serviços (médicos e clínicas), número de telefone, endereço e outros dados, o qual configura uma efetiva "propaganda" desses profissionais para os consumidores. Mais uma vez, constata-se a atração da responsabilidade civil da operadora do plano de saúde pelos atos cometidos seja no descumprimento das normas contratuais firmadas com os consumidores (responsabilização direta da operadora de plano de saúde), seja na inexecução do contrato pelos prestadores de serviços (responsabilização indireta da operadora do plano de saúde por fato de terceiro, dado que há clara vinculação entre o prestador de serviço e a operadora, vínculo explicado, inclusive, pela teoria do "risco-proveito").[187]

A rede referenciada, por sua vez, é mais utilizada pelas empresas de seguro-saúde que mantêm planos de seguro-saúde, embora também seja percebida nas operadoras de planos de saúde. Essa rede funciona

---

[186] MACHADO, M. C.; BOTTESINI, M. Â. *Lei dos planos e seguros de saúde comentada*: artigo por artigo. 3. ed. Rio de Janeiro: Forense, 2015.

[187] A teoria do risco-proveito sustenta que todo aquele que tira proveito de uma atividade é responsável pelos danos a que esta causar. FERREIRA, A. L. L.; VIEGAS, C. M. A. R. A Teoria do risco empresarial e a responsabilidade do código de defesa do consumidor. *Revista de Direito Empresarial*, v. 16, p. 195-209, jul-ago, 2016.

em um sistema de "livre escolha" do consumidor, com reembolso tarifado dos gastos. Com isso, o consumidor pode escolher o prestador de serviço que desejar e receberá o reembolso previamente combinado da operadora de plano de saúde. Nessa hipótese é que se suscita uma análise mais acurada da responsabilização civil das operadoras de planos de saúde. Não se olvida, aqui, a responsabilidade civil direta pelo inadimplemento contratual – disso não se tem dúvidas. No entanto, entende-se que é necessária maior cautela na atribuição, às operadoras de planos de saúde, da responsabilidade civil por eventos danosos cometidos por prestadores de serviços da rede referenciada, já que houve livre escolha do consumidor. Em outras palavras, não se vê nenhum vínculo capaz de atrair a responsabilidade da operadora de plano de saúde quando o ato lesivo tenha sido praticado por prestador de serviço da rede referenciada. É disso que se tratará, profundamente, no Capítulo 3, após a análise empírica deste trabalho.

PESQUISA EMPÍRICA SOBRE RESPONSABILIDADE CIVIL DO PLANO DE SAÚDE POR ERRO MÉDICO

2.1 Metodologia da pesquisa empírica

Com o fito de compreender como os Tribunais entendem a responsabilidade civil das operadoras de planos de saúde quando diante de um caso de erro médico sofrido por seus beneficiários, fez-se uma pesquisa de jurisprudência perante o Superior Tribunal de Justiça. A pesquisa teve foco no Superior Tribunal de Justiça, dado que é a quem compete a "última palavra" sobre as normas infraconstitucionais. Além disso, a coleta de dados no Superior Tribunal de Justiça permite analisar, também, quais foram as teses utilizadas pelos diferentes Tribunais de Justiça no enfrentamento do tema. Para tanto, fez-se uma pesquisa na base jurisprudencial utilizando-se as seguintes palavras-chaves: "erro", "médico", "planos" e "saúde" – nessa ordem. Uma vez que não se fez recorte temporal, encontraram-se julgados realizados sob a égide do Código Civil de 1916. Ressalta-se que foram apuradas apenas as decisões de colegiado, não fazendo parte da pesquisa as decisões monocráticas adotadas pelos Ministros do Superior Tribunal de Justiça.

2.2 Dos resultados gerais da pesquisa empírica no STJ

A pesquisa retornou com um resultado de 51 acórdãos. Desses, 21 processos não guardavam relação com o tema estudado, com o que se encontrou um resultado de 30 casos a serem dissecados. Dos 30 casos considerados, em apenas três deles não se teve condenação da operadora de plano de saúde. Passa-se à análise de cada um desses julgados, a fim de se verificar quais elementos foram considerados para a conclusão adotada pela Corte Superior.

Em 90% (noventa por cento) dos casos, as operadoras de planos de saúde foram condenadas por erros médicos sofridos pelos seus beneficiários, o que representou 27 casos de condenação. Desses casos, em 19, a razão de condenar baseou-se na existência de vínculo entre a operadora de plano de saúde e o médico/hospital, seja um vínculo de contratação direta, seja de credenciamento/convênio, seja de referenciamento. Quanto ao ponto, notou-se que, para o Superior Tribunal de Justiça, não há qualquer diferenciação conceitual entre esses vínculos, dado que, em alguns julgados, utilizam-se duas nomenclaturas (credenciado e referenciado, por exemplo) para designar o mesmo vínculo entre médico e operadora do plano de saúde.

Em outra vertente, aplicou-se a teoria de que a operadora de plano de saúde deveria ser condenada em razão de participar da "cadeia de fornecimento de serviço". Nesses casos (foram quatro), concluiu-se que a responsabilização seguiria os ditames da responsabilidade objetiva e ocorreria de forma solidária com quem estava compondo o polo passivo da demanda. Desses quatro casos, em dois deles fez parte da fundamentação pela condenação o fato de existir vínculo entre o profissional da saúde e a operadora do plano de saúde.

Em outros dois casos, aplicou-se a teoria do "risco do empreendimento" para se justificar a condenação da operadora de plano de saúde. Ainda acrescenta-se que, em mais dois outros casos, a razão da condenação ficou a cargo da aplicação da teoria da *culpa in eligendo*. Por fim, constatou-se, em dois casos, que o Superior Tribunal de Justiça simplesmente indicou que a operadora de plano de saúde responde objetivamente perante o beneficiário, sem maiores elucidações sobre a análise do caso concreto.

Foi interessante observar que, embora o Superior Tribunal de Justiça tenha condenado as operadoras de planos de saúde com base na teoria da responsabilidade objetiva (com diferentes teorias subjacentes), em todos os casos de condenação apurou-se, nas instâncias ordinárias, a efetiva culpa do profissional de saúde pelo dano sofrido pelo beneficiário.

Para os casos em que se concluiu não existirem razões para condenação, que foram apenas três, constatou-se que, em um, a razão de absolvição foi por não se ter constatado qualquer vínculo entre o profissional e a operadora de plano de saúde, dado que, na espécie, o profissional não era da rede própria, nem credenciado e nem referenciado. No segundo caso, a absolvição deu-se em razão de se entender que, nos contratos de "seguro-saúde", a opção pelo profissional que atenderá o beneficiário é de livre escolha do beneficiário, de modo que a operadora de seguro saúde não pode responder pelos danos provocados pelo profissional. E o terceiro e último caso não teve condenação, pois estava na fase de verificação da pertinência de a operadora do plano de saúde compor o polo passivo do processo.

O ponto comum nos resultados encontrados é que, apesar da aplicação da teoria da responsabilidade objetiva, houve apuração da ocorrência, ou não, da culpa pelo profissional que atendeu o beneficiário. Além disso, concluiu-se que a existência de vinculação, de qualquer grau ou espécie, entre o profissional e a operadora do plano de saúde, atrai para esta a responsabilidade por erros praticados por aquele. A construção, no entanto, dessas fundamentações carece, em muitos desses casos, de uma análise mais aprofundada e cuidadosa, visto que se podem perceber contradições entre os julgados, o que contribui para sentimento de insegurança jurídica.

2.2.1 Dos julgamentos – condenação com base na existência de vinculação entre operadora do plano de saúde e médico

Começa-se com a análise do julgamento do Recurso Especial nº 164.084, proveniente do Tribunal de Justiça do Estado de São Paulo. Trata-se de um julgamento ocorrido em fevereiro do ano 2000, o que já indica um destaque. Ao tempo do seu julgamento, incidiam as normas constantes no Código Civil de 1916. No caso em particular, a questão posta em análise perante a Corte Superior versou apenas acerca da legitimidade da operadora do plano de saúde em responder por um suposto erro médico sofrido por um dos seus beneficiários. O Tribunal Estadual entendeu que a operadora do plano de saúde funcionaria como uma "mediadora de interesses dos conveniados [beneficiários]", de modo que poderia promover o serviço de assistência à saúde por intermédio de partes credenciadas (hospitais ou médicos) ou por rede própria. No caso, constatou-se que a prestação de serviço deu-se mediante profissional credenciado, verificando-se não existir uma responsabilização direta da operadora do plano de saúde pelo erro médico cometido pelo profissional, e concluindo-se pela ilegitimidade passiva da empresa. A Corte Superior reformou o entendimento do Tribunal Estadual por concluir que a operadora do plano de saúde deve ser considerada parte legítima para figurar no polo passivo da ação em caso de erro médico praticado por profissional por ela credenciado.

Entendeu-se dessa maneira, pois a operadora do plano de saúde deve responder pela boa qualidade dos serviços daqueles que compõem a sua rede credenciada. No decorrer do seu voto, o Min. Relator indicou que o credenciamento importa na pré-verificação da qualidade dos nosocômios e da capacidade dos médicos qualificados pela operadora do plano de saúde para o atendimento dos seus beneficiários. Indicou-se, ainda, que tal referenciamento dos profissionais e estabelecimentos não se faz apenas em razão da adequação financeira à capacidade de pagamento do plano de saúde, mas, também, e até precipuamente, em face da segurança da prestação dos serviços contratados, que lidam com a vida humana. De outro lado, indicou-se que o beneficiário não é livre para escolher um médico da sua preferência, dado que escolhe dentro de uma lista construída pela operadora do plano de saúde. Assim, a opção do beneficiário recai dentre aqueles previamente selecionados pela operadora do plano de saúde.

A ação fora movida exclusivamente contra a operadora do plano de saúde, de modo que o Relator indicou ser possível, *a priori*, denunciar à lide o hospital e o médico que atenderam o beneficiário. Indicou que a possibilidade de denunciar à lide não retiraria a responsabilidade concorrente da operadora do plano de saúde. O que se consegue depreender do julgado é que a operadora do plano de saúde atrairia a responsabilidade civil por erro médico, em razão de: (i) possuir aquela vínculo contratual com o profissional que cometeu o erro; (ii) dever ela responder pela qualidade dos serviços prestados pelos profissionais que credencia em sua rede de assistência à saúde; (iii) não ser o beneficiário livre para escolher o profissional, já que fica limitado a uma lista fornecida pela empresa. Não se avançou na aplicação de qualquer teoria da responsabilidade civil, se objetiva ou subjetiva, uma vez que o objeto de análise limitou-se à legitimidade da empresa.

Após tal julgamento, o Superior Tribunal de Justiça volta a examinar a questão em estudo, quando da análise do Recurso Especial nº 138.059, proveniente do Tribunal de Justiça de Minas Gerais.

Nesse julgamento, a Corte Superior cita a conclusão adotada no caso do Recurso Especial nº 164.084, ao consignar que há responsabilidade concorrente da operadora do plano de saúde pela qualidade do atendimento oferecido pelo hospital/médico ao beneficiário. Destaca-se, nesse julgamento, a citação de doutrina argentina,[188] que afirma que a

---

[188] Com efeito, citou-se Ricardo Luis Lorenzetti, quando diz que: *"La sociedad que se compromete a prestar asistencia médica a sus asociados a través de los médicos que proporciona, y no de otros, es responsable por el servicio que éstos presten, de modo que si obran con culpa o negligencia, debe*

responsabilidade civil, nesses casos, há de ser subjetiva com averiguação da culpa *stricto sensu*.

Em voto-vista proferido pela Min. Nancy Andrighi, consignou-se que a operadora do plano de saúde responde pela prestação que oferece seja no aspecto administrativo de assistência à saúde, seja no próprio serviço-médico-hospitalar que é o objeto do seu contrato com o consumidor. Indicou-se que, nessa hipótese, estamos diante de responsabilidade por prestação de serviço em que a fornecedora utiliza-se de outrem para execução de assistência médica (o hospital e o médico). Apontou-se que, no caso de responsabilidade civil, por falta de outrem, quando regida pelo Código de Defesa do Consumidor, não se poderia buscar apoio no artigo 1.521, III,[189] do Código Civil de 1916,[190] que contemplava a responsabilidade civil subjetiva, o que impunha que as culpas fossem examinadas separadamente. No entanto, anotou-se que, quando a responsabilidade civil é objetiva, derivada da relação de consumo, haveria uma unidade entre o elemento subjetivo daquele que elege o realizador do serviço e o do próprio realizador do serviço. Essa unidade subjetiva seria, nos dizeres da Ministra, "fruto de responsabilidade objetiva concebida para garantir a maior probabilidade da vítima ver-se indenizada com sucesso", independentemente de quem tenha sido o culpado efetivo no evento danoso. Em outras palavras, entendeu-se que a operadora de planos de saúde responde objetivamente pela escolha do plantel de profissionais que oferece a seus associados, pelas instituições hospitalares, quando não for proprietária destas, e, ainda, pelo acidente de serviço, independentemente de ter o profissional agido, ou não, com culpa.

Entendeu-se que a relação jurídica estabelecida entre o plano de saúde e o médico não seria de preposição, de modo que não se exigiria a necessária e integral subordinação, embora fosse óbvia – na visão da eminente julgadora – a existência de limites à ação do médico em face das regras impostas pelo plano. Registrou-se, no voto, que o médico

---

satisfacer al paciente abonando los dano y perjuicios que tal actitud le haya ocasionado, ello por apllcación analógica del artículo 1631 del Código Civil, amén de tratarse, en el caso, de una obligación concurrente" (*La Empresa Médica*. Buenos Aires: Rubinzal – Culzoni Editores, 1998, p. 99). Cumpre observar que não foram incluídos outros dados de referência da doutrina.

[189] Art. 1.521. São também responsáveis pela reparação civil:
(...)
III – o patrão, amo ou comitente, por seus empregados, serviçais e prepostos, no exercício do trabalho que lhes competir, ou por ocasião dele.

[190] Lembrando que esse julgamento ocorreu em 2001, quando ainda em vigor o Código Civil de 1916.

contratado pelo plano de saúde não é um empregado do plano, mas um prestador de serviços autônomo que a operadora contrata para atender a convênios que firme com o objetivo de lucro. Dadas essas circunstâncias, a operadora deveria responder concorrentemente, uma vez que contrata os profissionais para que, em seu nome, prestem o serviço a que se comprometeu com os conveniados.

No entender da julgadora, o objetivo do plano de saúde não se limita a administrar e cobrir os custos da prestação de serviço médico. Além dessa prestação, ele assume a obrigação de prestar o serviço médico mediante profissionais qualificados e capazes de observar as regras científicas e técnicas da ciência médica. Por isso, no caso de qualquer acidente de consumo, isto é, falha no serviço prestado pelo médico, impõe-se a responsabilidade pelos danos à operadora e ao médico, sendo que a operadora responderá objetivamente, em virtude do risco-proveito assumido. Ocorrendo o prejuízo ao usuário-consumidor, independentemente de culpa do terceiro contratado, pelas leis civis ou trabalhistas, a operadora responderá pelo acidente de consumo. Essa seria, na visão da julgadora, a força da responsabilidade objetiva e solidária que o Código de Defesa do Consumidor impõe com o fim claro de proteger e ampliar os meios de reparação aos danos que o consumidor sofra. Assegurou-se, contudo, uma possibilidade de ação de regresso na relação interna entre médico, hospital e plano de saúde. Alertou-se que apenas na última relação (médico e operadora do plano de saúde) é que a responsabilização far-se-á mediante a avaliação da culpa do(s) agente(s).

Nesse julgamento, constataram-se as seguintes teorias para se concluir pela condenação da operadora do plano de saúde por erros médicos: (i) a operadora responde pela qualidade dos serviços médicos prestados pelos profissionais credenciados; (ii) a operadora presta, efetivamente, o serviço médico por meio dos profissionais credenciados; (iii) ao aplicar o Código de Defesa do Consumidor, entende-se pela aplicação da teoria objetiva da responsabilidade civil à operadora do plano de saúde; (iv) permite-se ação de regresso à operadora do plano de saúde, mas com a ressalva de que, na relação entre ela e o profissional, deve-se aplicar a teoria da responsabilidade subjetiva; (v) aplica-se a teoria do risco-proveito em desfavor da operadora do plano de saúde, o que atrai, igualmente, uma responsabilização objetiva.

Portanto, são duas as razões que motivam a aplicação da responsabilidade civil objetiva: o emprego da teoria do risco-proveito e a aplicação do Código de Defesa do Consumidor. Esse julgamento foi o primeiro em que se constatou a conclusão pela responsabilidade objetiva da operadora de plano de saúde frente a erro médico cometido por um profissional credenciado em sua rede de assistência.

Já em 2002, o Superior Tribunal de Justiça promove o julgamento do Recurso Especial nº 328.309, proveniente do Tribunal de Justiça do Rio de Janeiro. Concluiu o Superior Tribunal de Justiça que a responsabilidade da operadora de plano de saúde derivaria do contrato firmado por ela com médicos credenciados. Indicou-se, também, que haveria de se reconhecer o direito de regresso da operadora do plano de saúde em face dos médicos que prestaram o serviço defeituoso. No voto-vista, o Ministro Ruy Rosado aponta que a operadora do plano de saúde deveria garantir o bom serviço prestado pelos médicos a ela credenciados, de tal sorte que, uma vez reconhecida a má prestação do serviço pelo médico, haveria que se reconhecer o inadimplemento do contrato celebrado entre a operadora do plano de saúde e o beneficiário. Acrescentou-se que, se não fosse por tal via, poder-se-ia suscitar que a responsabilização da operadora do plano de saúde adviria do vínculo de preposição existente entre ela e o médico, de acordo com o artigo 1.521[191] do Código Civil de 1916. Nos termos do voto do Ministro, o conceito de preposição poderia ser mais amplo e abrangente, de forma que compreenderia a situação analisada no julgamento.

Nesse julgamento, entendeu-se que a operadora do plano de saúde seria responsável pelo erro médico cometido pelo profissional a ela credenciado em razão de: (i) existir liame contratual entre o médico e a operadora do plano de saúde; (ii) a operadora dever garantir uma boa prestação de serviço médico; (iii) um serviço mal prestado significar inadimplemento contratual por parte da operadora do plano de saúde; (iv) ser possível entender o médico como um preposto da operadora do plano de saúde.

Em 2009, o Superior Tribunal de Justiça voltou a enfrentar o tema, agora no julgamento do Agravo Regimental em Agravo de Recurso Especial nº 682.875, proveniente do Tribunal de Justiça do Rio de Janeiro. No referido julgamento reforçou-se a conclusão de que a

---

[191] Art. 1.521. São também responsáveis pela reparação civil:
I – os pais, pelos filhos menores que estiverem sob seu poder e em sua companhia;
II – o tutor e o curador, pelos pupilos e curatelados, que se acharem nas mesmas condições;
III – o patrão, amo ou comitente, por seus empregados, serviçais e prepostos, no exercício do trabalho que lhes competir, ou por ocasião dele;
IV – os donos de hotéis, hospedarias, casas ou estabelecimentos, onde se albergue por dinheiro, mesmo para fins de educação, pelos seus hóspedes, moradores e educandos;
V – os que gratuitamente houverem participado nos produtos do crime, até à concorrente quantia.

operadora de plano de saúde deve ser parte legítima para responder na ação de reparação de danos proposta por beneficiário que sofreu com o erro de profissional médico credenciado à operadora. Ainda, citou-se o julgamento do Recurso Especial nº 138.059.

Em outra oportunidade, no julgamento do Agravo Regimental no Agravo em Recurso Especial nº 1.385.555, proveniente do Tribunal de Justiça da Bahia, o Tribunal Estadual entendeu por bem condenar a operadora do plano de saúde com base na teoria da responsabilidade objetiva. Utilizou-se, como fundamento, o fato de que todo aquele que se dispõe a exercer alguma atividade no campo do fornecimento de bens e serviços tem o dever de responder pelos fatos e vícios resultantes do empreendimento, mormente quando o consumidor não tem a liberdade de escolher livremente os profissionais da área médica para seu tratamento, ficando restrito aos profissionais conveniados ao seu plano de saúde. A Corte Superior ratifica o entendimento exarado pelo Tribunal Estadual e confirma, portanto, a condenação da operadora do plano de saúde com base na teoria da responsabilidade objetiva, por não ter o beneficiário a livre escolha do profissional, dado que ele fica restrito a rol específico de profissionais. Assim procede a Corte Superior, citando os julgamentos dos seguintes casos: Recurso Especial nº 328.309 e AgRg em AResp nº 682.875/RJ.

Depois, julgou-se o Agravo Regimental no Recurso Especial nº 1.037.348, vindo do Tribunal de Justiça de São Paulo. Nesse estágio, em 2011, assentou-se que a Corte de Justiça já pacificou o entendimento de que a operadora de plano de saúde é parte legítima para figurar no polo passivo da ação indenizatória movida pelo beneficiário, quando decorrente de erro médico cometido por profissional credenciado.

Em mais um julgamento, o do Agravo Regimental em Agravo de Recurso Especial nº 194.955, vindo do Tribunal de Justiça do Rio de Janeiro, reforça-se o entendimento de que a operadora do plano de saúde responde por falhas nos serviços prestados por profissional a ela credenciado. Para tanto ancorou-se nos seguintes julgamentos: Recurso Especial nº 866.371 e Recurso Especial nº 138.059.

Adveio, então, em 2013, o julgamento do Recurso Especial nº 1.170.239, também proveniente do Tribunal Fluminense. No caso, tratava-se de erro de diagnóstico, e o Superior Tribunal de Justiça entendeu que a responsabilidade da operadora de plano de saúde era solidária ao hospital (ou clínica) conveniado. Essa responsabilidade derivava da má prestação do serviço e dos prejuízos amargados pelo beneficiário do plano. Fundou-se essa decisão nos seguintes julgados: Recurso Especial nº 866.371/RS, Agravo Regimental no Recurso Especial nº 1.037.348/SP,

Recurso Especial nº 328.309/RJ, Recurso Especial nº 309.760/RJ, Recurso Especial nº 164.084/SP e Recurso Especial nº 138.059/MG.

Em voto-vista, a Ministra Gallotti ressaltou a responsabilidade solidária da operadora do plano de saúde pela má prestação do serviço realizado pelo hospital a ela credenciado. No entanto, indicou a Ministra que a solidariedade pode resultar da lei ou do contrato, havendo uma relação externa e outra interna. Na relação externa, ou seja, dos devedores solidários (operadora do plano de saúde e hospital) com beneficiário do plano de saúde, não haveria dúvidas de que o beneficiário poderia cobrar toda a reparação só da operadora do plano de saúde ou só do hospital ou, ainda, de ambos. Consignou a Ministra que o hospital era o causador direto do dano, sendo ele o "devedor principal", e que não se atribuíra nenhuma outra conduta à operadora do plano de saúde, senão em razão de ter credenciado o hospital. Finalizou-se indicando que a operadora do plano de saúde responde por "garantir" o serviço prestado pelo hospital.

Alguns elementos chamam a atenção nesse julgamento; são eles: (i) que a solidariedade resulta de lei ou de contrato; (ii) que o hospital foi o causador direto do dano, mas o simples fato deste estar credenciado à operadora do plano de saúde seria causa suficiente para atrair a responsabilidade da última; (iii) a operadora do plano de saúde funciona como uma garantidora de um bom serviço prestado pelo hospital. Chama-se a atenção para esses fatores, dado que não há, nem na lei, nem no contrato, salvo melhor juízo, a estipulação de uma responsabilização solidária da operadora do plano de saúde por erros médicos cometidos pelos profissionais de sua rede assistencial à saúde. Além disso, a indicação de que o plano garante os serviços do hospital dá a entender que este, de alguma forma, subordina-se aos mandos da operadora do plano de saúde, o que muitas das vezes não ocorre. Ao contrário, em vários casos é o hospital que dita as regras junto à operadora do plano de saúde.

Em outro julgamento, datado de 2014, o Superior Tribunal de Justiça analisou mais uma vez a questão. Tratou-se do julgamento do Agravo Regimental em Recurso Especial nº 1.319.848, advindo do Tribunal de Justiça do Rio de Janeiro. Nesse caso, o Tribunal Fluminense entendeu ser irrelevante a natureza jurídica da empresa de assistência à saúde, se seguradora ou operadora de plano de saúde, dado que ambas – na visão do Tribunal Estadual – oferecem médicos credenciados ou referenciados. O Tribunal Estadual consignou, também, que a relação havida entre a empresa de assistência à saúde e o beneficiário seria de consumo, pelo que atrairia a responsabilidade civil objetiva e a inversão do ônus da prova.

No relato do caso, indicou-se que a paciente realizou os procedimentos pré-operatórios com médicos referenciados pela empresa, assim como a própria cirurgia e o pós-operatório. Apontou-se que, apesar de um determinado profissional não fazer parte do rol de médicos credenciados, verificou-se que ele assinara o faturamento no nome do convênio, juntamente com outros profissionais que compõem a rede de credenciados da empresa, utilizando papel timbrado da empresa. Registrou-se a realização de perícia, que apontou a ocorrência do erro médico decorrente de ação praticada pelos médicos indicados pela empresa. Nesse contexto, concluiu-se pela condenação da empresa.

Desse julgamento, consegue-se extrair dados importantes, quais sejam: (i) não importaria a natureza jurídica da empresa, se de seguro-saúde ou de operadora de plano de saúde propriamente dito; (ii) a relação de consumo havida entre beneficiário e empresa de assistência à saúde atrairia, automaticamente, a responsabilidade civil objetiva; (iii) não importa se um dado profissional ocupa efetivamente a rede credenciada da empresa, pois, se aquele assina documentos em papéis timbrados da operadora de plano de saúde, estaria verificada uma vinculação entre ambos, atraindo-se, consequentemente, uma responsabilidade solidária da empresa; (iv) apesar de ter sido aplicada a teoria objetiva da responsabilidade civil, apurou-se a efetiva conduta culposa dos profissionais.

No final de 2014, a Corte Superior, ao julgar o Agravo Regimental no Recurso Especial nº 1.442.794, proveniente do Distrito Federal, concluiu pela condenação da empresa de seguro-saúde, reformando o julgamento realizado pelo Tribunal de Justiça do Distrito Federal. Tratou-se de demanda ajuizada em razão de erro no diagnóstico. Para o Superior Tribunal de Justiça, a empresa, seja ela operadora de plano de saúde ou seguradora de saúde, possui responsabilidade pelos atos das pessoas/empresas a elas conveniadas. Isso ocorre porque, conforme entendimento do Superior Tribunal de Justiça, existe responsabilidade solidária, entre a operadora de plano de saúde e o hospital ou clínica conveniados, pela reparação dos prejuízos sofridos pelo contratante do plano em decorrência da má prestação dos serviços. Para tanto, citaram-se os seguintes julgamentos: Recurso Especial nº 1.170.239/RJ, Agravo Regimental no Agravo em Recurso Especial nº 194.955/RJ, Recurso Especial nº 309.760/RJ e Recurso Especial nº 138.059/MG.

Entendeu-se estar evidenciada a responsabilidade solidária da operadora do plano na hipótese em julgamento, mormente quando expressamente mencionado, pelo Tribunal *a quo*, que a paciente escolheu os profissionais que a atenderam dentre aqueles constantes de uma lista de credenciados.

Em 2015, quando julgou o Agravo Regimental no Agravo em Recurso Especial nº 518.051, vindo do Tribunal de Justiça de São Paulo, a Corte Superior consignou que a sua jurisprudência possui entendimento no sentido de que "aplica-se o Código de Defesa do Consumidor aos contratos de plano de saúde", conforme prevê a Súmula 469 do Tribunal Superior.[192] No caso em julgamento, verificou-se que a operadora de plano de saúde não se limitou a indicar o hospital conveniado para a realização do procedimento médico. No caso, ficou configurada a conduta negligente da operadora, por falha na prestação de serviços prestados em ambulatório de rede própria da empresa. O Tribunal de origem (São Paulo) julgou em consonância com a jurisprudência da Corte Superior ao apontar que a operadora do plano de saúde responde, perante o consumidor, pela falha na prestação dos serviços médicos e hospitalares próprios ou credenciados. Utilizaram-se como precedentes, para a conclusão, os seguintes julgamentos: Recurso Especial nº 866371/ RS e Agravo Regimental no Agravo em Recurso Especial nº 1.949.955/RJ.

Pela conclusão do Superior Tribunal de Justiça, haveria uma diferenciação na culpa da operadora de plano de saúde quando diante de uma falha cometida por médicos/clínicas componentes de rede própria e quando decorrente da rede credenciada. Embora se aponte uma suposta diferenciação, para ambas incidiria a conclusão da responsabilização civil.

Prosseguindo nos julgamentos, verificou-se o julgamento do Agravo Regimental no Recurso Especial nº 1.537.237, vindo do Tribunal de Justiça de São Paulo. Nesse julgamento, aplicou-se o entendimento que já foi apurado nos casos acima, indicando-se que a operadora do plano de saúde responde objetivamente pelos danos causados pelos médicos a ela vinculados que tenham, no exercício de sua profissão, procedido de forma inadequada/imperita. No caso, afastou-se alegação de culpa exclusiva de terceiro, pois se entendeu que o médico não é um terceiro em relação à operadora de plano de saúde, visto que fora indicado por ela para a realização da cirurgia. Apesar da conclusão de

---

[192] Esse julgamento foi realizado em 2015. Em 2018, o Superior Tribunal de Justiça cancelou a referida súmula e editou uma nova súmula indicando que o Código de Defesa do Consumidor aplica-se aos contratos de plano de saúde, à exceção dos contratos de autogestão. Vide súmula 608/STJ.

incidência da responsabilidade objetiva, produziu-se prova da conduta culposa do médico.

Em mais um julgamento, o do Agravo em Recurso Especial nº 364.766, proveniente do Tribunal de Justiça do Rio de Janeiro, o Superior Tribunal de Justiça reafirma a responsabilidade civil das operadoras de planos de saúde por erro na conduta de profissionais a ela credenciados. No caso, o Tribunal Fluminense interpretou que o contrato firmado entre as partes não seria de "seguro-saúde", mas sim de plano de saúde propriamente dito, utilizando-se, para tanto, o julgamento do Recurso Especial nº 866.371. Afastou-se, também, a cláusula contratual que eximisse a responsabilidade da empresa pelos atos dos profissionais, por se entender que seria uma cláusula abusiva em face do consumidor, nos termos do artigo 51, I,[193] do Código de Defesa do Consumidor.

No acórdão do Tribunal de origem, não há indicação ou esclarecimento sobre o paciente ter escolhido o hospital, mas o fato de a seguradora ter realizado o pagamento diretamente ao hospital foi suficiente para o Tribunal afastar a caracterização de um contrato de seguro-saúde. Outro ponto foi a observação de que a perícia realizada, pelo que ficou consignado no acórdão, concluiu pela existência de nexo de causalidade entre os serviços prestados e o quadro clínico apresentado pelo paciente, mas não indicou conduta culposa.

No julgamento do Agravo Regimental no Agravo em Recurso Especial nº 986.140, vindo do Tribunal de Justiça de São Paulo, consignou-se que, nos termos da jurisprudência do Superior Tribunal de Justiça, o plano de saúde responde com hospitais e médicos credenciados, solidariamente, pelo dano causado ao paciente, sendo considerados fornecedores e devendo cumprir as obrigações legais constantes do contrato de prestação de serviços. No caso, o Tribunal de origem entendeu que o dano moral estaria evidenciado, dado que o paciente teria falecido. Ainda, registrou-se que, apesar de o defeito na prestação do serviço ter decorrido de comportamento direto do hospital, a operadora do plano de saúde deveria ser responsabilizada solidariamente, na

---

[193] Art. 51. São nulas de pleno direito, entre outras, as cláusulas contratuais relativas ao fornecimento de produtos e serviços que:
I – impossibilitem, exonerem ou atenuem a responsabilidade do fornecedor por vícios de qualquer natureza dos produtos e serviços ou impliquem renúncia ou disposição de direitos. Nas relações de consumo entre o fornecedor e o consumidor pessoa jurídica, a indenização poderá ser limitada, em situações justificáveis.

medida em que é ela quem escolhe o rol de nosocômios para a execução dos serviços médicos. Assim, a operadora do plano de saúde faz parte da "cadeia produtiva" pela qual passa o contrato de serviços médicos e, portanto, não é isenta de responsabilidade sobre erros médicos praticados por médicos e hospitais que lhe são conveniados.

Quando do julgamento do Agravo Regimental no Agravo em Recurso Especial nº 1.155.735, vindo do Tribunal de Justiça de São Paulo, o Superior Tribunal de Justiça entendeu que a operadora do plano de saúde deveria ser condenada pelo erro médico sofrido pelo beneficiário. O Tribunal de Justiça Estadual indicou que estaria comprovada a negligência na conduta médica, consistente na demora para realizar o parto, o que resultou em grave sofrimento fetal e danos irreparáveis à criança. Segundo o Tribunal *a quo*, o conjunto probatório seria suficiente para a caracterização da culpa e aplicou a teoria da *culpa in eligendo* do hospital onde se deu o parto e da operadora do plano de saúde. O Superior Tribunal de Justiça, por sua vez, registrou que a paciente procurou o hospital que mais lhe impunha confiança e que a responsabilidade da operadora do plano de saúde dar-se-ia com solidariedade por profissionais credenciados, com base na teoria da *culpa in eligendo*. Por fim, também se registrou que a jurisprudência sedimentada na Corte Superior é no sentido de que a responsabilidade dos hospitais e clínicas é objetiva em relação aos danos causados por seus prepostos, dispensada a demonstração de culpa relativa aos atos lesivos.

Importa observar que, para condenar a operadora de plano de saúde por erros médicos cometidos por profissionais a ela credenciados, aplicou-se da teoria da *culpa in eligendo*. Além disso, apontou-se que a escolha do local onde seria realizado o ato médico foi da paciente, não se indicando que essa escolha fora, de algum modo, limitada ao rol de hospitais credenciados.

Em mais um julgamento, o do Agravo Regimental no Agravo em Recurso Especial nº 1.008.571, originado do Tribunal de Justiça de São Paulo, confirmou-se o entendimento de que a operadora do plano de saúde tem legitimidade para responder por danos ocorridos em seus hospitais credenciados. Acrescentou o Ministro-relator que a jurisprudência da Corte Superior é pacífica no sentido de que os planos de saúde respondem solidariamente, com hospitais e médicos credenciados, pelos danos causados aos pacientes, sendo partes legítimas para figurar no polo passivo da demanda cujo objeto é a responsabilização civil por erro médico de profissionais por eles referenciados.

É interessante observar que não houve qualquer distinção conceitual entre "credenciado" e "referenciado". Assim, para o Superior Tribunal de Justiça não haveria distinção jurídica na modalidade de vinculação entre a operadora do plano de saúde e o profissional/estabelecimento de assistência à saúde. Apesar de anotar ser a responsabilidade solidária, não se indicou a modalidade de responsabilização – se objetiva ou subjetiva.

Mais recentemente, em maio de 2019, quando do Julgamento do Recurso Especial nº 1.769.520, oriundo do Tribunal de Justiça de São Paulo, concluiu a Corte Superior, acerca das operadoras de planos de saúde, que sua responsabilidade decorre da falha na prestação dos serviços médicos e hospitalares próprios ou credenciados, de acordo com o julgamento dos seguintes casos: Recurso Especial nº 1.733.387 e Agravo Regimental no Recurso Especial nº 1.442.794. No julgamento desse processo, constatou-se que o Tribunal de origem verificou estar presente a negligência do hospital no acompanhamento pós-operatório do paciente, com a presença da relação de causa e efeito. O Tribunal Estadual entendeu estar presente a responsabilidade objetiva do plano de saúde, e essa decorreria da aplicação da teoria da *culpa in eligendo*.

Em outra vertente, consignou-se que a jurisprudência do Superior Tribunal de Justiça aduz que a responsabilidade objetiva dos hospitais não é absoluta, pois o estabelecimento hospitalar responde, objetivamente, apenas pelos danos causados aos pacientes nas hipóteses em que o fato gerador for o defeito do seu serviço, sendo, ainda assim, indiscutível a imprescindibilidade do nexo causal entre a conduta e o resultado. No julgamento, o Tribunal Estadual chegou a elencar os serviços que seriam inerentes aos serviços hospitalares (para atração da responsabilização objetiva): estadia do paciente (internação e alimentação), instalações, equipamentos e serviços auxiliares (enfermagem, exames, radiologia).[194]

Em outro prisma, sinalizou-se que a responsabilidade dos hospitais, no que tange à atuação dos médicos contratados que neles laboram, é subjetiva, dependendo da demonstração de culpa do

---

[194] É importante verificar a imprecisão na indicação da radiologia como sendo serviço inerente dos hospitais, dado que esse serviço é oriundo de uma especialidade médica.

preposto.¹⁹⁵ Não se poderia, portanto, excluir a culpa do médico e responsabilizar objetivamente o hospital.

Em uma terceira vertente, se o dano decorre de falha técnica restrita ao profissional médico que não possui qualquer vínculo com o hospital, seja de emprego ou de mera preposição, não cabe atribuir ao nosocômio a obrigação de indenizar a vítima. Tal posição possui esteio no julgamento do Recurso Especial nº 908.359, realizado pela Segunda Seção do Superior Tribunal de Justiça.

No Superior Tribunal de Justiça, concluiu-se pela condenação da operadora do plano de saúde em razão de o hospital fazer parte da sua rede credenciada. O que importa, na análise do julgamento, é que se fez clara a distinção de quais seriam os serviços próprios dos hospitais e quais seriam os serviços próprios e autônomos dos médicos. Indicou-se com exatidão que, no que concerne a erros médicos, ainda que decorrentes de uma relação direta de preposição entre médico e hospital, não caberia a adoção da responsabilidade objetiva ao último. Essa análise, no entanto, não alcançou as operadoras de planos de saúde.

2.2.2 Dos julgamentos – operadoras de planos de saúde sob a natureza de cooperativa

O primeiro julgamento encontrado envolvendo operadoras de planos de saúde sob a natureza de cooperativa foi o do Recurso Especial nº 309.760, ocorrido em 2001 e originado no Tribunal de Justiça do Rio de Janeiro. No referido julgamento, consignou-se que a operadora de plano de saúde (cooperativa) tem por objeto a assistência médica e, para tanto, realiza contrato com associados, regulamentando, de forma padronizada, a prestação de seus serviços, o que faz por intermédio de médicos a ela filiados, casas de saúde e laboratórios.

Nesse cenário, indicou-se que a escolha do profissional, pelo beneficiário, não é exatamente livre. Essa escolha fica limitada dentre aqueles profissionais cooperativados. Registrou-se, no julgamento, que é a cooperativa quem oferece o plano de assistência médica remunerado, em que estabelece e faz a cobrança de acordo com tabelas próprias, quem traça as condições do atendimento e de cobertura, e quem dá ao associado um leque determinado de profissionais cooperativados ao qual aquele pode recorrer em caso de doença. Dessa forma, não seria

---

¹⁹⁵ Aqui, o conceito de preposição é aplicado de maneira tradicional e sem alargamentos.

possível que a cooperativa pudesse se eximir de qualquer vinculação com a qualidade do serviço a ser prestado. No entendimento do Superior Tribunal de Justiça, a cooperativa é a fornecedora dos serviços à luz do Código de Defesa do Consumidor, e o causador do dano é cooperado seu. O atendimento médico deu-se por vinculação direta da empresa cooperativa com a associada e o profissional cooperado.

Posteriormente, analisando a questão da responsabilidade civil por erro médico da operadora do plano de saúde na modalidade de cooperativa, o Superior Tribunal de Justiça julgou o Agravo Regimental no Agravo de Instrumento nº 495.306, originado do Distrito Federal. Nessa oportunidade, o Superior Tribunal de Justiça reafirma o entendimento de que a cooperativa que mantém plano de assistência à saúde é parte legitimada passivamente para ação indenizatória movida por associada em face de erro médico originário de tratamento pós-cirúrgico realizado por médico cooperativado.

Embora se tenha considerado a cooperativa como responsável, não se indicou como essa responsabilidade deveria ser interpretada – se à luz de uma responsabilidade objetiva ou de uma responsabilidade subjetiva.

Depois, em 2012, o Superior Tribunal de Justiça enfrenta novamente o tema quando julga o Recurso Especial nº 866.371, oriundo do Tribunal de Justiça do Rio Grande do Sul. O Tribunal de origem entendeu que nem a Cooperativa de assistência à saúde nem o hospital poderiam ser responsabilizados pelo erro cometido pelo profissional, porquanto, de um lado, o profissional não era empregado do hospital e, de outro lado, não havia sido indicado ao paciente pela operadora do plano de saúde, embora fosse por esta credenciado como cooperado. O Tribunal Estadual, em relação à responsabilidade do profissional, concluiu que estava caracterizada a culpa, condenando o profissional a reparar o dano moral.

O beneficiário recorreu ao Superior Tribunal de Justiça apenas em relação à responsabilidade da operadora do plano de saúde, restando preclusa a não responsabilização do hospital e do profissional. Em razão disso, entendeu o Superior Tribunal de Justiça que os planos de saúde privados podem ser operados por companhias de seguro (os chamados seguros-saúde), por empresas de medicina de grupo, por cooperativas de serviços médicos e por entidades de autogestão ou filantrópicas. Todas essas entidades são reconhecidas como operadoras de planos de saúde, independentemente de sua forma de organização, nos termos do artigo

1º da Lei 9.656/98,[196] e devem obedecer às diretrizes e à fiscalização da Agência Nacional de Saúde Suplementar (ANS).

Prosseguindo no julgamento, registrou-se que, para tais hipóteses, há a possibilidade de celebração de contratos de seguro-saúde ou de plano de saúde propriamente dito. No voto, definiram-se as características de cada um desses contratos. O de seguro-saúde foi definido pelo conceito tradicional de seguro, segundo o qual o segurado, mediante o pagamento de prêmio, transfere a probabilidade de perda financeira para a companhia de seguro que garante o risco. Já o plano de saúde propriamente dito recebeu, como conceituação, o que apregoa Fernando Scaff,[197] para quem o beneficiário-contratante, "mediante o pagamento antecipado e periódico de um determinado preço, obtém de uma empresa a contraprestação consistente na realização de determinados tratamentos e atendimentos médicos, hospitalares e laboratoriais, a serem realizados por seus prepostos".

Anotou-se que a distinção mais marcante, entre essas duas espécies de contrato, funda-se no fato de que, em regra, no seguro-saúde há livre escolha dos médicos e hospitais pelo segurado e reembolso pela seguradora dos preços dos serviços prestados por terceiros, enquanto nos planos de saúde, a própria operadora assume a obrigação de prestar os serviços por meio dos profissionais e dos recursos hospitalares e laboratoriais próprios ou credenciados.

Em decorrência de tal distinção, pôde-se concluir que: (i) se o contrato for fundado na livre escolha de médicos e hospitais pelo beneficiário/segurado e no reembolso das despesas no limite da apólice, não se poderia falar em responsabilidade da operadora do plano de saúde pela má prestação do serviço, na medida em que a eleição dos médicos ou hospitais é feita pelo próprio paciente ou segurado, sem indicação de profissionais credenciados ou diretamente vinculados à referida operadora, sendo a responsabilidade direta do médico e/ou do hospital; (ii) se o contrato é fundado na prestação de serviços médicos e hospitalares próprios e/ou credenciados, no qual a operadora de plano

---

[196] Art. 1º Submetem-se às disposições desta Lei as pessoas jurídicas de direito privado que operam planos de assistência à saúde, sem prejuízo do cumprimento da legislação específica que rege a sua atividade, adotando-se, para fins de aplicação das normas aqui estabelecidas, as seguintes definições:
II – Operadora de Plano de Assistência à Saúde: pessoa jurídica constituída sob a modalidade de sociedade civil ou comercial, cooperativa, ou entidade de autogestão, que opere produto, serviço ou contrato de que trata o inciso I deste artigo.

[197] SCAFF, F. C. *Direito à saúde no âmbito privado*: contratos de adesão, planos de saúde e seguro-saúde. São Paulo: Saraiva, 2010. p. 50-51.

de saúde mantém hospitais e emprega médicos ou indica um rol de conveniados, nesse caso, não haveria como afastar sua responsabilidade solidária pela má prestação do serviço.

Então, certo é que a operadora do plano de saúde, na condição de fornecedora de serviço, responde perante o consumidor pelos defeitos em sua prestação, seja quando os fornece por meio de hospital próprio e médicos contratados, ou por meio de médicos e hospitais credenciados, nos termos dos arts. 2º,[198] 3º,[199] 14[200] e 34[201] do Código de Defesa do Consumidor. Indicou-se que a responsabilidade é objetiva e solidária em relação ao consumidor, mas, na relação interna, respondem médico, hospital e operadora do plano de saúde nos limites da sua culpa, conforme os arts. 1.521, III,[202] 1.523[203] e 1.524,[204] do Código Civil

---

[198] Art. 2º Consumidor é toda pessoa física ou jurídica que adquire ou utiliza produto ou serviço como destinatário final.
Parágrafo único. Equipara-se a consumidor a coletividade de pessoas, ainda que indetermináveis, que haja intervindo nas relações de consumo.

[199] Art. 3º Fornecedor é toda pessoa física ou jurídica, pública ou privada, nacional ou estrangeira, bem como os entes despersonalizados, que desenvolvem atividade de produção, montagem, criação, construção, transformação, importação, exportação, distribuição ou comercialização de produtos ou prestação de serviços.
§1º Produto é qualquer bem, móvel ou imóvel, material ou imaterial.
§2º Serviço é qualquer atividade fornecida no mercado de consumo, mediante remuneração, inclusive as de natureza bancária, financeira, de crédito e securitária, salvo as decorrentes das relações de caráter trabalhista.

[200] Art. 14. O fornecedor de serviços responde, independentemente da existência de culpa, pela reparação dos danos causados aos consumidores por defeitos relativos à prestação dos serviços, bem como por informações insuficientes ou inadequadas sobre sua fruição e riscos.
§1º O serviço é defeituoso quando não fornece a segurança que o consumidor dele pode esperar, levando-se em consideração as circunstâncias relevantes, entre as quais:
I – o modo de seu fornecimento;
II – o resultado e os riscos que razoavelmente dele se esperam;
III – a época em que foi fornecido.
§2º O serviço não é considerado defeituoso pela adoção de novas técnicas.
§3º O fornecedor de serviços só não será responsabilizado quando provar:
I – que, tendo prestado o serviço, o defeito inexiste;
II – a culpa exclusiva do consumidor ou de terceiro.
§4º A responsabilidade pessoal dos profissionais liberais será apurada mediante a verificação de culpa.

[201] Art. 34. O fornecedor do produto ou serviço é solidariamente responsável pelos atos de seus prepostos ou representantes autônomos.

[202] Art. 1.521. São também responsáveis pela reparação civil:
III – o patrão, amo ou comitente, por seus empregados, serviçais e prepostos, no exercício do trabalho que lhes competir, ou por ocasião dele;

[203] Art. 1.523. Excetuadas as do artigo 1.521, V, só serão responsáveis as pessoas enumeradas nesse e no artigo 1.522, provando-se que elas concorreram para o dano por culpa, ou negligência de sua parte.

[204] Art. 1.524. O que ressarcir o dano causado por outrem, se este não for descendente seu, pode reaver, daquele por quem pagou, o que houver pago.

de 1916, e arts. 932, III,[205] 933[206] e 934[207] do Código Civil de 2002. Cabe, inclusive, ação regressiva da referida operadora contra o médico ou hospital que, por culpa, for o causador do evento danoso.

Nesse contexto, condenou-se a cooperativa, na condição de prestadora de serviço de assistência médica, por ser ela responsável solidariamente com a médica cuja responsabilidade já fora reconhecida pelo Tribunal de Justiça Estadual. Nesse julgado, ao aplicar o entendimento doutrinário citado, entendeu-se que os médicos cooperados figuram como prepostos da operadora de plano de saúde, atraindo uma responsabilidade do tipo objetiva e solidária entre profissional e empresa. Apesar de se concluir por uma responsabilidade objetiva da operadora do plano de saúde perante o beneficiário, consignou-se que nas relações internas (operadora do plano e profissional) a responsabilidade dar-se-ia de forma subjetiva.

Por fim, cita-se o julgamento do Agravo Regimental no Agravo em Recurso Especial nº 785.521, proveniente do Tribunal de Justiça do Rio de Janeiro, que teve a mesma conclusão adotada acima, indicando que a cooperativa deve responder pelo erro médico cometido por um dos cooperados.

2.2.3 Dos julgamentos – aplicação da teoria do risco do empreendimento

Dos julgados encontrados, para além das categorias acima trabalhadas, destacam-se dois julgados que concluíram pela condenação das operadoras de planos de saúde, com base na teoria do risco do empreendimento: Agravo Regimental no Agravo em Recurso Especial nº 1.289.696 e Agravo Regimental no Agravo em Recurso Especial nº 1.311.258. Ambos os recursos são provenientes do Tribunal de Justiça do Rio de Janeiro. Nos dois julgamentos, não se aprofundou na análise do tema, concluindo o Superior Tribunal de Justiça que não seria possível rever o entendimento exarado pelo Tribunal de Justiça do Rio de Janeiro em razão de óbices processuais incidentes nos casos. De tal sorte, apesar

---

[205] Art. 932. São também responsáveis pela reparação civil:
III – o empregador ou comitente, por seus empregados, serviçais e prepostos, no exercício do trabalho que lhes competir, ou em razão dele;

[206] Art. 933. As pessoas indicadas nos incisos I a V do artigo antecedente, ainda que não haja culpa de sua parte, responderão pelos atos praticados pelos terceiros ali referidos

[207] Art. 934. Aquele que ressarcir o dano causado por outrem pode reaver o que houver pago daquele por quem pagou, salvo se o causador do dano for descendente seu, absoluta ou relativamente incapaz.

da não modificação dos acórdãos proferidos, o Superior Tribunal de Justiça acabou não analisando/interpretando se deveria, ou não, incidir a teoria do risco do empreendimento como razão de condenação das operadoras de planos de saúde por erros médicos cometidos em face de seus beneficiários.

Quando analisou o processo originário do Agravo Regimental no Agravo em Recurso Especial nº 1.289.696, o Tribunal Fluminense considerou que a responsabilidade da operadora do plano de saúde seria solidária e objetiva, fundada na teoria do risco do empreendimento, mas não apontou qualquer razão para explicar o "risco do empreendimento". O mesmo se verificou no julgamento, pelo Tribunal de Origem, do Agravo Regimental no Agravo em Recurso Especial nº 1.311.258.

2.2.4 Dos julgamentos – condenação por fazer parte da "cadeia de fornecimento do serviço"

Outro fundamento utilizado pelo Superior Tribunal de Justiça para condenar as operadoras de planos de saúde foi a participação da empresa na "cadeia de fornecimento" do serviço de assistência à saúde. Basicamente, por participar da "cadeia de fornecedores", a operadora de plano de saúde será responsável pelo ato de qualquer dos atores da "cadeia", independentemente da vinculação havida entre eles.

Sob esse aspecto, julgou-se o Recurso Especial nº 1.359.156, oriundo do Tribunal de Justiça de São Paulo. O Tribunal Estadual condenou as empresas (hospital e operadora do plano de saúde) dado o reconhecimento de atuação coordenada na prestação dos serviços médico-hospitalares, sendo que a cirurgia foi realizada por médicos credenciados à administradora[208] de plano de saúde, cuja rede de atendi-

---

[208] Cabe aqui um registro. O Superior Tribunal de Justiça, reprisando o acórdão do Tribunal de origem, consignou tratar-se de administradora de plano de saúde, em parte do acórdão. Acredita-se que se trata de erro na concepção da natureza jurídica da empresa. Isso, porque há diferenças entre operadoras de planos de saúde e administradoras de planos de saúde. Não se pode confundir uma com outra. Uma administradora de benefícios é uma empresa que assume parte do trabalho que seria da empresa, conselho, sindicato ou associação profissional que contrata o plano de saúde. Por exemplo, a administradora de benefícios tem a responsabilidade de emitir boletos, de representar os beneficiários na negociação de aumentos de mensalidade com a operadora do plano e, dependendo do que for contratado, absorver o risco da empresa, conselho, sindicato ou associação profissional contratante quanto à atraso ou não pagamento de mensalidades, para evitar que os beneficiários sejam prejudicados. Nesses casos, a administradora de benefícios costuma receber um percentual do valor das mensalidades pagas, de acordo com o que for negociado. Por outro lado, a garantia de recursos e rede de serviços de saúde (hospitais, clínicas, laboratórios e profissionais) para atender aos beneficiários é de total responsabilidade da operadora.

mento compreendia também o hospital. O fundamento jurídico utilizado pelo Tribunal de origem para o reconhecimento da responsabilidade solidária dos profissionais (médico e hospital) apoiou-se na sua atuação na prestação de serviços de saúde em coordenação com a administradora de planos de saúde. Entendeu-se que, em que pese a circunstância de os médicos que realizaram a cirurgia não pertencerem ao corpo clínico do hospital, a responsabilidade do hospital frente ao paciente deriva do princípio da solidariedade existente entre os integrantes da cadeia de fornecimento de produto ou serviço.

A solidariedade entre os fornecedores integrantes da mesma cadeia de fornecimento de produtos ou serviços é reconhecida, de forma tranquila, na jurisprudência da Corte Superior e na doutrina. A solidariedade entre os fornecedores, diretos ou indiretos, integrantes de uma mesma "cadeia de produção" ou de prestação de serviço significa que, independentemente de quem tenha sido, de fato, o responsável pelo defeito do produto ou do serviço, todos se apresentam, frente ao consumidor, como responsáveis de direito. Assim, uma vez reconhecida a obrigação de indenizar de um dos fornecedores, a responsabilidade dos demais frente ao consumidor é atribuída pelo próprio Código de Defesa do Consumidor. Os médicos que realizaram a cirurgia eram credenciados junto à administradora do plano de saúde com quem a paciente mantinha contrato. O hospital, por sua vez, compunha a rede médico-hospitalar do mesmo plano, fornecendo as instalações e os serviços necessários para a realização da cirurgia.

Em voto-vista, o Ministro João Otávio de Noronha sustentou que a doutrina tem-se posicionado no sentido de que a responsabilidade médica empresarial, no caso de hospitais, é objetiva, indicando o §1º[209] do artigo 14 do Código de Defesa do Consumidor como a norma. No entanto, ressaltou o Ministro que, em se tratando de responsabilidade atribuída a hospitais, cabe impor um divisor para aplicação dessa teoria, ou seja, deve-se avaliar se o serviço tido por defeituoso inseria-se entre

---

Definição presente e trazida pelo site da Agência Nacional de Saúde Suplementar – ANS. Disponível em: http://twixar.me/FJ21. Acesso em: 25 jul. 2019.

[209] Art. 14. O fornecedor de serviços responde, independentemente da existência de culpa, pela reparação dos danos causados aos consumidores por defeitos relativos à prestação dos serviços, bem como por informações insuficientes ou inadequadas sobre sua fruição e riscos.
§1º O serviço é defeituoso quando não fornece a segurança que o consumidor dele pode esperar, levando-se em consideração as circunstâncias relevantes, entre as quais:
I – o modo de seu fornecimento;
II – o resultado e os riscos que razoavelmente dele se esperam;
III – a época em que foi fornecido.

aqueles de atribuição da entidade hospitalar. Nesse ponto, indicou quais seriam os serviços próprios dos hospitais e afirmou que não se pode dizer, quando se está diante de uma consequência gerada por serviços de atribuição técnica restrita ao médico, que o hospital responderá por ato praticado por esse profissional, como era a hipótese do caso, mormente quando o profissional não tem nenhum tipo de vínculo com a entidade hospitalar. Indicou que em nenhum momento se apontou falha nos serviços de incumbência do hospital e alegou que a perfuração da parede intestinal da paciente decorreu de lesão sofrida durante procedimento de oorofectomia por via laparoscópica realizada por médicos escolhidos pela autora.

Sustentou o Ministro que não considera objetiva a responsabilidade civil dos hospitais quanto às atividades desenvolvidas por médicos que não possuam com ele vínculo de subordinação. Acrescentou que a responsabilidade do médico é subjetiva, assim como a dos demais profissionais liberais. Para a sua configuração, é preciso comprovar a culpa do profissional pelo resultado lesivo ao paciente, sendo necessário que esse elemento coexista com o ato ilícito, ou seja, é preciso constatar a relação de causalidade entre o evento e o resultado danoso. A culpa consubstancia-se na imperícia, imprudência ou negligência, e não se presume, porquanto pessoal.

Por outro lado, a responsabilidade objetiva abstrai a ideia de culpa para a responsabilização. Apontou-se, também, a existência da teoria do risco, segundo a qual, quando alguém exerce atividade profissional que possa causar prejuízo a outrem, deve sustentar o risco e indenizar eventual dano. A responsabilidade decorre do risco criado pela atividade, e não da culpa inerente à ação ou omissão. Sob essa teoria, a simples existência do nexo de causalidade entre a conduta do agente e o dano causado à vítima faz surgir o dever de indenizar.

Com essa conjuntura, indicou o Ministro que não seria possível conciliar a responsabilidade objetiva que se pretende atribuir ao hospital com a responsabilidade subjetiva do médico. Afirmou ainda que, "Se o autor direto do dano precisa agir com culpa para que surja a pretensão indenizatória, não há de ser responsabilizada a instituição hospitalar apenas por ter-lhe locado o espaço físico". No voto, o Ministro ainda afasta a aplicação da teoria da responsabilidade por ato de outrem, a qual se configura pela existência de vínculo jurídico entre o responsável e o autor do dano. O magistrado indica que desse vínculo jurídico resulta o dever de guarda, vigilância ou custódia, pois àquelas pessoas arroladas no dispositivo legal incumbe o dever de velar pelo procedimento de outras, sendo o responsável considerado legalmente culpado ante a falta de vigilância sobre o agente do dano. Como já destacado no tópico anterior, não existe, na hipótese dos autos, o vínculo entre o hospital e o médico.

O fato de receber remuneração pela locação de espaço físico não torna o hospital solidariamente responsável por danos causados por imperícia médica. O lucro é necessário para a viabilização da atividade (até mesmo em razão da organização social vigente), mas ele não é um fim em si mesmo. Nessa perspectiva, o Ministro apontou que a aplicação da teoria da responsabilidade objetiva empresarial médica, nas hipóteses de dano decorrente de erro médico, é uma forma de assegurar, sob qualquer circunstância, uma indenização ao paciente, pois, se o dano decorre de evidente erro médico, condena-se o hospital solidariamente. Na ocorrência de um dano, mesmo que não se evidencie erro médico, ou que não se consiga comprová-lo, o paciente sempre será indenizado, porque o hospital responderá objetivamente.

Argumentou, inclusive, que isso não confere ao hospital a atribuição de fiscalizar os serviços prestados pelos médicos que lá operam. Inexiste, tanto por parte do hospital quanto do seu corpo clínico, ingerência no trabalho do cirurgião, hipótese que seria absurda, pois não se pode pensar que o hospital obrigue o médico a seguir sua orientação e seus métodos operatórios. Aliás, tal hipótese feriria a ética profissional, que não admite a intervenção técnica nos serviços do cirurgião, sob pena de, inclusive, colocar em risco a segurança do paciente ante as divergências que fatalmente surgiriam. Portanto, não houve intermediação do ente hospitalar, uma vez que os médicos que realizaram a cirurgia não tinham nenhum tipo de vínculo com o hospital recorrente, apenas se servindo de suas instalações para a prática do ato. Assim, não tendo os médicos prestado nenhum serviço no interesse ou sob as ordens do hospital, não há responsabilidade da instituição hospitalar quanto ao dano ocorrido na cirurgia questionada nos autos.

Afastou, também, a condenação do hospital com base no princípio da solidariedade existente entre os integrantes da cadeia de fornecimento de produto ou serviço, na forma delineada pelo Relator. Para tanto, indicou que não se deve responsabilizar o estabelecimento hospitalar senão por suas próprias falhas. Tal conclusão foi construída a partir do entendimento de que o profissional médico tem responsabilidade subjetiva pelos danos que eventualmente cause aos pacientes, cabendo unicamente a ele arcar com as indenizações correspondentes. Com toda essa exposição, indicou não existir responsabilidade do hospital sobre o erro médico sofrido pela paciente.

Em outra vertente, o Ministro Marco Aurélio Bellizze afirmou que, no caso, os médicos eram conveniados à operadora de plano de saúde, tendo executado cirurgia no hospital igualmente conveniado. Ainda, todos eram integrantes da "cadeia de serviço" e beneficiaram-se com a prestação dos serviços. Segundo o Ministro, trata-se de empresas do mesmo grupo econômico e que, diante da incidência do Código de Defesa do Consumidor na relação estabelecida entre as partes, devem responder solidariamente pela condenação advinda do reconhecimento de falha na prestação do serviço.

Nesse julgamento, o Ministro João Otávio de Noronha foi vencido. O que chama atenção nesse julgado é que se aplicou a teoria da responsabilidade objetiva pelo fato de a operadora do plano de saúde participar da cadeia de fornecimento do serviço de assistência à saúde. Além disso, o voto divergente faz uma análise da espécie de serviços inerentes às atividades hospitalares, e não o faz em relação à operadora do plano de saúde, assim como sustenta ser incompatível aplicar, sobre o mesmo fato, uma teoria objetiva para um e uma teoria subjetiva para outro. Por fim, o Ministro apontou, ainda, como razão de condenação, a suposta existência de grupo econômico.

Outro julgamento que indicou que a responsabilidade da operadora do plano de saúde seria decorrente da sua participação na "cadeia de fornecimento dos serviços" foi o julgamento do Agravo Regimental no Recurso Especial nº 1.380.905, originado do Tribunal de Justiça do Espírito Santo. Nesse caso, simplesmente indicou-se que a responsabilidade da operadora do plano de saúde seria objetiva, dado o defeito na prestação do serviço do profissional. Concluiu-se que, uma vez reconhecida a responsabilidade do médico, a operadora responderia solidariamente à "cadeia de fornecimento do serviço", ou seja, independentemente da demonstração de culpa por parte daquela. No caso, constatou-se que o médico foi responsável pelo dano causado e verificou-se que o profissional era conveniado à operadora do plano de saúde.

2.2.5 Dos julgamentos – simples aplicação da teoria objetiva

Em dois julgamentos, de forma muito breve, o Superior Tribunal de Justiça concluiu que as operadoras de planos de saúde devem ser julgadas sob o manto da teoria da responsabilidade civil objetiva, sem qualquer comentário sobre o tema. Tratou-se dos julgamentos do Agravo Regimental no Agravo em Recurso Especial nº 616.058, e do Recurso

Especial nº 579.839. Em relação ao primeiro processo, consignou-se apenas que a responsabilidade das prestadoras de serviços de saúde é objetiva quanto às atividades de seus profissionais.

2.2.6 Aplicação da teoria da perda de uma chance

Em um dos julgamentos, verificou-se a aplicação da teoria da perda de uma chance, como fundamento para a condenação da operadora do plano de saúde. Tratou-se do julgamento do Recurso Especial nº 1.673.051, originado do Tribunal de Justiça de São Paulo. No caso, condenou-se a operadora do plano de saúde pelo erro médico de profissionais a ela credenciados, citando a teoria da perda de uma chance.

Com efeito, o caso trazia situação vivida por uma mulher que, ao descobrir estar grávida, iniciou o seu pré-natal com um determinado profissional. Esse profissional teria realizado alguns exames, em especial um que detectaria a toxoplasmose, tendo o resultado para este sido negativo. Após algum tempo, a mulher começou a se queixar de alguns sintomas que não passavam, mesmo após a intervenção do profissional que lhe atendia. Assim, buscou um novo profissional, de sua confiança. O novo profissional não solicitou novos exames para detectar a toxoplasmose, dado o resultado obtido no exame realizado no início da gravidez. A não detecção da toxoplasmose afetou a vida do feto com graves comprometimentos neurológicos e mentais, além de cegueira.

Verificou-se, na visão do Relator do caso no Tribunal Estadual, que estariam presentes a prova do dano e do nexo de causalidade. Segundo o Tribunal Paulista, ainda que não fosse necessária a discussão da culpa, a Corte responsabiliza civilmente quem diagnostica, a destempo, uma dada moléstia. Registrou-se que não há obrigação de cura, porque circunstâncias alheias à vontade do médico (condições orgânicas do indivíduo) podem impedir que se alcance tal resultado. Contudo, esse profissional teria o ônus de uma conduta adequada e que envolvesse atenção clínica e ânimo de acertar o diagnóstico. Por não ter realizado uma investigação mais criteriosa, a conduta do médico acarretou na perda de uma chance valiosa da paciente (feto), uma vez que não foi realizada, periodicamente, durante a gravidez, uma avaliação mais detalhada. Nesse contexto, por entender que o profissional deveria ter solicitado a realização do exame, e não o fez, o Tribunal concluiu que foi tirada do feto a chance de receber o tratamento adequado, que evitaria as consequências advindas da doença. Esse entendimento foi mantido na Corte Superior não pelo enfrentamento do mérito, mas por questões processuais que impediram a análise da questão.

2.2.7 Dos casos em que se absolveu a operadora do plano de saúde

Encontraram-se dois julgamentos em que as operadoras de planos de saúde foram absolvidas: Recurso Especial nº 1.733.387 e Agravo Regimental no Agravo em Recurso Especial nº 661.608. Ambos os processos são provenientes do Tribunal de Justiça de São Paulo. No primeiro, o Recurso Especial nº 1.733.387, a Corte Superior reformou o acórdão estadual, que concluiu pela existência de responsabilidade solidária entre médico, hospital e operadora do plano de saúde. E o Tribunal Estadual chegou a essa conclusão, pois indicou que em relação ao hospital a razão seria o fato de ter disponibilizado "ao médico a infraestrutura de suas instalações", "auferir remuneração pela cessão e uso de suas instalações" e a "marcação das consultas intermediada por suas recepcionistas". E em relação à operadora de plano de saúde, porque "repassou o valor da cirurgia ao médico cirurgião" e "constava a identificação no receituário timbrado subscrito pelo médico". Ao analisar o caso, o Superior Tribunal de Justiça entendeu que, em relação à operadora do plano de saúde, não se identificou razão para condenação, pois o atendimento deu-se em caráter particular, com a escolha livre e consciente, por parte do paciente, do médico responsável pela condução do tratamento. Acrescentou-se que não houve contrato de plano de saúde com a operadora, decorrendo a condenação imposta, exclusivamente, do fundamento da "cadeia de fornecimento e dos repasses de valores ao médico cirurgião". No entanto, ausente o vínculo entre o profissional causador do dano e a operadora, não se pode imputar a esta a responsabilidade por um ilícito para o qual não contribuiu de nenhuma maneira.

Nesse julgamento importa observar que, para a Corte Superior, a mera inclusão na "cadeia de fornecimento dos serviços" não tem o condão de atrair a responsabilidade da operadora do plano de saúde. É necessário que se observe algum vínculo jurídico entre o profissional e a empresa.

Em relação ao Agravo Regimental no Agravo em Recurso Especial nº 661.608, indicou-se que o acórdão estadual entendeu tratar-se de contrato do tipo "seguro-saúde", na modalidade de "livre escolha", em que não há que se falar em responsabilidade solidária da operadora do plano de saúde, pois o médico ou hospital é eleito pelo próprio paciente. Afastou-se ainda a teoria da responsabilidade em razão do pertencimento à cadeia de fornecimento do serviço, também, pelo fato de o profissional ter sido escolhido pela paciente.

2.2.8 Entendimento do Superior Tribunal de Justiça acerca da necessidade de se observar o grau de subordinação entre os agentes

Por último, é relevante o julgamento dos Embargos de Divergência em Recurso Especial nº 605.435, provenientes do Tribunal de Justiça do Rio de Janeiro. Na espécie, trata-se de demanda que analisou a relação entre cirurgião-chefe e anestesista, na definição de suas responsabilidades, em caso de erro médico.

Nesse julgamento, muito embora tenha-se tratado da definição da responsabilidade de dois profissionais liberais (dois médicos), cogitou-se a aplicação de uma responsabilidade solidária em razão da teoria de pertencimento da "cadeia de serviços", de acordo com o *caput* do art. 14[210] do Código de Defesa do Consumidor. Isso se justificou pelo fato de que, quando há uma cadeia de fornecimento para a realização de determinado serviço, ainda que o dano decorra da atuação de um profissional liberal, verificada a culpa deste, nasce a responsabilidade solidária do grupo, ou melhor, daqueles que participam da cadeia de fornecimento do serviço. Na hipótese dos autos, a cirurgia estética pretendida, que se trata de um procedimento complexo, somente poderia ser realizada, de forma adequada, com o concurso dos serviços prestados por diversos profissionais, entre os quais o cirurgião – chefe da equipe – e o anestesista, e os serviços da própria clínica, que fornecia centro cirúrgico, equipe, medicamentos, hotelaria.

Verificou-se, ainda, que o esforço conjunto para a realização do serviço contratado ficou ainda mais evidente na espécie, visto que o contrato e os serviços prestados por todos os profissionais envolvidos foram discutidos e contratados somente com o chefe da equipe e sua clínica, tendo a paciente apenas anuído com a indicação do anestesista. Nesse sentido, o Ministro-relator entendeu pela condenação, em solidariedade, dos profissionais.

---

[210] Art. 14. O fornecedor de serviços responde, independentemente da existência de culpa, pela reparação dos danos causados aos consumidores por defeitos relativos à prestação dos serviços, bem como por informações insuficientes ou inadequadas sobre sua fruição e riscos.

Em voto-vista, o Ministro Raul Araújo viu-se diante de duas teses. De acordo com a primeira, por estar no comando do grupo e por escolher os profissionais que o integram, o médico-chefe seria responsável, solidariamente, pelos danos causados ao paciente por erro de qualquer um dos membros da equipe que dirige (outros médicos, enfermeiros, auxiliares e anestesista), nos termos do art. 14, *caput*, do Código de Defesa do Consumidor. Já de acordo com a segunda tese, se o dano decorre exclusivamente de ato praticado por profissional que, embora participe da equipe médica, atua autonomamente, sem receber ordens do cirurgião-chefe, a responsabilidade daquele deve ser apurada de forma individualizada, excluindo-se a solidariedade do cirurgião-chefe.

Para o Ministro Raul Araújo, deveria prevalecer a segunda tese, na medida em que, em razão da moderna ciência médica, a operação cirúrgica não pode ser concebida apenas em seu aspecto unitário, mormente porque há múltiplas especialidades na medicina. Nesse contexto, somente caberá a responsabilização solidária do chefe da equipe médica quando o causador do dano for integrante da equipe que atue na condição de subordinado, ou seja, sob comando daquele. Assim, no caso de médico anestesista que compõe o grupo, mas age como profissional autônomo, seguindo técnicas próprias de sua especialidade médica, este deverá ser responsabilizado individualmente pelo evento a que der causa. Afinal, o nosso sistema jurídico, na esfera civil, adotou como regra a teoria da causalidade adequada (CC/2002, art. 403),[211] de maneira que, salvo exceção prevista em lei, somente responde pelo dano aquele que lhe der causa, direta e imediatamente.

A atuação do anestesista, portanto, enquadra-se na segunda hipótese em razão de sua capacitação própria e de suas funções específicas. Uma vez que esse profissional age com predominante autonomia, segundo técnicas da especialidade médica que domina e suas convicções e decisões pessoais, ele assume responsabilidades próprias, segregadas, dentro da equipe médica. Dificilmente, o anestesista aceitaria interferência que ditasse modificação nos procedimentos adotados com o paciente, por força de intervenção do cirurgião-chefe, sendo igualmente improvável que este interferisse no trabalho de anestesia, salvo em situações excepcionais, de evidente anomalia.

---

[211] Art. 403. Ainda que a inexecução resulte de dolo do devedor, as perdas e os danos só incluem os prejuízos efetivos e os lucros cessantes por efeito dela direto e imediato, sem prejuízo do disposto na lei processual.

Destarte, se o dano ao paciente advém, comprovadamente, de ato praticado pelo anestesista, no exercício de seu mister, este responde individualmente pelo evento. Não há, assim, solidariedade decorrente de responsabilidade objetiva entre o cirurgião-chefe e o anestesista oriunda de erro médico cometido por este último. Embora exista o fato de que todos integram uma equipe, o trabalho do anestesista não é comandado, dirigido, pois este não atua sob as ordens do cirurgião-chefe. O anestesista é um médico que se emparelha, que se ombreia, com o cirurgião-chefe durante a cirurgia. O cirurgião-chefe dá ordens aos médicos que o auxiliam na cirurgia, ao pessoal de enfermagem e a outros profissionais auxiliares, mas o trabalho do anestesista, por sua especialidade, é de predominante autonomia. Faz-se de *per si*, quer dizer, sob as técnicas que esse ramo da Medicina, a Anestesiologia, ensina e proporciona.

2.3 Conclusões

Por todo o material que aqui se mostrou, verifica-se que o Superior Tribunal de Justiça entende que a existência do vínculo contratual entre médico e operadora de plano de saúde é suficiente para atrair, para esta, a responsabilidade por erro médico cometido pelo primeiro. A conclusão pela responsabilização, muito embora se reconheça ser subjetiva frente ao médico, é feita sob os ditames da responsabilidade objetiva perante a operadora do plano de saúde, com esteio em algumas teorias: a teoria da responsabilidade objetiva pura e simples, a aplicação da *culpa in eligendo* ou *in vigilando*, a teoria do risco do empreendimento e a teoria da perda de uma chance. Qualquer que seja a teoria aplicada, a responsabilização das operadoras de planos de saúde sempre se deu sob o viés da responsabilidade objetiva, em razão de, nos casos, incidir a proteção dada pelo Código de Defesa do Consumidor, não se enquadrando a operadora de plano de saúde por não se tratar de um profissional liberal.

Por outro lado, analisando casos em que se absolveu a empresa, dois apenas, a razão para conclusão passou pelo fato de os profissionais terem sido escolhidos "livremente" pelo paciente, não ostentando qualquer relação jurídica com a operadora do plano de saúde. Com isso, estaria ausente o nexo de causalidade entre a conduta do agente e a participação da operadora do plano de saúde.

Sob outro prisma, agora da análise do julgamento que definiu a responsabilidade do médico cirurgião-chefe e do anestesista quando diante de erro médico em cirurgia realizada por ambos, a Corte Superior entendeu não haver solidariedade entre os profissionais, dado que eles agem de forma autônoma, sem qualquer direção de um no serviço do outro. Em outros casos, o Superior Tribunal de Justiça já afastou, também, a responsabilidade do hospital na hipótese de erro médico cometido por profissional que não componha seu corpo clínico, baseando-se, igualmente, na ideia de que o hospital possui serviços próprios e que não intervém no trabalho desenvolvido pelo profissional.

Com essas considerações, passa-se, agora, a fazer proposições de como se deveria encarar a responsabilidade civil das operadoras de planos de saúde por erros médicos sofridos por seus beneficiários.

PROPOSTAS PARA UMA NOVA RESPONSABILIDADE CIVIL DO PLANO DE SAÚDE POR ERRO MÉDICO

A partir da pesquisa realizada, verificou-se que o Superior Tribunal de Justiça, há muito, entende que a operadora do plano de saúde deve responder pelo erro médico cometido pelos profissionais que executem os serviços médicos em favor dos seus beneficiários, não se fazendo qualquer distinção na modalidade de contratação entre a operadora do plano de saúde e o prestador de serviço (se contratado, credenciado/conveniado ou referenciado). É bem verdade que o Superior Tribunal de Justiça também concluiu pela não responsabilização das empresas de seguro-saúde, em razão de serem fruto de um sistema de "livre escolha" do consumidor. Esse entendimento, no entanto, não se aplica às operadoras de planos de saúde com médicos credenciados ou referenciados, uma vez que em tais empresas, segundo o Superior Tribunal de Justiça, o consumidor não teria uma "livre escolha" propriamente dita, pois deve escolher dentre um rol de profissionais ou estabelecimentos fornecido pela própria operadora. Ou seja, para além de uma vinculação jurídica, por menor que seja, entende-se que o erro cometido pelo profissional atrai a responsabilização da operadora do plano de saúde, não importando se foi o beneficiário quem escolheu o profissional, ou se este foi indicado pela operadora de plano de saúde.

Além de se entender que as operadoras de planos de saúde são responsáveis por casos de erros médicos, entende-se, também, que essa responsabilização deve seguir sob o manto da responsabilidade civil objetiva frente ao consumidor (qualquer que seja a teoria aplicada – risco do empreendimento, perda de uma chance, por compor a cadeia de fornecimento do serviço, etc.). Em outra ponta, a responsabilidade civil do profissional é subjetiva por lei, em vista da necessidade de avaliação da sua conduta. É justamente nessa lacuna que repousa a análise no presente trabalho. Ou seja, analisa-se, aqui, se é possível compatibilizar a responsabilidade civil objetiva (na relação entre paciente e operadora do plano de saúde) com a responsabilidade civil subjetiva (na relação entre operadora do plano de saúde e médico) em casos de erros médicos. A dificuldade de conciliar as duas coisas pode ser verificada, justamente, na natureza das obrigações e dos serviços que competem a cada um dos agentes (operadora do plano de saúde e médico) frente aos pacientes/consumidores.

Em essência, o serviço médico[212] é uma obrigação de meio, dado que, como apontado na seção 1.6, o que se espera é que o profissional seja zeloso e diligente na execução do serviço. Em sendo uma obrigação de meio, quem quer que seja responsabilizado por tal evento só pode responder por ele mediante averiguação de culpa. Afinal de contas, é por meio da avaliação da culpa (da conduta) que é possível verificar eventual responsabilidade por um dado evento danoso. Pensar o contrário significaria tornar o serviço médico uma obrigação de resultado, o que desvirtua por completo a natureza do serviço prestado. Além disso, tornando-o uma obrigação de resultado, restaria arguir apenas as excludentes de ilicitude (caso fortuito ou força maior) como fatores capazes de ilidir a responsabilidade.[213]

Para além da definição da natureza jurídica dos serviços médicos, do ponto de vista obrigacional, deve-se entender quais são os serviços prestados diretamente pela operadora do plano de saúde. Nesse ponto, reduziu-se aqui como sendo apenas a garantia de acesso à assistência à saúde nos moldes do plano de saúde contratado. Esse serviço (assistência à saúde) não engloba os serviços médicos propriamente ditos[214] e

---

[212] É o que se depreende do exposto por Milena Donato Oliva e Pablo Renteria: "Veja-se o exemplo do contrato de serviço médico: o paciente que contrata os serviços do médico o faz porque precisa ser curado (interesse primário); no entanto, recebe deste último a promessa de que irá envidar seus melhores esforços para que a cura seja alcançada (interesse *in obligatione*). Da mesma forma, o corretor procura aproximar pessoas interessadas na celebração de negócio jurídico de qualquer espécie, sem se comprometer com o desfecho positivo da negociação. Independentemente da conclusão do negócio, há adimplemento da obrigação do corretor pela aproximação das partes, haja vista se tratar de obrigação de meios. De toda sorte, usualmente a remuneração do corretor vincula-se ao sucesso das negociações, o que significa que a contraprestação que lhe é devida tem caráter aleatório, já que se obrigou ao resultado positivo das negociações, o que tornaria o corretor inadimplente sempre que este não fosse alcançado". OLIVA, M. D.; RENTERIA, P. Obrigação de meios e assunção de riscos pelo consumidor. *Revista de Direito do Consumidor*, v. 111, p. 19-38, maio-jun. 2017.

[213] COMPARATO, F. K. Obrigações de meios, de resultado e de garantia. *Doutrinas Essenciais de Responsabilidade Civil*, v. 5, p. 333–348, out. 2011.

[214] Hipótese, claro, que não envolve a rede própria de atendimento da operadora do plano de saúde.

também não pode ser entendido como promessa ou garantia da cura do beneficiário/consumidor. A obrigação de garantia, no caso, abrange apenas o acesso à assistência à saúde, ou seja, a operadora garante que o beneficiário será atendido nos moldes do plano contratado, mas isso não garante que aquele será curado.

Nessa conjuntura, analisando tão somente os serviços médicos (serviços que podem ensejar erro médico), entende-se ser incompatível a coexistência das teorias de responsabilidade civil (subjetiva, objetiva ou da culpa presumida) sob o mesmo fato, observado de prismas diferenciados. Isso ocorre porque, ao se olhar um mesmo evento (erro médico) de perspectivas diferentes (relação entre operadora de plano de saúde e paciente; entre operadora de plano de saúde e médico; e entre médico e paciente), pode-se chegar a conclusões completamente assimétricas entre si, o que pode gerar distorções e injustiças. Essa forma de analisar o erro médico, com múltiplos contextos e agentes, lembra a parábola dos cegos e do elefante[215], pois uma parte isolada pode até corresponder à "verdade", mas, em um contexto mais amplo e orgânico, a "verdade" mostra-se incompleta e distorcida. É o que ocorre na aplicação da teoria da responsabilidade civil objetiva ao plano de saúde por erros médicos sofridos pelos seus beneficiários.

A saber, se o paciente pode demandar apenas à operadora de plano de saúde, e a ela se aplica a responsabilidade objetiva, poderá ser a empresa condenada ao pagamento de uma dada indenização, já que estão presentes o dano e o nexo de causalidade (dano decorrente de uma cirurgia, por exemplo). Em sequência, se a operadora do plano

---

[215] Resumidamente, essa parábola narra que seis cegos que não sabiam o que era um elefante foram postos a examinar o animal, tateando-o. Cada cego foi direcionado a uma parte do animal. Ao terminarem de examinar o animal, os cegos começaram a falar um para o outro da percepção que teve de sua parte.
O primeiro cego falou: "Que animal esquisito! Parece uma coluna coberta de pelos!"
O segundo interpelou: "Você está doido? Coluna que nada! Elefante é um enorme abano, isso sim!"
O terceiro se manifestou: "Qual abano, colega! Você parece cego! Elefante é uma espada que quase me feriu!"
O quarto disse: "Nada de espada e nem de abano, nem de coluna. Elefante é uma corda, eu até puxei."
O quinto assim se manifestou: "De jeito nenhum! Elefante é uma enorme serpente que se enrola."
O sexto e último assim falou: "Mas quanta invencionice! Então eu não vi bem? Elefante é uma grande montanha que se mexe."
Os cegos ficaram discutindo as partes do elefante que cada um examinou. O tom da discussão foi crescendo, até que começaram a brigar, com tanta eficiência quanto quem não enxerga pode brigar, cada um querendo convencer os outros que sua percepção era a correta. Disponível em: http://twixar.me/7b21. Acesso em: 23 ago. 2019.

de saúde resolve ingressar com uma ação de regresso, em face do profissional, ela deverá provar a ocorrência da culpa do profissional, sendo que, eventualmente, não logra êxito. Nessa hipótese, não caberá, portanto, ressarcimento algum pelo profissional, dado que não agiu de forma culposa. Assim, a empresa vê-se obrigada a indenizar o paciente, assumindo um prejuízo "inexistente".

Em outra vertente, verificam-se modificações e outras circunstâncias, na relação paciente/operadora de plano de saúde/médico, que podem impactar na conclusão pela responsabilização da empresa por erros de profissionais da sua rede credenciada/conveniada e/ou referenciada. Assim, propõe-se, no presente trabalho, uma análise mais acurada da responsabilização das operadoras de planos de saúde, de modo a se concluir que essas só podem responder por erros médicos cometidos por profissionais diretamente contratados, que compõem a rede própria da operadora do plano de saúde, bem como da rede credenciada/conveniada, e que, nesses casos, a responsabilização civil deve dar-se à luz da responsabilidade civil objetiva da operadora após a análise da culpa da conduta do profissional. Nos casos de erros médicos da rede referenciada, a operadora do plano de saúde não deve responder. É o que se passa a demonstrar.

3.1 Da responsabilidade civil do plano de saúde por erro médico

3.1.1 Evento danoso decorrente de conduta de profissional da rede própria da operadora do plano de saúde

Conforme se adiantou (seção 1.9.3), as operadoras de planos de saúde mantêm vínculos contratuais com os prestadores de serviços em basicamente três modalidades: (i) contratados/rede própria; (ii) credenciados/conveniados; e (iii) referenciados.

Em relação aos contratados (rede própria), há claro e evidente vínculo de subordinação entre o profissional da saúde e a operadora do plano de saúde (seja ela uma sociedade empresária ou uma cooperativa). Nesses casos, não há como afastar o liame que justifica a responsabilização da empresa, por força do artigo 932,[216] inciso III, do

---

[216] Art. 932. São também responsáveis pela reparação civil:
(...)

Código Civil. Essa responsabilização pelo Código Civil é baseada na teoria da responsabilidade objetiva, com fulcro no que dispõe o artigo 933.[217] Contudo, não se deve ter uma concisão tão simplista a ponto de meramente indicar uma responsabilização objetiva da operadora do plano de saúde nos casos em exame.

A responsabilidade civil tem, como pressuposto básico, o fato de que é o causador direto do dano quem deve promover a reparação daquilo que gerou prejuízo. No caso da responsabilidade por fato de terceiro, há evidente atração do dever de responder pelos danos causados pelo terceiro, nas hipóteses da lei. A relação entre médico e operadora de plano de saúde, quando aquele é contratado, possui contornos *sui generis*. Isso se justifica porque, apesar de o médico ser um preposto da empresa (quando componente da rede própria da operadora do plano de saúde), essa preposição não assume os contornos tradicionais.

Com efeito, o artigo 932, III,[218] do Código Civil, estabelece que o "empregador" ou comitente será, também, responsável por seus empregados, serviçais ou prepostos, no exercício do trabalho que lhes competir ou em razão dele. Por definição, "empregador" é a pessoa física ou jurídica que, por efeito de contrato de trabalho, utiliza os serviços de alguém.[219] O conceito de "empregador" pode ser também retirado do artigo 2º[220] da Consolidação das Leis Trabalhistas (CLT). Ainda, conforme o §1º[221] do mesmo artigo, são equiparados ao empregador os profissionais liberais, as instituições de beneficência, as associações recreativas ou outras instituições sem fins lucrativos.

No que se refere à responsabilização civil, o conceito de empregador, que já é amplo perante a CLT, deve ser ainda mais amplo, não se exigindo um vínculo formal de emprego, isto é, a existência de um contrato de trabalho entre as partes. Basta a existência de um comando

---

III – o empregador ou comitente, por seus empregados, serviçais e prepostos, no exercício do trabalho que lhes competir, ou em razão dele;

[217] Art. 933. As pessoas indicadas nos incisos I a V do artigo antecedente, ainda que não haja culpa de sua parte, responderão pelos atos praticados pelos terceiros ali referidos.

[218] Art. 932. São também responsáveis pela reparação civil:
III – o empregador ou comitente, por seus empregados, serviçais e prepostos, no exercício do trabalho que lhes competir, ou em razão dele;

[219] STOCO, R. *Tratado de responsabilidade civil*. 10. ed. São Paulo: Ed. Revista dos Tribunais, 2014.

[220] Art. 2º – Considera-se empregador, a empresa, individual ou coletiva, que, assumindo os riscos da atividade econômica, admite, assalaria e dirige a prestação pessoal de serviço.

[221] §1º – Equiparam-se ao empregador, para os efeitos exclusivos da relação de emprego, os profissionais liberais, as instituições de beneficência, as associações recreativas ou outras instituições sem fins lucrativos, que admitirem trabalhadores como empregados.

ou ordem de uma pessoa (física ou jurídica) para outra pessoa (física ou jurídica).²²² Mesmo nos casos em que há uma contratação direta de determinado profissional médico (empregado/contratado) pela operadora do plano de saúde (empregador) para atender nas dependências físicas da empresa, não há, entre eles, vínculo de subordinação na execução dos serviços médicos. Os serviços médicos são de prerrogativa exclusiva do profissional de medicina, que o pratica com total e absoluta autonomia. Nesse ponto, toda a vinculação jurídica, hierárquica ou de qualquer outro liame que coloque o médico como um funcionário da operadora de plano de saúde fica "vazia", pois, no momento de exercer sua profissão, o médico o faz de forma completamente livre, de acordo apenas com a sua consciência e com a *expertise* que dele se espera. E não poderia ser diferente, já que apenas o profissional com alto grau de *expertise* pode saber se uma dada conduta médica é a correta ou não. Somente esse profissional sabe o que deve/pode ser feito, considerando todas as circunstâncias que o caso específico exige.

Assim, a relação, ainda que de empregador/empregado, para a responsabilização civil, nos casos de erros médicos, assume contornos diferentes, impedindo que se aplique a teoria da responsabilidade civil objetiva de forma indiscriminada, em desfavor do empregador, quando o empregado age por conta própria, dada a natureza de sua atividade. Entende-se que, por mais que o Código Civil preveja que o empregador deva responder pelos atos de seus empregados de forma objetiva, isso não afasta a aplicação da teoria subjetiva para a ação desses últimos. Em outras palavras, ainda que se queira aplicar a teoria da responsabilidade objetiva ao empregador, aplica-se, primeiramente, a teoria da responsabilidade subjetiva na análise da conduta do empregado, para, depois, responsabilizar objetivamente o empregador. É o que nos ensina César Fiuza.²²³ A bem da verdade, para César Fiuza não seria necessário, sequer, analisar a natureza da atividade exercida pelo empregado (se com maior grau de autonomia ou não). Para o referido autor, a vítima deve provar a culpa do empregado para exigir a responsabilização do empregador de forma objetiva.

Só haveria nexo de causalidade entre o comportamento do empregado e o dever objetivo do empregador de reparar o dano se ficasse comprovado que o subordinado agiu com culpa. Não fosse

---

²²² STOCO, R. *Tratado de responsabilidade civil*. 10. ed. São Paulo: Ed. Revista dos Tribunais, 2014.
²²³ FIUZA, C. *Direito civil*: curso completo. 1. ed. São Paulo: Revista dos Tribunais; Belo Horizonte: Del Rey Editora, 2014.

assim, a que título responderia o empregador caso a vítima demandasse apenas contra ele? A que título responderia o empregado caso a vítima demandasse apenas contra ele? Ainda, não se saberia a que título o empregador, que reparasse o dano, exerceria o direito de regresso em face do empregado, considerando que a lei indicou ser aplicável a teoria da responsabilidade objetiva apenas em face do empregador.

Assim, os contornos que a relação entre médico e operadora de plano de saúde assume impedem que se aplique, às operadoras de planos de saúde, a teoria da responsabilidade objetiva nos casos de erros médicos, sem antes analisar a conduta do profissional. Deve-se, pois, apurar a conduta do profissional para atrair a responsabilidade da empresa, quando se tratar de profissional contratado ou da rede própria da operadora de plano de saúde.

Outro elemento que ajuda na conclusão acima indicada é a compreensão dos exatos serviços prestados e que são inerentes da atividade exercida pela operadora do plano de saúde. Quanto ao ponto, de forma bastante simplista, diz-se que a operadora do plano de saúde tem, por escopo, em sua atividade econômica, que disponibilizar o acesso a hospitais, clínicas e médicos, a fim de prover assistência à saúde a seus beneficiários em determinadas condições e circunstâncias. Entende-se que essa obrigação (garantir acesso à assistência à saúde) constitui uma obrigação de garantia,[224] de forma que não há qualquer fundamento que ilida a responsabilidade da operadora do plano de saúde na hipótese de esta não promover o acesso à saúde ao seu beneficiário (nos limites do que fora contratado, claro).

Importa notar que o *corebusiness* da empresa não é a prestação efetiva de um serviço médico ou de saúde, mas a disponibilização das ferramentas para tanto. A operadora do plano de saúde compromete-se a disponibilizar ao beneficiário uma rede de assistência à saúde para um determinado rol de terapias possíveis, e, em contrapartida, recebe uma quantia monetária conforme a periodicidade contratada. Não há dúvidas de que essa relação seja regida pelo Código de Defesa do

---

[224] Na lição trazida por Comparato: "Finalmente, nas obrigações de garantia, nem mesmo a ocorrência de caso fortuito ou de força maior exime o devedor de sua prestação, pois o conteúdo deste tipo de obrigação é a eliminação de um risco que, por definição, é um evento de realização fortuita, independente portanto da vontade do devedor. O vendedor, mesmo sem culpa, é obrigado a indenizar o comprador evicto. A companhia seguradora, mesmo que o sinistro seja provocado intencionalmente por terceiro, deve indenizar o segurado" (COMPARATO, F. K. Obrigações de meios, de resultado e de garantia. *Doutrinas Essenciais de Responsabilidade Civil*, v. 5. p. 333–348, out. 2011).

Consumidor e de que dela possam surgir inúmeros problemas.[225] Para todas essas questões, não se têm dúvidas de que a responsabilidade civil deva ser analisada sob a luz da teoria objetiva, pois a obrigação da operadora revela-se uma obrigação de garantia.

Em outra ponta, o beneficiário, quando necessita de uma intervenção médica, pode firmar novos negócios jurídicos fora do escopo do plano de saúde, ainda que verbalmente e diretamente com o profissional que o atenderá. Por exemplo, tome-se o caso de um beneficiário que, precisando realizar uma cirurgia no coração, procura um profissional (ainda que seja vinculado ao plano) e firma com esse profissional o contrato de prestação de serviço médico para realizar a cirurgia de que precisa. Suponha-se que as disposições contratuais são completamente diversas das constantes no contrato assinado entre o beneficiário e a operadora do plano de saúde, de modo que o beneficiário possui, agora, deveres que inexistem na relação com a operadora do plano de saúde. Trata-se de deveres de cuidado no pós-operatório, de tomar as medicações relacionadas pelo médico, de retornar à clínica para acompanhamento do profissional entre outros. Nessa hipótese, a obrigação constituída pelo médico é uma obrigação de meio, que atrai a teoria da responsabilidade civil subjetiva para averiguar o evento danoso decorrente de tal obrigação.

Assim, para cada uma das relações jurídicas firmadas há de se verificar a teoria da responsabilidade civil a ser aplicada. Em casos de erros médicos, verifica-se uma inexecução do contrato firmado com o profissional, donde se impõe uma análise do evento danoso sob os cuidados da responsabilidade civil subjetiva. Por essa razão, até para uma harmonização do sistema e das nuances do caso, não se pode atrair a responsabilidade objetiva da empresa operadora do plano de saúde sem, antes, analisar a conduta do profissional. Afinal de contas, nesses casos, o inadimplemento contratual ocorrido surge de uma relação que demanda a análise da culpa. É inconcebível ignorar a necessidade de verificação da culpa quando a obrigação assumida está imersa no universo da subjetividade. É o que dispõe o Código de Defesa

---

[225] Para não se alongar muito sobre o tema, pode-se citar: (i) limitar período de internação hospitalar do beneficiário; (ii) não conceder cobertura para assistência contra a AIDS; (iii) negar segunda internação para a mesma moléstia; (iv) recursar cobertura para internação de emergência; (v) recusar, injustificadamente, a internação em UTI; (vi) recusar determinadas terapias cobertas pelo plano contratado; etc.

do Consumidor quando expressa ser subjetiva a responsabilidade do profissional liberal.[226]

Assim, constatada uma falha na prestação do serviço médico pelo profissional, deve-se avaliar a sua culpa (se foi negligente, imprudente ou imperito), para, depois, responsabilizar a operadora do plano. Nessas hipóteses, portanto, propõe-se que a operadora do plano de saúde responda de modo objetivo após averiguação da culpa pelo profissional.

Dessa forma, consegue-se respeitar eventual ação de regresso a ser movida, pela operadora do plano de saúde, em razão do erro cometido pelo profissional, já que a culpa estará provada. Quanto ao ponto, não é demais lembrar, segundo Maria Helena Diniz,[227] que é mediante a ação de regresso que se estabelece a situação de igualdade entre os codevedores, pois aquele que paga o débito pode recobrar dos demais as suas respectivas partes. Ou, ainda, segundo ensina Washington de Barros Monteiro,[228] é por intermédio da ação regressiva que se estabelece a situação de igualdade entre os coobrigados. Verifica-se a existência do direito de regresso por meio dos artigos 283,[229] 930[230] e 934[231] do Código Civil.

Em síntese, a ação regressiva representa o procedimento por meio do qual aquele que pagou, por si e pelos demais coobrigados solidários, exercita seu direito de regresso, exigindo dos demais consortes as quotas proporcionais respectivas. No caso de erro médico, estabelecida a solidariedade[232] entre a operadora de plano de saúde e o

---

[226] Art. 14. O fornecedor de serviços responde, independentemente da existência de culpa, pela reparação dos danos causados aos consumidores por defeitos relativos à prestação dos serviços, bem como por informações insuficientes ou inadequadas sobre sua fruição e riscos.
§4º A responsabilidade pessoal dos profissionais liberais será apurada mediante a verificação de culpa.

[227] DINIZ, M. H. Curso de direito civil brasileiro. 6. ed. São Paulo: Saraiva, v. 2, 1991.

[228] MONTEIRO, W. B. Curso de direito civil – direito das obrigações. 7. ed. São Paulo: Saraiva, v. 4, 1971.

[229] Art. 283. O devedor que satisfez a dívida por inteiro tem direito a exigir de cada um dos co-devedores a sua quota, dividindo-se igualmente por todos a do insolvente, se o houver, presumindo-se iguais, no débito, as partes de todos os co-devedores.

[230] Art. 930. No caso do inciso II do art. 188, se o perigo ocorrer por culpa de terceiro, contra este terá o autor do dano ação regressiva para haver a importância que tiver ressarcido ao lesado. Parágrafo único. A mesma ação competirá contra aquele em defesa de quem se causou o dano (art. 188, inciso I).

[231] Art. 934. Aquele que ressarcir o dano causado por outrem pode reaver o que houver pago daquele por quem pagou, salvo se o causador do dano for descendente seu, absoluta ou relativamente incapaz.

[232] Aqui não se pode confundir o instituto da solidariedade com o direito de regresso. A solidariedade tem natureza substantiva e liga-se ao direito em si, decorrente de uma

profissional, acaso a empresa arque com o débito originado da conduta do profissional, poderá ela requerer, em regresso, aquilo que pagou, nos limites da responsabilidade a ser apurada de cada uma das partes.

3.1.2 Evento danoso decorrente de conduta de profissional credenciado/conveniado à operadora do plano de saúde

Quando a relação entre a operadora de plano de saúde e os prestadores de serviços médicos/hospitalares dá-se em caráter de convênio/credenciamento, é preciso delimitar, precisamente, onde ocorreu a falha na prestação do serviço, para verificar qual teoria da responsabilidade civil deve ser aplicada. Basicamente, pode-se enfrentar: (i) falhas decorrentes de serviço próprio da operadora do plano de saúde; (ii) falhas nos serviços hospitalares; e (iii) falhas nos serviços médicos. Para cada uma dessas, aplica-se uma dada teoria da responsabilidade civil. É o que se passa a demonstrar.

Em se tratando de inadimplementos contratuais que afetam obrigações diretas da operadora do plano de saúde, como negativa de assistência médica, mesmo amparada pelo contrato, não se tem dúvidas acerca da responsabilização civil objetiva da operadora do plano de saúde, dada a natureza jurídica das obrigações que assume. Mais uma vez, tal obrigação é do tipo "de garantia", com o que não cabe sequer alegação de caso fortuito ou força maior, para uma eventual tentativa de ilação da responsabilidade civil por parte da operadora do plano de saúde.

No entanto, há de se fazer considerações acerca da responsabilidade civil da operadora de plano de saúde nos casos de falha na prestação dos serviços hospitalares e de falha na prestação dos serviços médicos da rede credenciada/conveniada.

Para essa diferenciação, mais uma vez leva-se em consideração os serviços prestados por cada uma das partes. Como apontado, a operadora do plano de saúde possui serviços e obrigações próprios, assim como os hospitais e os médicos. Em relação aos hospitais, entende-se que a responsabilidade, em face dos pacientes, é contratual. De acordo com José de Aguiar Dias,[233] a responsabilidade do hospital aproxima-se à

---

obrigação legal, enquanto o direito de regresso possui natureza instrumental e processual, ligando-se ao direito de ação (STOCO, R. *Tratado de responsabilidade civil*. 10. ed. São Paulo: Ed. Revista dos Tribunais, 2014).

[233] DIAS, J. A. *Da Responsabilidade civil*. 6. ed. v. 1. Rio de Janeiro: Forense, 1979.

de um hoteleiro, esclarecendo que o hospital participa, basicamente, de duas frentes de responsabilidade: (i) as decorrentes dos deveres de assistência médica; e (ii) as decorrentes da hospedagem. Cada qual na medida e na proporção em que respondem, isoladamente, os respectivos agentes. Maurílio Casas Maia[234] esclarece que é possível distinguir as atividades tipicamente hospitalares e as atividades tipicamente médicas. Para tanto, cita o julgamento do Recurso Especial nº 1.145.728, pelo Superior Tribunal de Justiça. No referido julgamento, indicou-se existir responsabilização por atos próprios do hospital, os quais, segundo o julgado, "limitam-se ao fornecimento de recursos materiais e humanos auxiliares adequados à prestação dos serviços médicos e à supervisão do paciente". Dos serviços prestados pelo hospital, anotou o citado autor, podem advir danos oriundos de infecções hospitalares, de questões relacionadas à hospedagem do paciente ou, ainda, de problemas no transporte interno do paciente por meio de maqueiros entre outras hipóteses.

Segundo a primeira vertente de responsabilidade citada acima – a decorrente de deveres de assistência médica –, a dificuldade na responsabilização do hospital surge na estipulação da diferenciação entre a responsabilidade do hospital *versus* a responsabilidade pessoal do médico. Quando é que se deve atribuir a um, a outro ou a ambos? Para tanto, entende-se que, se o médico for contratado pelo hospital, não se tem dúvidas acerca da responsabilização do profissional e do hospital na hipótese de erro médico (tudo em acordo com o que preconiza o artigo 932, III, do Código Civil – tal como apontado, na seção 3.1.1, em relação à operadora do plano de saúde). A par de tal constatação, entende-se que a responsabilização do hospital, nesses casos (falhas nos serviços médicos dos profissionais que compõem o corpo clínico do hospital) deve seguir à luz da responsabilidade civil objetiva, mas com a comprovação da culpa pela conduta do profissional, como ensina César Fiuza,[235] dada a natureza e as características da prestação de serviços médicos.

Por outro lado, se o médico não for preposto, não for empregado do hospital, mas um profissional independente que tenha usado a estrutura do hospital por interesse ou conveniência dele ou do paciente,

---

[234] MAIA, M. C. A Responsabilidade objetiva mitigada hospitalar por dano médico: releitura jurisprudencial e a culpa médica como defeito e nexo causal na harmonização entre o *caput* e o §4º do art. 14 do CDC. *Revista de Direito do Consumidor*, v. 99, p. 233-257, maio-jun. 2015.
[235] FIUZA, C. *Direito civil*: curso completo. 1. ed. São Paulo: Revista dos Tribunais; Belo Horizonte: Del Rey Editora, 2014.

em razão da aparelhagem ou qualidade das acomodações, ter-se-á de apurar, individualmente, a responsabilidade de cada um (médico e hospital). Nesse caso, se o paciente sofrer danos em razão do ato culposo exclusivo do profissional, apenas o profissional responderá pelo dano ocasionado e, nessa hipótese, o fará com esteio na teoria da responsabilidade civil subjetiva. Se, contudo, apurarem-se ações culposas do estabelecimento hospitalar, por meio de ação ou omissão de seus dirigentes ou funcionários (à exceção dos médicos), então responderá apenas o hospital, sendo aplicada a teoria da responsabilidade objetiva frente às falhas de serviços hospitalares. Se o dano advier de ação conjunta do hospital e do médico, esses responderão solidariamente, cada qual na justa medida de sua participação no evento danoso.

Seguindo Ruy Rosado de Aguiar Júnior,[236] o hospital é uma universalidade de fato, formada por um conjunto de instalações, aparelhos e instrumentos médicos e cirúrgicos destinados ao tratamento da saúde, vinculada a uma pessoa jurídica, que é sua mantenedora, mas que não realiza ato médico. O hospital firma com o paciente um contrato hospitalar, assumindo obrigações de meios consistentes em fornecer serviços médicos e/ou hospedagem (alojamento, alimentação) e serviços paramédicos (medicamentos, instalações, instrumentos, sala cirúrgica, pessoal de enfermaria etc.). Nesse sentido, os serviços de hospedagem assemelham-se aos dos hotéis e pensões, comprometendo-se o hospital a fornecer acomodações e refeições condizentes com o preço estabelecido. Entende-se que, no cotejo dos serviços prestados pelo hospital, ou seja, serviços médicos e de assistência médica (hospedagem, alimentação etc.), os primeiros constituem obrigação de meio, enquanto os segundos, obrigações de resultado. Daí porque se falar em responsabilidade civil subjetiva em relação aos primeiros, e objetiva em relação aos segundos.

Na interlocução com a operadora do plano de saúde é preciso observar qual é o liame jurídico encontrado entre os agentes e a origem do dano sofrido pelo paciente. Isso, porque é possível que resultem danos de ações decorrentes dos serviços hospitalares de hospedagem, dos serviços médicos ou, ainda, dos serviços paramédicos. Essa diferenciação tem importância, porque se devem aplicar diferentes teorias da responsabilidade civil, conforme as circunstâncias do caso.

A pesquisa realizada no Superior Tribunal de Justiça, e demonstrada na seção II deste trabalho, apontou que, para a Instância Superior,

---

[236] AGUIAR JÚNIOR, R. R. *Responsabilidade civil do médico*. Revista dos Tribunais, São Paulo, v. 718, p. 33-53, ago. 1995.

a operadora do plano de saúde deve ser condenada por erros médicos, quando cometidos por profissionais por ela credenciados, diante das seguintes razões: (i) não ter o consumidor uma "livre escolha" do profissional; (ii) incidência da teoria do risco-proveito; (iii) a operadora do plano de saúde compor a rede do fornecimento do serviço.

Segundo o Superior Tribunal de Justiça, se o dano advier de um erro médico decorrente de falha na prestação de serviços de um médico contratado (componente do corpo clínico) por um hospital credenciado ao plano de saúde, todos devem responder solidariamente pelo evento danoso. Primeiramente, responde, de forma subjetiva, o profissional que foi o agente direto do evento danoso, devendo-se comprovar a sua culpa. Em segundo lugar, responde o hospital, dado que é o empregador do médico que errou, atraindo, para si, a responsabilidade por ato de terceiro, de acordo com o artigo 932, II, do Código Civil. Nesse caso, o hospital responde objetivamente pela ação do seu empregado. Por fim, responde a operadora de plano de saúde não pelo vínculo contratual estabelecido com o hospital, mas por atração da teoria do risco-proveito, dado que a contratação do hospital deu-se e dá-se com vistas a conseguir mais beneficiários e, consequentemente, mais lucro. Em razão da atração da teoria do risco-proveito, aplica-se a teoria da responsabilidade civil objetiva em relação à operadora do plano de saúde. Complementa-se, assim, o entendimento exarado por Antônio Herman de Vasconcellos e Benjamin.[237] Para ele, ao médico aplica-se a teoria da responsabilidade subjetiva, enquanto o hospital deve responder objetivamente. Contudo, apesar de se aplicar a teoria objetiva em relação ao hospital, só se deve fazê-lo após a comprovação da culpa do profissional.

Maurílio Casas Maia[238] chamou essa circunstância de aplicação da responsabilidade civil objetiva ao hospital de "responsabilidade objetiva mitigada". Em outra vertente, caso a falha na prestação do serviço seja em relação aos serviços de hospedagem dos hospitais credenciados, entende-se por aplicar a responsabilidade objetiva ao hospital e à operadora do plano de saúde.

A questão que se propõe é: a operadora do plano de saúde deve ser responsabilizada pela falha na prestação de serviços hospitalares (à exceção dos serviços médicos) de modo objetivo e solidário ao hospital? A atração, pela operadora do plano de saúde, da responsabilidade em

---

[237] BENJAMIN, A. H. V. *Comentário ao código de proteção ao consumidor.* São Paulo: Saraiva, 1991.
[238] MAIA, M. C. A Responsabilidade objetiva mitigada hospitalar por dano médico: releitura jurisprudencial e a culpa médica como defeito e nexo causal na harmonização entre o *caput* e o §4º do art. 14 do CDC. *Revista de Direito do Consumidor,* v. 99, p. 233-257, maio-jun. 2015.

relação aos serviços hospitalares, à exceção dos serviços médicos, dá-se em razão da teoria do "risco-proveito". Isso, porque o credenciamento de um dado hospital faz surgir um proveito econômico para a operadora do plano de saúde na adesão de mais beneficiários. Portanto, verificado um proveito econômico para a operadora do plano de saúde, isto é, a inclusão de um dado hospital na sua rede de assistência, é natural que aquela responda por falhas na prestação dos serviços por este praticados. É o que explica Felipe Kirchner,[239] quando aduz que a teoria do risco-proveito encontra sustentação no princípio da correspondência entre o risco e a vantagem, imputando a responsabilidade àquele que aufere proveito com a atividade que ocasionou o dano. Assim, colhendo os frutos de uma dada atividade, deve-se arcar com as suas consequências prejudiciais.

Aplica-se essa teoria, a do risco-proveito, visto que é de fundamental importância, na contratação de um plano de saúde, saber se um dado hospital está, ou não, inserido no rol da rede de assistência daquele plano. A rede hospitalar incluída na rede de assistência de um dado plano é um "chamariz" para a contratação. É o que ocorre, por exemplo, com o Hospital Israelita Albert Einstein. Os beneficiários pagam muito mais em um determinado plano no caso de inclusão do referido nosocômio na rede de assistência, o que implica maiores ganhos também para a operadora do plano de saúde.

A bem da verdade, ao se pesquisar pelas maiores[240] operadoras de planos de saúde, constata-se que a grande diferenciação entre os planos que cada uma oferece é a abrangência territorial de assistência médica aliada à rede de hospitais que atenderá aquele tipo de plano. É o que se observa pelas consultas realizadas abaixo.[241] Primeiro, simulou-se a contratação do plano de saúde da empresa "Amil". Na tela inicial, o beneficiário preenche os dados com o tipo de cobertura que deseja (pessoal ou empresarial), depois coloca os dados correspondentes. Nota-se que o beneficiário está apto a escolher hospitais e laboratórios de sua preferência.

---

[239] KIRCHNER, F. A responsabilidade civil objetiva no art. 927, parágrafo único, do CC/2002. *Doutrinas Essenciais de Responsabilidade Civil*, v. 2. p. 617-657. out, 2011.

[240] Em termos numéricos de beneficiários, são elas: 1 – Amil; 2 – Bradesco Saúde; 3 – Hapvida; 4 – NotreDame; 5 – Sulamérica.

[241] Deixou-se de apresentar as imagens do *site* da Bradesco Saúde, pois se trata de empresa que trabalha na categoria de "seguro-saúde".

Figura 5 – Imagem do *site* da Amil: contratação de plano de saúde pessoal

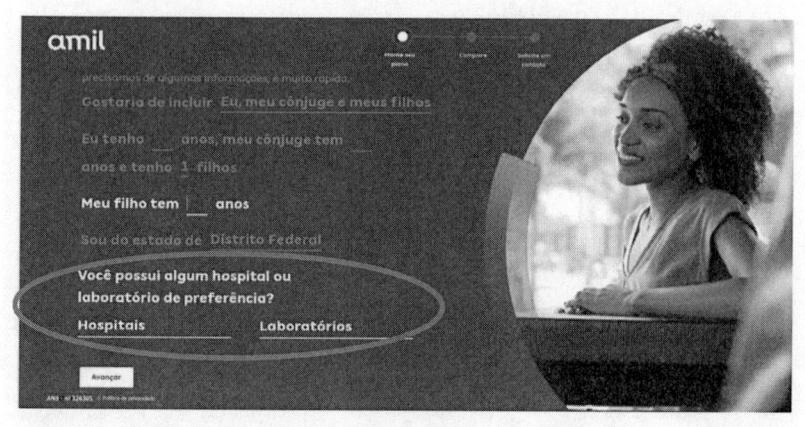

Fonte: Amil. Disponível em: http://twixar.me/dN21

Clicando em "avançar", na página acima, apresentam-se os resultados dos planos que estariam inseridos nas características apresentadas, conforme a figura 6 abaixo:

Figura 6 – Imagem do *site* da Amil: opções de contratação de plano de saúde pessoal

Fonte: Amil. Disponível em: http://twixar.me/dN21

As informações disponíveis para o consumidor que faz a simulação do plano são: rede hospitalar e laboratorial abrangida pelos diferentes tipos de planos e valor do reembolso no caso de consultas médicas realizadas por profissionais que não são credenciados. No entanto, as informações de todos os médicos e suas especialidades não são compartilhadas previamente, ou seja, nesse momento de simulação para a contratação do plano de saúde.[242]

É o que se percebe, também, no *site* da empresa Hapvida. Essa empresa trabalha com rede própria de atendimento e com hospitais e clínicas credenciados.

Figura 7 – Imagem da *site* da Hapvida indicando a sua rede de cobertura

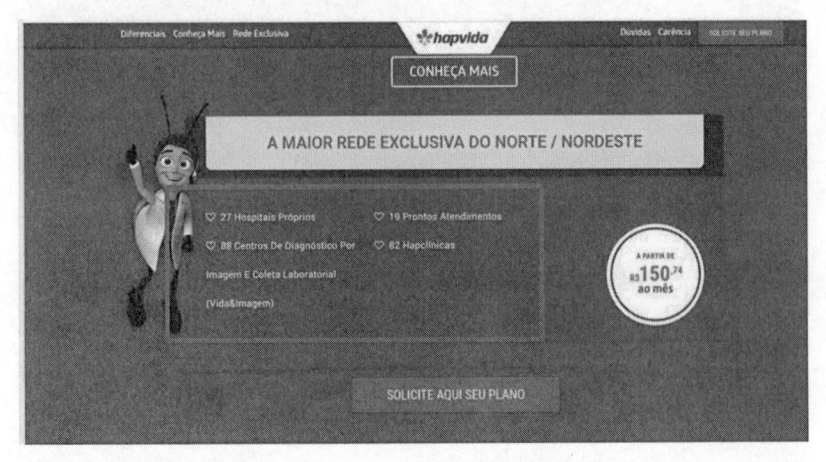

Fonte: Hapvida. Disponível em: http://www.hapvida.com.br/site/

Em relação à empresa NotreDame, indica-se que ela possui 19 planos de saúde,[243] com diferentes características entre eles. Alguns com abrangência municipal, outros com abrangência nacional.

---

[242] É possível, contudo, obter a informação de quais são os prestadores de serviços que atendem ao determinado plano de saúde, mas essa informação não é veiculada como ferramenta de atração na simulação e contratação do plano.

[243] É o que se pode perceber pelo site: http://twixar.me/Lg21. Acesso em: 27 jul. 2019.

Figura 8 – Imagem do *site* da empresa NotreDame indicando a rede de assistência do plano "*Advance* 600"

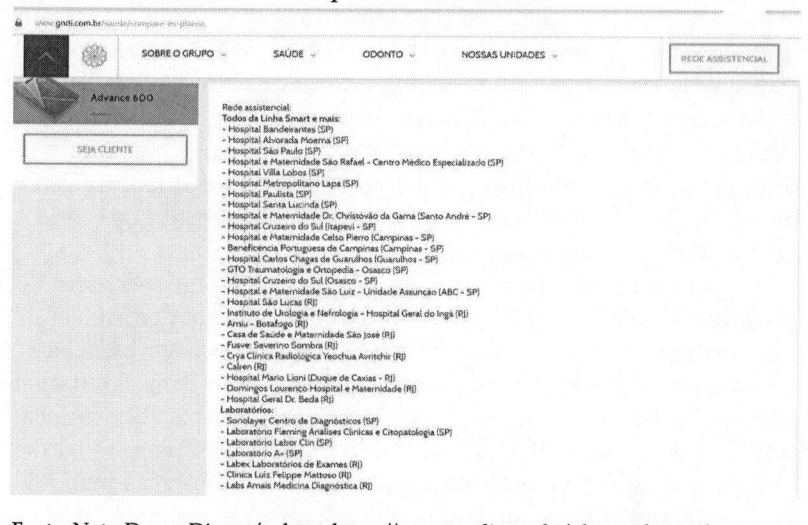

Advance 600
Rede assistencial:
Todos da Linha Smart e mais:
- Hospital Bandeirantes (SP)
- Hospital Alvorada Moema (SP)
- Hospital São Paulo (SP)
- Hospital e Maternidade São Rafael - Centro Médico Especializado (SP)
- Hospital Villa Lobos (SP)
- Hospital Metropolitano Lapa (SP)
- Hospital Paulista (SP)
- Hospital Santa Lucinda (SP)
- Hospital e Maternidade Dr. Christovão da Gama (Santo André - SP)
- Hospital Cruzeiro do Sul (Itapevi - SP)
- Hospital e Maternidade Celso Pierro (Campinas - SP)
- Beneficência Portuguesa de Campinas (Campinas - SP)
- Hospital Carlos Chagas de Guarulhos (Guarulhos - SP)
- GTO Traumatologia e Ortopedia - Osasco (SP)
- Hospital Cruzeiro do Sul (Osasco - SP)
- Hospital e Maternidade São Luiz - Unidade Assunção (ABC - SP)
- Hospital São Lucas (RJ)
- Instituto de Urologia e Nefrologia - Hospital Geral do Ingá (RJ)
- Amiu - Botafogo (RJ)
- Casa de Saúde e Maternidade São José (RJ)
- Fusve Severino Sombra (RJ)
- Crya Clínica Radiológica Yeochua Avritchir (RJ)
- Caiven (RJ)
- Hospital Mario Lioni (Duque de Caxias - RJ)
- Domingos Lourenço Hospital e Maternidade (RJ)
- Hospital Geral Dr. Beda (RJ)
Laboratórios:
- Sonilayer Centro de Diagnósticos (SP)
- Laboratório Fleming Análises Clínicas e Citopatologia (SP)
- Laboratório Labor Clin (SP)
- Laboratório A+ (SP)
- Labex Laboratórios de Exames (RJ)
- Clínica Luis Felippe Mattoso (RJ)
- Labs Amais Medicina Diagnóstica (RJ)

Fonte: NotreDame. Disponível em: https://www.gndi.com.br/planos-de-saude

Figura 9 – Imagem do *site* da empresa NotreDame indicando a rede de assistência do plano "*Infinity* 1000"

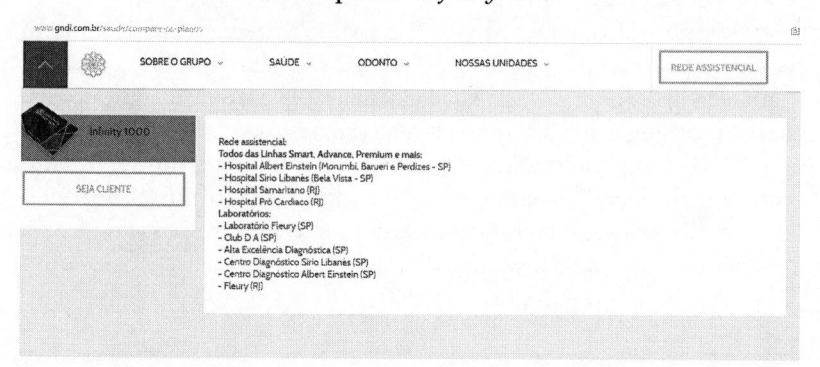

Infinity 1000
Rede assistencial:
Todas das Linhas Smart, Advance, Premium e mais:
- Hospital Albert Einstein (Morumbi, Barueri e Perdizes - SP)
- Hospital Sírio Libanês (Bela Vista - SP)
- Hospital Samaritano (RJ)
- Hospital Pró Cardíaco (RJ)
Laboratórios:
- Laboratório Fleury (SP)
- Club D A (SP)
- Alta Excelência Diagnóstica (SP)
- Centro Diagnóstico Sírio Libanês (SP)
- Centro Diagnóstico Albert Einstein (SP)
- Fleury (RJ)

Fonte: NotreDame. Disponível em: https://www.gndi.com.br/saude/compare-os-planos

Mais uma vez, o que se percebe é que a diferenciação dos planos dá-se pela rede de assistência hospitalar e laboratorial utilizando-se, como parametrização monetária, a rede hospitalar. Nota-se, portanto, que a indicação dos hospitais credenciados/conveniados é o elemento que importa para a diferenciação do preço a ser pago pelo consumidor nos diferentes tipos de planos oferecidos pelas empresas. Daí, pode-se concluir pela incidência da teoria do risco-proveito em relação à operadora do plano de saúde e à unidade hospitalar que credenciou para atendimento de seus beneficiários. Portanto, em decorrência de tal constatação, deve a operadora do plano de saúde responder, solidária e objetivamente, frente a uma falha na prestação do serviço pelo hospital (serviços hospitalares, diga-se de passagem). No entanto, aqui faz-se a distinção de que tanto o hospital quanto a operadora do plano de saúde devem responder, objetivamente, quando a falha decorrer de serviços hospitalares de hospedagem.[244]

Por outro prisma, entende-se e propõe-se que a operadora do plano de saúde não deva responder pelos erros médicos decorrentes de atos médicos praticados por profissionais credenciados/conveniados. Defende-se essa tese, pois não há, para além de um liame contratual comercial, qualquer subordinação ou vinculação hierárquica obrigacional entre a operadora do plano de saúde e o profissional. Também não se constatou um proveito econômico direto da operadora do plano de saúde, no credenciamento de determinado profissional, para atrair a responsabilidade civil com esteio na teoria do risco-proveito. Por fim, não se percebe que a operadora do plano de saúde integre a "cadeia de fornecimento do serviço médico", dado que ela não presta serviço médico em si, mas apenas garante que o beneficiário terá acesso a uma rede assistencial de saúde.

Como visto e analisado neste trabalho, o serviço médico possui contornos próprios e conta com profissionais de alta capacitação técnica. A atuação do profissional médico é com ampla e irrestrita autonomia, com o que não se verifica (e celebra-se que não se verifique) qualquer insurgência da operadora do plano de saúde na execução dos serviços do profissional. O médico atua sempre em nome próprio, no desempenho de suas atividades, e sua responsabilidade é sempre pessoal.[245] Não há qualquer grau de subordinação ou de comando entre a operadora

---

[244] Conforme a evolução do pensamento, durante a produção deste trabalho pôde-se questionar a atração da responsabilidade civil da operadora do plano de saúde, em decorrência de falha na prestação de serviço hospitalar, quando na região de abrangência do plano de saúde não tiver opções para o credenciamento do estabelecimento hospitalar. Eventualmente, nesse caso, como a operadora de plano de saúde não possui "escolha" da rede de assistência, pode-se imaginar que não se poderia imputar a ela uma responsabilização. Algo que pode ser mais bem maturado.

[245] Princípios fundamentais do Código de Ética Médica:
XIX – O médico se responsabilizará, em caráter pessoal e nunca presumido, pelos seus atos profissionais, resultantes de relação particular de confiança e executados com diligência, competência e prudência.

do plano de saúde e o profissional credenciado. Sem existir qualquer liame de subordinação entre esses agentes, não se consegue vislumbrar a atração da responsabilidade civil com base no artigo 932, III, do Código Civil. Quanto ao ponto, a princípio, não há disposições legais no Código Civil que atraiam a responsabilidade da operadora do plano de saúde, dado que não consta lá nenhum dispositivo legal que aponte, expressamente, que a operadora do plano de saúde é responsável por erro médico cometido por profissionais que integrem a sua rede credenciada, como há a indicação de que os pais serão responsáveis pelos atos de seus filhos menores.

Ainda, entende-se não ser o caso de ampliar o conceito de empregado/preposto para atrair a responsabilidade civil da operadora do plano de saúde quando um profissional credenciado à sua rede comete um erro médico. Isso, porque o contrato de plano de saúde faz emergir a obrigação da operadora do plano de saúde de garantir o acesso à assistência à saúde, seja conferindo acesso a uma dada rede credenciada, seja provendo o reembolso dos gastos realizados pelo beneficiário fora dessa rede. Maria Stella Gregori[246] indica que esse contrato gera obrigações recíprocas, em que o consumidor assume o compromisso de pagar, mensalmente, as prestações pecuniárias correspondentes aos serviços oferecidos pelas operadoras, ao passo que a esta cabe fazer a gestão dos custos e oferecer uma rede de prestadores (médicos, hospitais, clínicas, laboratórios etc.) para cobrir procedimentos médicos, hospitalares ou odontológicos, quando o consumidor dela necessitar. Em outras palavras, a operadora do plano de saúde compromete-se a dispor de uma rede de profissionais e estabelecimentos que prestarão serviços de assistência à saúde aos beneficiários, mas não há a disposição da prestação, em si, do serviço médico a ser utilizado pelo beneficiário. A contratação do serviço médico dá-se entre o profissional e o beneficiário no momento em que surgir a necessidade e o desejo do beneficiário de usufruir do serviço de um determinado profissional. Portanto, entende-se não ser possível imputar ao médico o conceito de preposto da operadora do plano de saúde.

Em outra vertente, também não se consegue verificar a atração da teoria do risco-proveito no caso de falha da prestação de serviço do médico credenciado à rede da operadora do plano de saúde. Reporta-se à pesquisa realizada na simulação da contratação do plano de saúde,

---

[246] GREGORI, M. S. Desafios para a desjudicialização dos planos de saúde. *Revista dos Tribunais*, v. 1004, p. 123-143, jun. 2019.

conforme imagens colacionadas acima. Em nenhuma delas, a figura do profissional médico aparece como requisito de contratação do plano de saúde. Assim, o consumidor pode não saber, *a priori*, quais profissionais atendem, ou não atendem, o plano de saúde a ser por ele contratado. A circunstância de um profissional específico estar, ou não, na rede de assistência da operadora do plano de saúde não é fator que atraia os consumidores,[247] não se vendo, portanto, que haja um proveito econômico nesse fato. Não há dúvidas de que a operadora de plano de saúde aufere lucros pelo fato de possuir uma rede de profissionais que são credenciados, mas esse fato não é vetor, *a priori*, de captação de clientela. Ressalta-se que esse entendimento não se aplica à rede hospitalar credenciada, dado que, para tal segmento, estar credenciado a um determinado plano é questão sensível na contratação por parte do consumidor.

Explorando melhor esse ponto, ao selecionar determinadas especialidades médicas, como a cardiologia, para pesquisar quais agentes estariam credenciados em um determinado plano de saúde, verificou-se que a empresa Amil, no Distrito Federal, possui apenas um profissional liberal, sendo toda a rede composta por hospitais e clínicas. Esse dado reforça a ideia de que um dado profissional, pessoa física, não é um vetor de atração de consumidores na contratação de um determinado plano de saúde.

Quanto à teoria do risco-proveito, chama-se a atenção para a crítica de Paulo Sérgio Gomes Alonso,[248] apontando que a teoria do "risco-proveito" confundir-se-ia com a teoria do risco integral, pois seria difícil determinar o conceito de "proveito". Essa crítica fundou-se na visão de que toda atividade gera "proveito". É preciso, portanto, delimitar as atividades que se esperam da operadora do plano de saúde, bem como as atividades exercidas pelos profissionais de saúde, para averiguar onde residiria o "risco" a atrair a responsabilização da operadora do plano de saúde.

O plano privado de assistência à saúde possui como definição ser a prestação continuada de serviços ou cobertura de custos assistenciais, com a finalidade de garantir, sem limite financeiro, a assistência à saúde aos beneficiários. Por tal característica, a operadora de plano de saúde compromete-se a disponibilizar pessoal de rede própria

---

[247] Pode ser que, em um dado contexto, um ou outro consumidor queira que um dado profissional esteja acobertado pelo plano, e que a sua ausência determine a não contratação do plano. Contudo, não se viu esse cenário como sendo a regra.

[248] ALONSO, P. S. G. *Pressupostos da responsabilidade civil objetiva*. São Paulo: Ed. Saraiva, 2000.

ou credenciados ou referenciados para atender aos beneficiários do plano, no limite da cobertura do contratada. Esse escopo de serviço, como apontado na seção 1.6, possui características de uma obrigação "de garantia", de modo que as operadoras de planos de saúde devem garantir o acesso às redes assistenciais (profissionais e terapêuticas) dispostas no contrato entabulado com o beneficiário. Em sendo uma obrigação de garantia, não se possibilita sequer alegação de excludente de ilicitude, à operadora de plano de saúde, para o não cumprimento do contrato firmado com o beneficiário. Uma eventual negativa só poderia dar-se pela circunstância de uma determinada terapêutica estar, ou não, coberta pelo plano contratado.

Por outro lado, a falha na prestação do serviço médico, como o erro médico, só poderia resultar na responsabilização civil da operadora de plano de saúde, com esteio na teoria do risco-proveito quando decorrente do ato de um profissional que seja da rede própria da empresa. Isso ocorre porque, nessa hipótese (rede própria) a operadora do plano de saúde assume o risco da atividade de prestação efetiva dos serviços médicos, algo que não é visto na rede credenciada/referenciada. Na rede credenciada/referenciada, o risco da atividade (serviço médico) é do prestador do serviço. Nesse sentido, o risco da operadora de plano de saúde é, unicamente, o de possuir uma rede para dar assistência ao seu beneficiário, de modo que, não assumindo a prestação do serviço médico em si, não pode arcar com os riscos de tal atividade. A atribuição do risco da atividade de prestar um serviço médico é vista apenas na hipótese de se tratar de rede própria da operadora do plano de saúde.

A teoria do risco-proveito impõe a responsabilização civil à pessoa que extrair proveito de certa atividade pelo risco natural que a atividade traz. Essa teoria, segundo Cristiane Marchi,[249] está fundada no princípio *ubi emolumentum ibi onus*, que indica ser responsável quem tira proveito ou vantagem do fato causador do dano, ficando aquele obrigado a repará-lo. Em casos de erros médicos, o risco da atividade é a própria execução de serviços médicos, exercida pelos profissionais médicos, e não pela operadora do plano de saúde. Com esse escopo, indica-se não ser possível a aplicação da teoria do risco do empreendimento como fundamento para condenar a operadora do plano de saúde por danos decorrentes de erro médico.

---

[249] MARCHI, C. A culpa e o surgimento da responsabilidade objetiva: evolução histórica, noções gerais e hipóteses previstas no Código Civil. *Revista dos Tribunais*, v. 964, p. 215-241, fev. 2016.

Após afastar a imputação da teoria do risco-proveito, afasta-se outro fundamento para responsabilizar a operadora de plano de saúde por erro médico: o consumidor não tem livre escolha do profissional.

Bem, quanto ao ponto, constatam-se mudanças significativas no mercado da saúde nos últimos tempos. É certo que se teve uma grande mercantilização da saúde, que culminou na criação de empresas privadas para explorar essa atividade, sejam operadoras de planos de saúde, sejam redes hospitalares. Essa mercantilização da saúde mudou, também, a relação médico-paciente que historicamente se cultivava.[250] Se antes se tinha uma relação muito próxima do profissional com o paciente e sua família, assumindo esse profissional quase que uma figura sacerdotal, não se verifica mais tal dinâmica atualmente. Pelo bem ou pelo mal, há claro distanciamento entre médico e paciente em razão de se ter estabelecido, efetivamente, uma relação de consumo.

Assim, enquanto o paciente deseja alguém bom o suficiente para obtenção da cura, o médico deseja atender mais pacientes, para auferir mais lucros e, obviamente, não há nada de errado nisso. Geralmente, o beneficiário quer ter a segurança de que o profissional vá desempenhar um bom serviço específico, sem que se crie um laço efetivo e de longa duração. Eventualmente, pode-se colocar a alta especialização médica como um dos fatores para essa dinâmica de comportamento, dado que os pacientes desejam ser atendidos por profissionais cada vez mais especializados. Nesse sentido, alguém que padece de um mal no coração deseja ser atendido pelo melhor cardiologista; caso essa mesma pessoa passe a ter problemas renais, não irá procurar o mesmo médico que a tratou do mal do coração, mas irá buscar outro profissional, um que seja o "melhor" nefrologista. Com isso, há constantes trocas de profissionais pelos beneficiários.

Tal comportamento, por outro lado, não se percebe em relação aos hospitais e clínicas. Esses personagens assumem, no mercado, papel fundamental no atendimento dos beneficiários. Isso se justifica porque, uma vez bem atendido em um dado estabelecimento de

---

[250] Nas palavras de Elias Farah: "O fenômeno do desenvolvimento científico, que ocorreu em todas as áreas do conhecimento humano, implicou também a criação na medicina de diversas especialidades. Os resultados foram benéficos, porque se aprofundaram as pesquisas sobre as doenças, curando-as com mais segurança. A consequência negativa, entretanto, é o processo de mercantilização da medicina, uma nobre atividade essencialmente inspirada no humanismo e na solidariedade social, que vem utilizando o médico como instrumento da ganância pecuniária, com arranhaduras na grandeza das suas virtudes e dignidade" (FARAH, E. Contrato profissional médico-paciente: reflexões sobre obrigações básicas. *Revista do Instituto dos Advogados de São Paulo*, v. 23, p. 96-137, jan-jun. 2009).

saúde, o beneficiário passa a retornar ao mesmo estabelecimento para buscar tratamento para as suas diferentes mazelas, desde que, obviamente, o estabelecimento conte com profissionais que atendam aquela determinada necessidade.

Nessa dinâmica, construída pelo mercado da saúde, a presença de um médico específico no rol de credenciados/conveniados do plano deixou de ser, para o beneficiário, um requisito essencial para a contratação de um determinado plano de saúde. Por outro lado, um dos requisitos essenciais para a contratação de planos de saúde tem sido a extensão da cobertura da rede de assistência hospitalar.

Em outra vertente, existindo um rol com número considerável de profissionais de uma dada área, não há que se falar, também, na limitação de escolha do consumidor. Com efeito, se acaso um determinado plano de saúde possua, por exemplo, um rol de 20 médicos cardiologistas, é bem possível que o beneficiário não visite todos os profissionais, exaurindo o rol constante do seu plano, para só depois escolher, dentre aqueles, o profissional que irá atendê-lo. A bem da verdade, analisando a rede credenciada da empresa Amil, em relação à especialidade médica da cardiologia, encontra-se apenas um profissional nominado pela operadora.[251] O restante da rede credenciada é formado por clínicas especializadas em cardiologia, mas não há a indicação do profissional médico que atenderá na referida clínica. Esse fenômeno é percebido, também, em outras especialidades médicas, com menor ou maior grau.

Nesse sentido, o que se percebe é que, quando muito, o beneficiário visita alguns profissionais e escolhe aquele que lhe trouxe, de algum modo, mais confiança. Com isso, mesmo em uma vinculação de credenciamento/convênio, a escolha do profissional é do beneficiário. É claro que o beneficiário escolheu dentre os médicos que compunham a rede de assistência do seu plano, mas – convenhamos – se um dado paciente fizer questão de ser atendido por um profissional específico, ele assim procederá, ainda que o profissional não faça parte da rede de assistência do plano de saúde. Nesses casos, o paciente pagará pelos serviços médicos e solicitará o reembolso, nos parâmetros devidos pelo contrato firmado com a operadora do plano de saúde. Não se verifica, portanto, uma efetiva limitação da escolha do beneficiário do plano, pois, se nenhum dos profissionais atender aos seus anseios, ele

---

[251] Dados obtidos na busca pela rede credenciada da Amil, no site da empresa: http://twixar.me/Vg21. Depois de selecionar um plano de abrangência nacional (o "Amil 700"), é preciso definir a área geográfica (Distrito Federal – Brasília) e a busca pelo prestador (clínica/consultório – cardiologia).

certamente procurará outro que o faça. Ainda, se o consumidor encontrou alguém que atendeu às suas expectativas, dentro do rol oferecido pela operadora do plano de saúde, não se pode entender que a escolha do beneficiário não fora "livre".

A escolha do profissional, ainda que componente de uma rede de um determinado plano de saúde, é do consumidor. Aliado à escolha do profissional pelo consumidor, a atividade médica (o serviço médico) a ser prestada pelo profissional é, imutavelmente, uma obrigação de meio. Em sendo uma obrigação de meio, o risco de não se atingir o resultado é do próprio consumidor, como expõem Milena Oliva e Pablo Renteria.[252] Não se deve imputar todos os riscos ao consumidor, mas não se pode, também, querer afastar todos os riscos da prestação do serviço para garantir ao consumidor que, em todo e qualquer caso, ele estará amparado. Isso transformaria a obrigação de meio em uma obrigação de resultado.

Em sequência, enfrenta-se a tese de condenação da operadora de plano de saúde, por erro médico, em razão da aplicação da teoria da culpa *in eligendo*. Para aplicar tal teoria, os julgamentos analisados utilizam-se da premissa de que a operadora do plano de saúde deve, antes de credenciar o profissional ou o estabelecimento, certificar-se da boa qualidade dos serviços. Em que pese ser desejável que nada de errado aconteça, é certo que isso é uma utopia. Nem operadora de plano de saúde, nem qualquer pessoa, seja qual for a circunstância, consegue atestar a boa qualidade de um serviço médico de antemão. A saber, com raríssimas exceções, a percepção que se tem é: o paciente está curado, o serviço foi bem prestado; o paciente não ficou curado ou ficou com alguma sequela, o serviço não foi bem prestado. Ademais, se um dado profissional passa a sua carreira inteira sem cometer qualquer erro, mas, em dada oportunidade o faz, quer dizer que ele não presta um serviço de qualidade?[253] Isso justifica que seja rejeitado no credenciamento a

---

[252] OLIVA, M. D.; RENTERIA, P. Obrigação de meios e assunção de riscos pelo consumidor. *Revista de Direito do Consumidor*, v. 111, p. 19-38, maio-jun. 2017.

[253] Seria interessante, sobre o ponto, verificar uma possível ferramenta para a operadora do plano de saúde: para garantir uma "qualidade" do serviço, a operadora poderia manter em seu rol de assistência aqueles profissionais mais bem avaliados pelos beneficiários, excluindo da sua rede aqueles outros não tão bem avaliados, em sistemática aproximada do que ocorre hoje nos serviços de transporte por aplicativo. Talvez assim tenhamos uma métrica de avaliação de qualidade do serviço prestado pelos médicos credenciados. Até porque, em que pese o sensível aumento do número de casos de *erros médicos*, é certo que esses *erros* são pulverizados entre os profissionais. Ou seja, para a operadora do plano de saúde é impossível avaliar a impossibilidade de um determinado profissional agir, ou não, com o zelo que se espera, a fim de incluí-lo, ou não, na sua rede de assistência.

um plano de saúde? Entende-se que não. Está-se longe de querer a perfeição, pois essa não existe. Assim, para o plano de saúde credenciar um profissional, deve apenas atestar a capacidade técnica para o labor, algo que é, inclusive, chancelado pelo Estado e não pela operadora do plano de saúde. Seguindo esse entendimento, os órgãos de classe, as universidades e o próprio Estado, que concederam permissão para que dado indivíduo exercesse uma profissão, deveriam responder pelos erros por ele praticados, pois garantiram que essa pessoa estaria apta para o exercício da profissão.

Igualmente, não se consegue enxergar a aplicação da teoria do risco do empreendimento como fundamento para condenação da operadora do plano de saúde por erro médico cometido por profissional credenciado. Segundo Sérgio Cavalieri Filho,[254] pela teoria do risco do empreendimento, todo aquele que se disponha a exercer alguma atividade no mercado de consumo tem o dever de responder pelos eventuais vícios ou defeitos dos bens e serviços fornecidos, independentemente de culpa.

Isso ocorre porque, mais uma vez, é preciso separar as obrigações contraídas pelas partes em cada um dos momentos. O *corebusiness* da operadora do plano de saúde é garantir que o consumidor será atendido nos casos cobertos pelo contrato realizado, nos locais onde se comprometeu a atender. Não há, nesse escopo, o serviço médico específico, obrigação que é contraída pelo profissional perante o beneficiário do plano de saúde. A disponibilização de uma rede de assistência só gera risco à operadora do plano de saúde e, conforme apontado, trata-se de uma obrigação de garantia. Em outras palavras, o risco assumido pela operadora do plano de saúde deriva da obrigação de que a sua rede tenha, basicamente, condições de atender aos seus consumidores nos moldes da contratação do plano de saúde. Nos casos em que um estabelecimento rejeita o paciente, sendo que a operadora sustenta a possibilidade de o consumidor buscar atendimento naquele estabelecimento, a operadora coloca-se na posição de risco de assumir os danos daí decorrentes. No entanto, intrinsecamente a efetiva prestação de um serviço médico não estaria dentre os serviços próprios da operadora do plano de saúde.

Com foco em todas as teorias até aqui analisadas, poder-se-ia afastar a responsabilidade da operadora do plano de saúde nas hipóteses de erros médicos decorrentes de profissionais credenciados por ela. No

---

[254] CAVALIERI FILHO, S. *Programa de responsabilidade civil.* 9. ed. São Paulo: Atlas, 2010.

entanto, há uma teoria que impossibilita o afastamento da responsabilidade civil da operadora do plano de saúde nesses casos. Trata-se da responsabilidade por fazer parte da "cadeia de consumo".

Com efeito, o artigo 7º, parágrafo único, do Código de Defesa do Consumidor[255] estabelece a solidariedade passiva dos integrantes de cadeia de fornecimento do produto ou do serviço, de modo que o consumidor poderá acionar os diversos agentes que participaram do evento danoso. O Superior Tribunal de Justiça aplicou, em dois casos, o entendimento de que as operadoras do plano de saúde devem responder pelos danos causados por profissionais credenciados à sua rede, com base na teoria de que respondem todos aqueles que integram a cadeia de fornecimento do serviço: Recurso Especial nº 1.359.156 e Agravo Regimental no Recurso Especial nº 1.380.905.

Por coerência com o que se expôs até agora, cabe explicar as razões pelas quais se entende possível atrair a responsabilidade civil da operadora de plano de saúde quando ocorrer erro médico praticado por profissional que compõe a rede da operadora do plano de saúde. Já se indicaram as inúmeras facetas que permeiam as relações jurídicas entre os atores (paciente, operadora do plano de saúde, hospital e médico). O serviço médico é fornecido pela operadora de plano de saúde nas hipóteses em que existe uma rede própria de atendimento, de modo que aquela responderá pela falha no serviço, após a comprovação da culpa do profissional, nos termos do artigo 932, III, do Código Civil.

Em casos de profissionais credenciados, entende-se que o serviço médico é adquirido ou firmado pelo beneficiário diretamente com o profissional e não com a operadora do plano de saúde. Esse entendimento poderia levar a uma percepção de não atração da responsabilidade da operadora do plano de saúde, mas, apesar de se entender que a contratação do serviço médico falho deu-se entre o beneficiário e o profissional credenciado, não é possível afastar a responsabilidade da operadora. Com bastante lucidez, Maurício Scheinman[256] traça, primeiramente, uma diferenciação entre "cadeia de fornecimento" e "cadeia de consumo". Na primeira, não há a figura do consumidor

---

[255] Art. 7º Os direitos previstos neste código não excluem outros decorrentes de tratados ou convenções internacionais de que o Brasil seja signatário, da legislação interna ordinária, de regulamentos expedidos pelas autoridades administrativas competentes, bem como dos que derivem dos princípios gerais do direito, analogia, costumes e eqüidade.
Parágrafo único. Tendo mais de um autor a ofensa, todos responderão solidariamente pela reparação dos danos previstos nas normas de consumo.

[256] SCHEINMAN, M. O representante comercial autônomo e a sua responsabilidade na relação de consumo. *Revista de Direito Privado*, v. 13, p. 170-186, jan-mar, 2003.

final, mas apenas as relações comerciais entres os agentes que atuam no mercado. Quando o produto ou o serviço encontra o consumidor, aí deixa de ser uma "cadeia de fornecimento" para passar a ser uma "cadeia de consumo". A par da diferenciação técnica trazida por Scheinman, tem-se que a aplicação de tal teoria, pelo Superior Tribunal de Justiça, possui o escopo da "cadeia de consumo".

Conforme enaltecido por Scheinman, a cadeia de consumo, em seus aspectos primários, poderia ser representada como uma cadeia linear e vertical, de modo que o último segmento une o último "elo da cadeia" ao consumidor final. No entanto, a complexidade e a modernidade das relações que hoje se estabelecem fazem com que a "cadeia de consumo" deixe de ser representada de forma linear e vertical, sendo acrescida de diversos "braços" que a "vascularizam". O autor denominou esse fenômeno de "cadeia de consumo paralela e periférica".[257] O que se quer dizer é: há tantas influências e tantas interligações entre as cadeias, que é possível verificar-se uma "rede contratual" unindo as partes. Sobre o tema, brinda-nos Ana Frazão[258] com a ideia de que

> "redes contratuais" são conjuntos de contratos que, embora distintos e autônomos, são interdependentes do ponto de vista econômico e funcional. Trata-se de conceito próximo ou até mesmo coincidente com o que a doutrina chama de contratos coligados e contratos conexos, ainda que alguns autores reservem a expressão redes contratuais para aquelas pluralidades contratuais com maior grau de conexão.

Ao se verificar os contratos estabelecidos (ainda que verbais) pelo beneficiário do plano de saúde, constata-se estar diante de uma verdadeira "rede contratual". Isso ocorre porque, de um lado, há o contrato entre beneficiário/consumidor e a operadora do plano de saúde (contrato em que a operadora garantirá a disponibilidade de uma rede de assistência à saúde para o consumidor); de outro, há o contrato estabelecido entre a operadora do plano de saúde e o profissional ou clínica ou hospital, para atendimento do beneficiário do plano de saúde. Tem-se, ainda, o contrato entre o beneficiário e o profissional

---

[257] Ibid.
[258] FRAZÃO, A. Networks e redes contratuais: os desafios decorrentes da crescente sofisticação e interdependência funcional entre contratos empresariais. *Portal Jota*, 3 maio, 2017. Disponível em: http://twixar.me/VnC1. Acesso em: 26 ago. 2019.

que o atenderá. É desse último contrato que surge a falha denominada de erro médico.

Ocorre que, ainda que se diga que o consumidor escolheu o profissional para atendê-lo, a escolha teve, como início ou ligação, o contrato estabelecido pela operadora do plano de saúde com o beneficiário e o contrato estabelecido entre a operadora do plano de saúde e o profissional. Em outras palavras, ainda que o contrato para a prestação do serviço médico dê-se entre o paciente/beneficiário/consumidor e o profissional, o contrato feito entre a operadora do plano de saúde e o consumidor serviu de "ponte". Aqui está a configuração de uma "cadeia de consumo" não linear como a imaginada por Maurício Scheinman.[259]

A questão a ser respondida é: sendo a operadora do plano de saúde responsável pela falha no serviço do profissional credenciado à sua rede, sob a tutela de qual teoria da responsabilidade civil ela responderá?

Para responder a essas perguntas, mais uma vez, ancora-se na explicação fornecida por Maurílio Casas Maia sobre a responsabilidade civil objetiva mitigada.[260] O pertencimento a uma "cadeia de consumo" atrai a responsabilidade civil do tipo objetiva. No entanto, a falha na prestação do serviço deu-se em um contexto de uma obrigação de meio, que, por sua vez, atrai a responsabilidade civil subjetiva. Assim, após a comprovação da culpa do profissional, a operadora do plano de saúde responde, objetivamente, pela falha no serviço. Há de se analisar, necessariamente, a conduta culposa do profissional, sob pena de se transformar a obrigação de meio na prestação de um serviço médico em uma obrigação de resultado.

Além disso, a não análise da conduta do profissional pode ensejar uma assimetria de conclusões, impedindo até mesmo uma eventual ação regressiva da operadora frente ao profissional. Isso, porque a solidariedade imposta pela "cadeia de consumo" faculta ao consumidor demandar contra um ou contra todos os agentes pertencentes à cadeia de consumo. Ademais, de acordo com o Código de Defesa do Consumidor, artigo 88,[261] é vedada a denunciação à lide, por questões relacionadas

---

[259] SCHEINMAN, M. O representante comercial autônomo e a sua responsabilidade na relação de consumo. *Revista de Direito Privado*, v. 13, p. 170-186, jan-mar. 2003.

[260] MAIA, M. C. A Responsabilidade objetiva mitigada hospitalar por dano médico: releitura jurisprudencial e a culpa médica como defeito e nexo causal na harmonização entre o *caput* e o §4º do art. 14 do CDC. *Revista de Direito do Consumidor*, v. 99, p. 233-257, maio-jun. 2015.

[261] Art. 88. Na hipótese do art. 13, parágrafo único deste código, a ação de regresso poderá ser ajuizada em processo autônomo, facultada a possibilidade de prosseguir-se nos mesmos autos, vedada a denunciação da lide.

ao parágrafo único do artigo 13,[262] do mesmo diploma legal. Assim, não sendo o médico incluído na demanda pelo consumidor, não o poderia ser pela operadora do plano de saúde. Nessa hipótese, sem a análise da culpa do profissional, a empresa poderia ser instada a reparar o dano sofrido pelo paciente/consumidor, sem que fosse analisada a conduta do profissional. Daí, em uma eventual demanda regressiva da operadora do plano de saúde contra o profissional, a conduta deste deverá ser, necessariamente, submetida a análise e, chegando-se à conclusão de que o profissional não agiu com culpa, nada será devido por ele. Assim, pois, a responsabilidade civil da operadora do plano de saúde, por participar da "cadeia de consumo", dar-se-á no âmbito da responsabilidade civil objetiva não sem antes existir a necessária comprovação da culpa do profissional que falhou.

3.1.3 Do liame de "subordinação" entre a operadora do plano de saúde e o médico/hospital referenciado

Como visto na seção anterior, a única hipótese de atração da responsabilidade civil da operadora do plano de saúde por erro médico praticado por profissional credenciado à sua rede de assistência à saúde dá-se pelo fato de a operadora participar da "cadeia de consumo". Com efeito, o contrato estabelecido entre a operadora do plano e o beneficiário serve de "ponte" para o beneficiário firmar a contratação com o profissional credenciado à operadora do plano de saúde.

Nesta seção, contudo, a natureza jurídica da relação entre operadora do plano de saúde e profissional é diferente. Aqui, tratar-se-á da modalidade "referenciado". Em seção anterior, indicou-se que a modalidade de referenciado é, usualmente, utilizada nos contratos de "seguro-saúde", por meio do qual o segurado procura o profissional ou o estabelecimento de saúde sem qualquer interferência da empresa de seguro, para, depois, ter seu gasto ressarcido por esta. Apesar de ser mais presente nos contratos de seguro-saúde, a modalidade de referenciamento também é vista nos planos de saúde propriamente ditos.

---

[262] Art. 13. O comerciante é igualmente responsável, nos termos do artigo anterior, quando:
I – o fabricante, o construtor, o produtor ou o importador não puderem ser identificados;
II – o produto for fornecido sem identificação clara do seu fabricante, produtor, construtor ou importador;
III – não conservar adequadamente os produtos perecíveis.
Parágrafo único. Aquele que efetivar o pagamento ao prejudicado poderá exercer o direito de regresso contra os demais responsáveis, segundo sua participação na causação do evento danoso.

Nesses casos, assim como nos contratos de seguro-saúde, o beneficiário do plano de saúde escolhe os profissionais e o estabelecimento que o atenderá. Após o atendimento, o beneficiário solicita o reembolso do que gastou à operadora de plano de saúde. O reembolso recebido, no entanto, respeita os limites impostos no contrato de plano de saúde assinado entre as partes. É claro que o valor do reembolso é diferenciado, a depender do plano contratado pelo consumidor. É o que se observa da simulação realizada no *site* da Amil.

Figura 10 – Imagem do *site* da Amil: opções de contratação de plano de saúde pessoal, de acordo com as características postas na página anterior

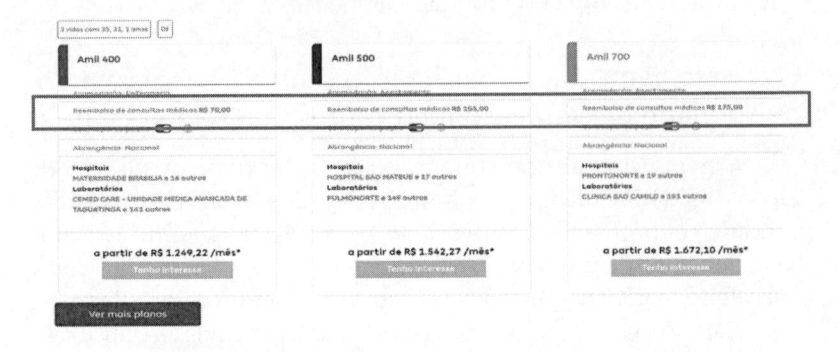

Fonte: Amil. Disponível em: http://amilcuidadocerto.com.br/nossos-planos/

Percebe-se que nesse modelo de atuação não há qualquer vinculação jurídica e/ou fática entre o profissional e a operadora de plano de saúde. Nessa modalidade de contratação, o fato de a operadora de plano de saúde realizar o reembolso ao beneficiário não teria o condão de atrair a responsabilidade civil por erro médico causado pelo profissional procurado pelo beneficiário. A falta de liame fático-jurídico indica a falta de nexo de causalidade, dado que não se teria qualquer conduta da operadora do plano de saúde a ensejar a ocorrência do evento danoso. Nessa modalidade de contratação, é o beneficiário quem assume uma posição de interseção entre a operadora do plano de saúde e o profissional. Não se verifica, nessa hipótese, a participação da operadora do plano de saúde na "cadeia de consumo",[263] dado que o

---

[263] SCHEINMAN, M. O representante comercial autônomo e a sua responsabilidade na relação de consumo. *Revista de Direito Privado*, v. 13, p. 170-186, jan.-mar. 2003.

consumidor/beneficiário foi ao mercado sem qualquer direcionamento da empresa.

Ainda que não se queira categorizar as relações jurídicas existentes com os nomes que já se encontram na legislação – dado que, para o Superior Tribunal de Justiça, não haveria diferenciação entre as modalidades de contratação entre a operadora do plano de saúde e o profissional (credenciado/conveniado/referenciado) –, há de se constatar e entender como se deu a relação fática/jurídica entre os atores da situação, para definir se houve e qual foi a efetiva participação da operadora do plano de saúde.

Nos casos em que a operadora do plano de saúde aparece apenas para realizar o reembolso da despesa efetuada pelo beneficiário, não se verifica qualquer liame (jurídico ou fático) entre a empresa e o profissional que atendeu o beneficiário. A não estipulação de um liame fático ou jurídico afasta a responsabilidade civil da empresa por erro médico, dado que faltaria um nexo de causalidade.[264]

Nesse contexto, pouco importa a nomenclatura utilizada pelos atores (conveniado/credenciado/referenciado), pois o que interessa é identificar se há a participação efetiva de cada um deles (operadora do plano de saúde e hospital). Verificado o liame jurídico entre as partes, atrai-se a responsabilização pelo erro médico cometido, sempre com análise de constatação da culpa do profissional, seja qual for a teoria da responsabilidade a ser aplicada.

É preciso, pois, cuidar para que a operadora de plano de saúde não funcione como uma garantidora das prestações de serviços, indenizando a qualquer custo e de qualquer forma os eventuais infortúnios que

---

[264] Aqui, pode-se entender pela ausência de causalidade tanto fática como jurídica. Segundo Tiago Bitencourt de David: *"é razoável aludir a uma causalidade jurídica paralelamente a uma causalidade natural. Admitir a diferença já implica na recusa da causalidade enquanto fenômeno exclusivamente natural simplesmente transposto ao mundo do Direito e implica, ainda, na assunção de que existe uma causalidade jurídica e de que esta se reveste de caráter normativo-valorativo, mesmo que o uso da expressão causalidade seja uma analogia ao que acontece na realidade sensível.*
(...)
A causalidade natural é concebida à luz da relação factual entre causa e efeito no plano da realidade sensível, já a causalidade jurídica consiste no reconhecimento de liame causal para fins de aplicação do Direito, imputando-se juridicamente correlação entre um fato e outro. Enquanto a causalidade física implica em uma relação entre um fato positivo (um acontecimento) e seu efeito necessário, a causalidade jurídica implica na imputação de um resultado necessário ou contingente decorrente tanto de uma ação quanto de uma omissão. Conceitualmente diferentes e operando em dimensões diversas da realidade, inúmeros são os exemplos no quais uma não coincide com a outra" (DAVID, T. B. Da culpa ao nexo causal: o caráter valorativo do juízo de causalidade e as (de)limitações da responsabilidade objetiva. *Revista de Direito Civil Contemporâneo*, v. 17, p. 87-104, out-dez, 2018).

possam advir da relação médico-paciente. A medicina não é uma ciência exata, e não se pode querer ou desejar que a atividade assuma contornos de garantias de resultados. Há de se entender que os erros implicam a evolução do homem, do profissional e da ciência.

Tentando sintetizar as propostas aqui formuladas, tem-se que:

Figura 11 – Esquema de parametrização da responsabilidade civil das operadoras de planos de saúde

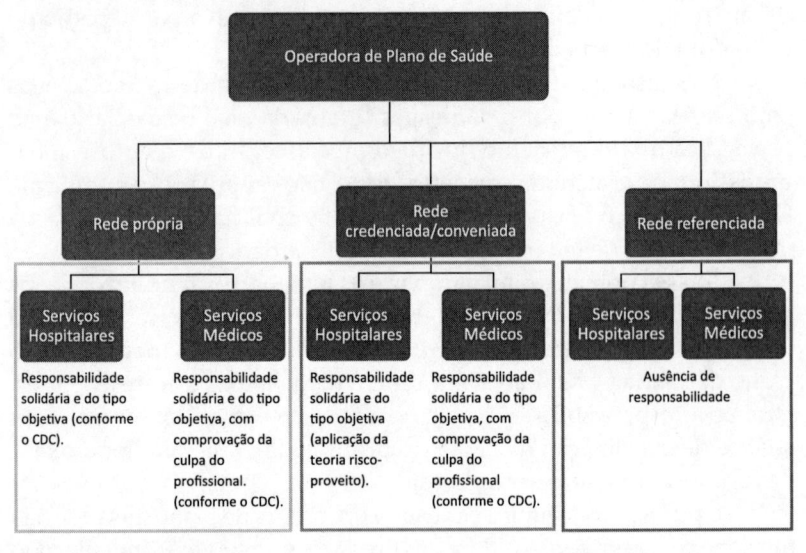

```
                    Operadora de Plano de Saúde
                              |
        ┌─────────────────────┼─────────────────────┐
     Rede própria       Rede credenciada/      Rede referenciada
                          conveniada
        │                     │                     │
    ┌───┴───┐             ┌───┴───┐             ┌───┴───┐
 Serviços Serviços    Serviços Serviços     Serviços Serviços
 Hospit.  Médicos     Hospit.  Médicos      Hospit.  Médicos
```

Serviços Hospitalares (Rede própria)	Serviços Médicos (Rede própria)	Serviços Hospitalares (Rede credenciada)	Serviços Médicos (Rede credenciada)	Serviços Hospitalares e Médicos (Rede referenciada)
Responsabilidade solidária e do tipo objetiva (conforme o CDC).	Responsabilidade solidária e do tipo objetiva, com comprovação da culpa do profissional. (conforme o CDC).	Responsabilidade solidária e do tipo objetiva (aplicação da teoria risco-proveito).	Responsabilidade solidária e do tipo objetiva, com comprovação da culpa do profissional (conforme o CDC).	Ausência de responsabilidade

Fonte: Elaborada pelo autor.

3.1.4 Questões processuais para a necessária análise da culpa do profissional que falhou e cometeu erro médico

Para além das questões de direito material já expostas até aqui, propõe-se que a responsabilização civil das operadoras de planos de saúde por erros médicos, quando existente, seja sempre considerada após a comprovação da culpa do profissional. Para chegar a tal conclusão, partiu-se de premissas de direito material, com foco de análise nas relações jurídicas estabelecidas entre as partes. No entanto, há de se destacar, também, questões processuais que impactam e que adicionam elementos para se entender pela necessária análise da culpa do profissional, na condenação da operadora do plano de saúde, quando frente a casos de erros médicos.

Nesse contexto (responsabilização por erros médicos), decotam-se as eventuais falhas oriundas dos serviços hospitalares, tratando-se apenas de falhas nos serviços médicos. Com esse recorte, deve incidir a responsabilização da operadora do plano de saúde apenas nas hipóteses de constatação de erros médicos praticados por agentes diretamente contratados por ela (da chamada "rede própria") ou por aqueles que compõem a rede credenciada da operadora. Nos casos de os médicos serem contratados diretamente da operadora do plano de saúde, apesar de se constatar uma relação direta de preposição nos termos da lei, conforme artigo 932, III, do Código Civil, viu-se que o exercício da atividade do médico possui contornos particulares, dado que não se admite uma relação, com o empregador, de comando, controle e subordinação direta no exercício da profissão. Em vista disso, apontou-se que, nesses casos, embora se atraia a responsabilidade civil objetiva do empregador, a vítima do evento danoso deve comprovar a culpa do empregado, conforme ensina César Fiuza.[265]

A primeira questão processual que se coloca a reforçar a necessidade de se verificar a questão sob o viés da responsabilidade subjetiva, no contexto acima descrito, é a produção de provas.

3.1.4.1 A produção de provas nas ações de erro médico

Bem, ciente de que a "(...) *arte del procedimiento judicial no es essencialmente más que el arte de producir las pruebas*",[266] e que para se solucionar os conflitos em sociedade e atingir a justiça,[267] é preciso saber produzir e administrar as provas no processo judicial. Sabe-se que a complexidade das relações sociais gera conflitos de interesses e conflitos nas interpretações dos direitos subjetivos[268] e da aplicação das

---

[265] FIUZA, C. *Direito Civil*: curso completo. 1. ed. São Paulo: Revista dos Tribunais; Belo Horizonte: Del Rey Editora, 2014.

[266] BENTHAM, J. *Tratado de las pruebas judiciales* – sacado de los manuscritos de Jeremias Bentham, por Esteban Dumont, y traducido al castellano por D. Jose Gomez Castro. Madrid: Imprenta de Don Tomás Jordan, 1835. t. 1. Tradução livre: "a arte do processo não é essencialmente outra coisa senão a arte de produzir as provas".

[267] Segundo André Franco Montoro, "só é justiça propriamente dita a relação que tem por objeto dar a outrem, o que lhe é devido, segundo uma igualdade" (MONTORO, A. F. *Introdução à ciência do direito*. 25. ed. São Paulo: Revista dos Tribunais, 2000. p. 129-130).

[268] Sobre "direito subjetivo", Savigny escreveu que: "O direito considerado na vida real, envolvendo e penetrando por todos os lados nosso ser, nos aparece como um poder do indivíduo. Nos limites desse poder, reina a vontade do indivíduo, e reina com o consentimento de todos. A tal poder ou faculdade nós chamamos 'direito', e alguns, 'direito em sentido subjetivo'" (SAVIGNY, F. C. Sistema del derecho romano actual. *Nueva biblioteca universal. Sección jurídica*, v. 1, nº IV, 1879, p. 25). Segundo André Franco Montoro, é "a ele ('direito

normas[269] aos casos concretos. Logo, a apresentação das provas e/ou a ausência delas determinarão o desfecho do processo.[270] Assim, para que se possa discutir a responsabilização da operadora do plano de saúde sobre eventual erro médico decorrente da conduta de profissionais que pertencem à sua rede própria, ou que são credenciados/conveniados à sua rede de assistência, é preciso provar, efetivamente, a conduta culposa do profissional.

O Código Civil, no seu artigo 927, parágrafo único, traz a norma de que, em regra, a responsabilidade civil será subjetiva, embora isso não possa ocorrer quando a lei especificar que a obrigação de reparar será independente da avaliação da culpa do agente, situação em que a responsabilização pode ser objetiva. Essa teoria da responsabilidade objetiva ganha força na medida em que há uma maior necessidade de proteção à vítima, com a ideia de inverter o ônus da prova, suprimindo a grande dificuldade do lesado em provar a culpa do responsável na ação ou omissão geradora de dano.[271]

---

subjetivo') que nos referimos quando dizemos que o locador tem o 'direito' de receber o aluguel, que o Estado tem 'direito' de desapropriar imóveis ou cobrar impostos, que o sindicato tem o 'direito' de representar a respectiva categoria profissional, que o cidadão tem o 'direito' de votar, que todo homem tem 'direito' à vida, à liberdade, à propriedade, etc." (MONTORO, A. F. *Introdução à Ciência do Direito*. 25. ed. São Paulo: Ed. Revista dos Tribunais, 2000, p. 438). Logo, quando nos referimos a um direito *lato sensu*, como os enumerados pelo autor retro citado, estamos mencionando o direito subjetivo conceituado por Savigny, o qual deve ser protegido pelo Estado.

[269] Para Humberto Theodoro Júnior, é "impossível a vida em sociedade sem uma normatização do comportamento humano. Daí surge o Direito como conjunto das normas gerais e positivas, disciplinadoras da vida social". No entanto, conforme bem dito pelo citado autor, não basta elaborar ou traçar as normas de conduta, é preciso que a observância das normas jurídicas seja obrigatória, cabendo ao Estado o papel de garantir a imposição do comando da norma por ele elaborada (THEODORO JÚNIOR, H. *Curso de direito processual civil* – Teoria geral do direito processual civil e processo de conhecimento. 52. ed. v. 1. Rio de Janeiro: Forense, 2011. p. 1).

[270] Para André Franco Montoro, o método pelo qual o Estado garante a justiça é o processo, que acaba por receber diversas denominações, como processo civil, penal, trabalhista, administrativo etc., conforme o ramo do direito material perante o qual se instaurou o conflito de interesses (MONTORO, A. F. *Introdução à ciência do direito*. 25. ed. São Paulo: Revista dos Tribunais, 2000).

[271] É a lição trazida por Ana Paula Cazarini Ribas de Oliveira: "A partir da Revolução Industrial, a sociedade e a economia sofreram profundas mudanças, que justificaram a revisão do tripé: culpa, nexo causal e dano, de forma a garantir que fosse dado efetividade ao princípio maior da responsabilidade civil que é, sem sombra de dúvidas, reparar a vítima pelo dano sofrido, abandonando, definitivamente, o caráter de punição. Isso porque a Revolução Industrial trouxe novas tecnologias e a produção em massa, expondo a sociedade, de forma geral, a situações de risco e dano até então desconhecidos. Nesse particular, a falta de treinamento e de conhecimento sobre as novas técnicas, sobre a forma adequada de uso, os perigos e suas consequências, provocaram danos tanto aos empregados, que sofriam constantes e graves acidentes em razão do maquinário utilizado, quanto nos consumidores que adquiriam, frequentemente, produtos com defeito ou sem as instruções para o uso adequado e seguro.

Esse é o caso da responsabilidade civil decorrente de erro médico. Para o paciente/beneficiário do plano de saúde, é mais difícil provar que o profissional agiu com culpa do que é, para o profissional, provar que seguiu a literatura médica no procedimento por ele realizado. Cabe, pois, tal prova ao profissional. Sabe-se que o ônus probatório, em regra, é do autor da ação (paciente/beneficiário do plano de saúde), para a constituição do seu direito, e do réu (operadora do plano de saúde e/ou profissional que supostamente falhou), para demonstrar fatos extintivos, modificativos e/ou impeditivos do direito do autor. A aplicação dessa regra pode, por vezes, inviabilizar o manejo da ação de reparação civil por parte do paciente lesado.

A prova[272] é elemento essencial para o devido e legítimo processo judicial, tanto no exercício do direito de ação quanto do contraditório. Não por outra razão, o direito à prova é direito fundamental que decorre da Constituição Federal, como desdobramento do devido processo legal, da ampla defesa e do contraditório, conforme indica Fredie Didier Jr.[273] Esse direito à prova também é, segundo esse autor, externo à Constituição Federal, já que está previsto em dois tratados internacionais recepcionados pela Constituição: o Pacto de São José da Costa Rica e o Pacto Internacional dos Direitos Civis e Políticos. Trata-se, porém, de direito não absoluto, podendo ser limitado, excepcionalmente, quando colida com outros valores e princípios constitucionais.

Segundo Carreira Alvim,[274] a prova é conceituada, sob a perspectiva técnica jurídica, em seus sentidos objetivo e subjetivo. O sentido objetivo seria aquele em que a prova é o "meio de demonstrar a existência de um fator jurídico, ou o meio destinado a fornecer ao juiz o conhecimento da verdade dos fatos deduzidos no processo; quando se fala então em prova testemunhal, documental e pericial". Já no sentido subjetivo, a prova seria "a convicção que se forma no espírito

---

(...) Nesse contexto social, a teoria clássica da responsabilidade civil se revelou insuficiente" (OLIVEIRA, A. P. C. R. A "culpa" e a evolução da responsabilidade civil. *Revista de Direito Privado*, v. 88, p. 81-95, abr. 2018).

[272] Sob a perspectiva gramatical, prova pode ser definida como "1. aquilo que demonstra que uma afirmação ou um fato são verdadeiros; evidência, comprovação; 2. Ato que dá uma demonstração cabal de (afeto, fidelidade, felicidade, etc.); manifestação, sinal (...)" (HOUAISS, Antônio. *Dicionário Houaiss da Língua Portuguesa*. 1. ed. Rio de Janeiro: Objetiva, 2001. p. 2320).

[273] DIDIER JR, F. *Curso de direito processual civil* – teoria da prova, direito probatório, teoria do precedente, decisão judicial, coisa julgada e antecipação dos efeitos da tutela. 4. ed. Salvador: JusPodvim, 2009.

[274] ALVIM, J. E. Carreira. *Teoria geral do processo*. 16. ed. rev. atual. Rio de Janeiro: Ed. Forense, 2014. p. 219.

do juiz quanto à verdade dos fatos". Nesse sentido, entende o citado autor que a prova judiciária reúne esses dois sentidos, sendo apreciada como um fato (sentido objetivo) e como uma indução lógica (sentido subjetivo). Complementando-se o conceito acima apontado, verifica-se que a prova tem duas funções, segundo as lições de Eduardo Cambi,[275] sendo uma interna e outra externa. Por um lado, em sua função interna a prova "serve como um instrumento para que as partes preparem ou instruam o processo (cognição). A prova se destina à reconstrução dos fatos, permitindo a discussão e a formação do convencimento a respeito dos fatos necessários ao julgamento da causa". Assim, a prova, em sua função interna, destina-se a preparar o processo para o seu julgamento, sendo essencial para a elaboração de decisões justas. Por outro lado, a função externa da prova advém do fato de que "quanto melhor é a prova produzida, maior é a chance de a decisão ser justa". Como consequência, quanto melhores as provas e as decisões judiciais, maior será a legitimação social para o exercício do poder jurisdicional.

Dando azo a esse direito fundamental à prova, o Código de Processo Civil Brasileiro (CPC), no artigo 332,[276] formaliza tal direito e, no artigo 333,[277] distribui o chamado "ônus da prova". O ônus da prova pode ser entendido, conforme definição de Cassio Scarpinela Bueno,[278]

> como a indicação feita pela própria lei de quem deve produzir a prova em juízo. A palavra *"ônus"* relaciona-se com a necessidade da prática

---

[275] CAMBI, E. *Curso de direito probatório*. Curitiba: Juruá, 2014. p. 29-30.

[276] Art. 332. Todos os meios legais, bem como os moralmente legítimos, ainda que não especificados neste Código, são hábeis para provar a verdade dos fatos, em que se funda a ação ou a defesa. Os artigos 332 a 341 cuidam das disposições gerais sobre a produção de provas no processo judicial. Desses artigos, chama-se a atenção para a distribuição do ônus da prova, matéria regulada pelo artigo 333. Além disso, cuidou o diploma processual em dividir os possíveis meios de provas que podem ser produzidos no processo, sendo eles: (i) depoimento pessoal [artigos 342 a 347]; (ii) confissão [artigos 348 a 354]; (iii) exibição de documento ou coisa [artigos 355 a 363]; (iv) documental [artigos 364 a 389; e 396 a 399]; (v) testemunhal [artigos 400 a 419]; e (vi) pericial [artigos 420 a 439], ressalvando-se ainda a possibilidade de outros meios legais de obtenção de provas, desde que moralmente legítimos, ainda que não especificados no Código.

[277] Art. 333. O ônus da prova incumbe:
I – ao autor, quanto ao fato constitutivo do seu direito;
II – ao réu, quanto à existência de fato impeditivo, modificativo ou extintivo do direito do autor.
Parágrafo único. É nula a convenção que distribui de maneira diversa o ônus da prova quando:
I – recair sobre direito indisponível da parte;
II – tornar excessivamente difícil a uma parte o exercício do direito.

[278] BUENO, C. S. A inversão do ônus da prova no projeto do Novo Código de Processo Civil (PL nº 8046/2010). 1. ed. *In*: NETO, O. O. (Coord.). *A prova no direito processual civil* – Estudos em homenagem ao professor João Batista Lopes. São Paulo: Verbatim, 2013. p. 120.

de um ato para a assunção de uma específica posição de vantagem própria ao longo do processo e, na hipótese oposta, que haverá, muito provavelmente, um prejuízo para aquele que não praticou o ato ou o praticou insuficientemente.

Assim, nos termos de Eduardo Cambi,[279] "o *ônus* da prova é a atribuição, pela lei, a cada uma das partes, de demonstrar a ocorrência de seu próprio interesse para as decisões a serem proferidas no processo". Ou seja, cabe, a cada parte, provar a alegação que sustenta e/ou o direito por ela invocado, razão pela qual o ônus será do autor, quando se tratar de fato constitutivo do seu direito, e do réu, quando se tratar de fato impeditivo, modificativo ou extintivo do direito do autor – nos termos do artigo 333 do CPC supramencionado. Essa é a regra básica da distribuição do ônus da prova, e é por essa razão que se diz que "o *ônus* de cada alegação das partes compete a elas próprias: quem alega, tem o *ônus* de provar o que alegou".[280] A distribuição do ônus da prova é, pelo que já se pode observar, matéria de fundamental importância para o desfecho do processo, pois é justamente a partir do dever e da capacidade de cada uma das partes de provar o que se alega, que o juiz se convencerá do melhor direito a ser aplicado no caso concreto. Sobre a distribuição desse ônus, tem-se os denominados *ônus* objetivo e *ônus* subjetivo. Segundo Daniel Penteado,[281]

> o ônus objetivo reflete a própria função jurisdicional inerente *à* atividade do juiz, sendo a ele vedado se abster de julgar (*non liquet*), sob a premissa de que os fatos trazidos aos autos não restaram comprovados. (...) o aspecto objetivo do *ônus* da prova guarda ligação com o princípio da aquisição processual ou da comunhão nos resultados da prova, o qual preceitua que pouco importa qual parte tenha trazido a prova aos autos, porquanto ela pertence ao processo e se faz necessária para formar o livre convencimento do juiz.

Por sua vez, o ônus subjetivo está

> ligado à conduta processual exigida da parte para que a verdade dos fatos por ela arrolados seja admitida pelo juiz, de sorte que o litigante assume o risco de perder a causa se não provar os fatos alegados, dos

---

[279] CAMBI, E. *Curso de direito probatório*. Curitiba: Juruá, 2014. p. 161.
[280] BUENO, C. S. A inversão do ônus da prova no projeto do Novo Código de Processo Civil (PL nº 8046/2010). 1. ed. *In*: NETO, O. O. (Coord.). *A prova no direito processual civil* – Estudos em homenagem ao professor João Batista Lopes. São Paulo: Verbatim, 2013. p. 120.
[281] CASTRO, D. P. *Poderes instrutórios do juiz no processo civil*. São Paulo: Saraiva, 2013. p. 149.

quais depende a existência do direito subjetivo que pretende resguardar através da tutela jurisdicional.

Com base nessa distinção, importa observar que, para a parte, o que importa é o ônus subjetivo, pois é ele o determinante para o desfecho do processo. Nada obsta, contudo, que uma parte utilize a prova produzida pela outra, já que, uma vez produzida, a prova é do processo e não de quem a produziu.

Essa é, portanto, a regra para a produção da prova no processo civil brasileiro. Ocorre, no entanto, que algumas situações fogem a essa regra, permitindo a chamada inversão do *ônus* da prova, que pode dar-se por convenção[282] entre as partes ou por imposição legal. Essa inversão do ônus da prova traz consigo a ideia de propiciar aos litigantes uma igualdade de condições de formar o convencimento do magistrado. Com efeito, em alguns casos a onerosidade na produção de determinada prova coloca em risco o julgamento em si do processo, afetando negativamente toda a sociedade, já que a prova é elemento essencial para o devido e legítimo processo judicial, tanto no exercício do direito de ação quanto do contraditório.

Na apuração de erro médico, dada a relação de consumo existente entre as partes, cabe a inversão do ônus da prova para que não repouse, sobre o autor da ação, o fardo de provar que sofrera com uma ação culposa. Nesse sentido, recai sobre a operadora do plano de saúde o ônus de provar que inexiste a conduta culposa. É importante entender, aqui, que é indispensável analisar a conduta do profissional, o que, necessariamente, atrai para o caso a teoria da responsabilidade civil subjetiva. O único meio de a operadora do plano de saúde provar que não é devida uma dada indenização é provar que não ocorreu o erro médico.

A prova de inocorrência de erro médico passa, obrigatoriamente, pela necessidade de apurar se o profissional agiu com culpa, ou não. No momento em que se insere no processo a análise da culpa do agente (seja ele o agente direto, ou não), já se está imerso na responsabilidade civil subjetiva. E não poderia ser diferente. Caso se queira aplicar a teoria da responsabilidade civil objetiva, nada mais caberia à operadora do plano de saúde indicar, senão a ocorrência de caso fortuito ou força

---

[282] A convenção das partes sobre a produção de provas pode advir, por exemplo, de disposições contratuais. No entanto, a convenção encontra as barreiras dispostas no parágrafo único do artigo 333, do CPC: "Art. 333. O ônus da prova incumbe: (...) Parágrafo único. É nula a convenção que distribui de maneira diversa o ônus da prova quando: I – recair sobre direito indisponível da parte; II – tornar excessivamente difícil a uma parte o exercício do direito".

maior. A demonstração da culpa, em casos de erros médicos, vai muito além da constatação de caso fortuito ou força maior, dados os inúmeros fatores que podem intervir na constatação da não ocorrência do erro. Caso não se constate o erro, a que título se dará a reparação civil ao beneficiário? Ainda, sem constatar o erro, como é que a operadora do plano de saúde pode manejar uma ação regressiva contra o profissional que, supostamente, errou?

Para se condenar a operadora do plano de saúde, é preciso constatar se houve culpa do profissional, seja esse um encargo probatório do paciente/beneficiário do plano de saúde (que deve provar a culpa), seja da operadora do plano de saúde (que deve realizar prova em contrário, ou seja, de que não houve culpa do profissional). É, pois, nesse contexto de produção de provas que se verifica a necessidade de aplicação da teoria subjetiva na responsabilização civil das operadoras de planos de saúde em casos de erros médicos cometidos por profissionais que compõem a rede própria ou credenciada de assistência à saúde da empresa.

3.1.4.2 Responsabilidade solidária e a ação de regresso

Outro ponto processual que faz ser necessária a aplicação da teoria da responsabilidade civil subjetiva, nos casos de erros médicos, é a possibilidade de manejo da ação regressiva pela operadora do plano de saúde em face do profissional. Com base nas razões de decidir do Superior Tribunal de Justiça, constatou-se que, em todos os casos de condenação das operadoras de planos de saúde por erros médicos, considerou-se a aplicação da teoria da responsabilidade objetiva da operadora, em solidariedade com os demais participantes do evento, médicos e/ou hospitais.

A ideia de uma responsabilidade solidária entre médico, hospital e operadora do plano de saúde remete à ideia de uma obrigação subjetivamente complexa, assim observada por Marco Mazzoni,[283] como *"un rapporto obbligatorio caratterizzato dalla presenza di una pluralità di debitori o di una pluralità di creditori o di entrambe"*, presente no Direito Italiano. O autor assevera que a fenomenologia das obrigações, sob o aspecto subjetivo, apresenta-se mais ampla do que aquela regulada pelo Código Civil Italiano. Essa mesma ideia pode ser observada no ordenamento jurídico brasileiro, porquanto entende-se existir solidariedade em

---

[283] MAZZONI, C. M. Le obbligazioni solidali e indivisibili&quot. *In*: RESCIGNO, P. (Dir.). *Trattato di diretto privato*: obbligazioni e contratti. Turim: Utet, p. 592, 1992. t. 1. p. 592.

obrigações que vão além das hipóteses trazidas pelo Código Civil Brasileiro. É o que se percebe do entendimento do Superior Tribunal de Justiça, quando conclui existir solidariedade entre a operadora do plano de saúde e o médico na hipótese de erro médico. Não há dispositivo legal que preveja tal solidariedade, aprioristicamente, e nem há obrigação contratual nesse sentido. Apesar de tal constatação, o Código Civil aponta que a solidariedade não se presume, resulta da lei ou da vontade das partes, conforme artigo 265.[284]

Muito embora não se vislumbrem disposições legais e/ou contratuais acerca da existência de solidariedade entre operadora do plano de saúde e médico, esse é o posicionamento do Superior Tribunal de Justiça em casos de erros médicos.[285] Entendendo-se existir solidariedade entre esses agentes, há a possibilidade de aplicação do artigo 275,[286] do Código Civil, que prevê que o credor (paciente) tem o direito de exigir e receber, de um ou alguns dos devedores (operadora do plano de saúde e médico), parcial ou totalmente, a dívida comum. Caso o pagamento seja parcial, a solidariedade persiste em relação ao restante não pago.

Para Pontes de Miranda,[287]

> o que faz a solidariedade passiva não é a unidade de dívida e, pois, de crédito, mas sim a comunidade do fim. Nem a causa das obrigações, nem a própria fonte precisa ser a mesma: um dos devedores pode dever em virtude de ato ilícito, outro, por força de lei, e outro por infração de contrato. O que importa é que se haja constituído a relação jurídica única, com a irradiação de pretensão a que correspondem obrigações solidárias.

Segundo Antunes Varela,[288] para a moderna doutrina alemã não basta a comunhão de fins para o estabelecimento da solidariedade. Há de se acrescentar a circunstância de que os devedores estejam obrigados no mesmo grau, de sorte que a prestação de um aproveite a todos os outros, em face do credor. Caso isso não ocorra, de modo que um dos devedores seja o fundamental obrigado frente ao credor, sendo o outro devedor apenas provisoriamente obrigado, inexistindo uma igual

---

[284] Art. 265. A solidariedade não se presume; resulta da lei ou da vontade das partes.
[285] Anota-se a exceção da aplicação da teoria de responsabilidade com base no pertencimento à "cadeia de consumo", com fulcro no artigo 7º, parágrafo único, do Código de Defesa do Consumidor.
[286] Art. 275. O credor tem direito a exigir e receber de um ou de alguns dos devedores, parcial ou totalmente, a dívida comum; se o pagamento tiver sido parcial, todos os demais devedores continuam obrigados solidariamente pelo resto.
[287] MIRANDA, F. C. P. Tratado de direito privado. 3. ed. Rio de Janeiro: Borsói, 1971.
[288] VARELA, João de Matos Antunes. Das obrigações em geral. 9. ed. Coimbra: Almedina, 1996. vol. I

graduação ou um igual valor entre as obrigações, não haveria obrigação solidária, apesar da identidade de interesse do credor.[289]

Em casos de erros médicos, pois, entende-se que a relação entre a operadora do plano de saúde e o médico não se dá no mesmo grau frente ao credor. O médico, nesses casos, é o devedor fundamental, dado que foi ele o agente causador direto do dano. Essa conclusão é extraída do fato de ser possível que a operadora do plano de saúde mova ação regressiva em relação ao médico, na hipótese de aquela ter tido que arcar com valores em prol da vítima do erro médico. Nesse contexto, é possível prever que o médico irá "reembolsar" a operadora do plano de saúde na integralidade, dado que não há ação da própria operadora do plano de saúde que tenha contribuído para a ocorrência do erro médico. Começando pelo "fim", entende-se, pois, não ser possível aplicar a responsabilidade solidária entre esses agentes.

A par de tal conclusão, o Superior Tribunal de Justiça entende que se deve aplicar uma responsabilidade solidária entre operadora de plano de saúde e médico, na hipótese de erro médico. O que se denota com isso é que uma ação por erro médico pode ser movida contra a operadora de plano de saúde ou contra o profissional que errou ou em face de ambos. Caso o beneficiário entenda por ingressar com a ação apenas em face da operadora de plano de saúde, por qualquer que seja a razão, esta responderá, sozinha, na ação movida pelo paciente. O beneficiário pode optar por tal estratégia para economizar tempo no processo[290] e/ou por entender que possui maiores garantias financeiras em caso de sucesso.

A possibilidade de o paciente/consumidor ingressar em juízo em face, exclusivamente, da operadora de plano de saúde pode gerar distorções processuais importantes. A primeira delas é a aplicação de tal ou qual teoria da responsabilidade civil. Isso ocorre porque, ingressando-se com ação apenas em face da operadora de plano de saúde, pode-se aplicar a teoria da responsabilidade civil objetiva, que, como visto, opera em um campo binário de averiguação: (i) ocorrência

---

[289] LYRA JÚNIOR, E. M. G. Notas sobre a solidariedade passiva no novo Código Civil. *Revista de Direito Privado*, v. 13, p. 29-50, jan-mar, 2003.

[290] Isso se justifica porque, com múltiplos agentes no polo passivo, o prazo para recorrer (não se tratando de processo eletrônico) é contado em dobro quando as partes possuírem advogados distintos. É o que preconiza o artigo 229 do Código de Processo Civil.

Art. 229. Os litisconsortes que tiverem diferentes procuradores, de escritórios de advocacia distintos, terão prazos contados em dobro para todas as suas manifestações, em qualquer juízo ou tribunal, independentemente de requerimento.
§1º Cessa a contagem do prazo em dobro se, havendo apenas 2 (dois) réus, é oferecida defesa por apenas um deles.
§2º Não se aplica o disposto no *caput* aos processos em autos eletrônicos.

do evento danoso (não importando de lícito ou ilícito); e (ii) nexo de causalidade entre um e outro. Sustenta-se a possibilidade de aplicação de tal teoria, porque a conduta do agente só é analisada, em relações de consumo, quando se está diante da ação de um profissional liberal, algo que a operadora do plano de saúde não é. Nesse caso, sendo a empresa a única demandada, e considerando que não se precisou constatar a culpa do profissional, por aplicação da teoria da responsabilidade civil objetiva, a empresa poderá ser condenada.

Admitida essa hipótese, em tese, caberia à operadora do plano de saúde a possibilidade de, em ação regressiva – dada a solidariedade imposta pelo Superior Tribunal de Justiça –, buscar o ressarcimento da quantia paga, direito que possui em razão da conduta do profissional que gerara dano ao beneficiário. Isso se justifica porque, nas obrigações solidárias em geral, inclusive no âmbito da responsabilidade contratual ou da responsabilidade aquiliana, aquele que for demandado isoladamente, e honrar a obrigação por inteiro, terá direito de regresso contra os demais devedores solidários.[291]

O instituto da solidariedade, portanto, não se confunde com o direito de regresso. A solidariedade tem natureza substantiva e está ligada ao direito em si, decorrente de uma obrigação legal, enquanto o direito ao regresso possui natureza instrumental e processual, ligado ao direito de ação.[292] É possível constatar a solidariedade sem que haja direito de regresso, conforme se verifica nos artigos 942, parágrafo único,[293] e 934[294] do Código Civil.

Para mover uma ação de regresso, a operadora de plano de saúde deverá provar que fora condenada ao pagamento de uma dada obrigação. No caso de erro médico, aplica-se a solidariedade entre os atores (operadora de plano de saúde e médico), de modo que a operadora poderá insurgir-se contra o profissional que agiu com culpa. No entanto, imaginando que não se tenha apurado a culpa do profissional na ação principal (beneficiário x operadora de plano de

---

[291] STOCO, R. *Tratado de responsabilidade civil*. 10. ed. São Paulo. Ed. Revista dos Tribunais, 2014.
[292] *Idem*.
[293] Art. nº 942. Os bens do responsável pela ofensa ou violação do direito de outrem ficam sujeitos à reparação do dano causado; e, se a ofensa tiver mais de um autor, todos responderão solidariamente pela reparação.
Parágrafo único. São solidariamente responsáveis com os autores os co-autores e as pessoas designadas no art. nº 932.
[294] Art. nº 934. Aquele que ressarcir o dano causado por outrem pode reaver o que houver pago daquele por quem pagou, salvo se o causador do dano for descendente seu, absoluta ou relativamente incapaz.

saúde), mas que se tenha condenado a operadora do plano de saúde com fulcro na teoria da responsabilidade civil objetiva, há de se provar, na ação de regresso, que houve a culpa do profissional, pois ela, nesses casos, sempre será subjetiva. Em outras palavras, a operadora precisará demonstrar a culpa do profissional para solicitar dele o reembolso da quantia que despendeu na "ação principal". Se não for constatada a culpa do profissional, na ação regressiva, nada será por ele devido, ainda que a operadora de plano de saúde tenha sido condenada na "ação principal" movida pelo paciente.

A constituição da obrigação solidária, nos casos de erro médico, implica, necessariamente, a averiguação da culpa do profissional. Caso contrário, poderá surgir apenas a obrigação para a operadora do plano de saúde, o que não se pode conceber, dado que ela sequer fora o agente direto do dano. Nesse contexto, ter-se-ia a condenação da operadora do plano de saúde, com riscos de não se conseguir distribuir os ônus do ressarcimento solidário por inexistência de culpa pelo profissional. Assim, até para que se permita o manejo de uma ação regressiva, há de se permitir e entender que é necessária a apuração da conduta do médico na ação movida pelo paciente, seja em face do profissional, seja em face da operadora. Tudo isso nos leva a acreditar que a teoria a ser aplicada em casos de erro médico é a subjetiva, ainda que a ação tenha sido direcionada, exclusivamente, à operadora do plano de saúde.

3.1.4.3 Intervenção de terceiros, proibição em ações consumeristas

Em decorrência do entendimento acima, surge uma terceira preocupação processual: a inviabilidade de chamamento de terceiro em processos que envolvam relações consumeristas. Não se tem dúvidas de que há relação de consumo entre beneficiário e operadoras de planos de saúde, conforme já sumulado pelo Superior Tribunal de Justiça.[295] Em se tratando de relações de consumo, por certo que há a incidência e aplicação das normativas que estão previstas no Código de Defesa do Consumidor. De acordo com esse códex, por meio do artigo 88,[296] é

---

[295] Súmula 608 – Aplica-se o Código de Defesa do Consumidor aos contratos de plano de saúde, salvo os administrados por entidades de autogestão. (Súmula 608, SEGUNDA SEÇÃO, julgado em 11/04/2018, DJe 17/04/2018)

[296] Art. 88. Na hipótese do art. 13, parágrafo único deste código, a ação de regresso poderá ser ajuizada em processo autônomo, facultada a possibilidade de prosseguir-se nos mesmos autos, vedada a denunciação da lide.

vedada a denunciação à lide, por questões relacionadas ao parágrafo único do artigo 13[297] do mesmo diploma legal.

À primeira vista, poder-se-ia imaginar que a restrição de uma denunciação à lide seria possível na constatação de um defeito na prestação de serviço. No entanto, o Superior Tribunal de Justiça já interpretou a norma do artigo 88, do Código de Defesa do Consumidor, alargando a sua aplicação para casos de fatos de serviço. Com isso, em caso de eventual falha na prestação de serviço médico, e tendo sido acionada apenas a operadora do plano de saúde, não se poderia admitir a denunciação à lide do profissional, o que impediria a avaliação da culpa deste por eventual erro médico. Uma vez sendo impossível a intervenção de terceiros no processo, impedir-se-ia a operadora de plano de saúde de constatar/apurar a conduta danosa do profissional. Também sob essa ótica, dever-se-ia considerar a responsabilidade civil – se existente – da operadora do plano de saúde como sendo do tipo subjetiva em casos de erros médicos.

Percebe-se, assim, que não se poderia condenar a operadora de plano de saúde por erro médico sem analisar a conduta do profissional, mitigando-se a aplicação da responsabilidade civil objetiva.

Figura 12 – Esquema das razões processuais para se mitigar a responsabilidade civil objetiva da operadora do plano de saúde

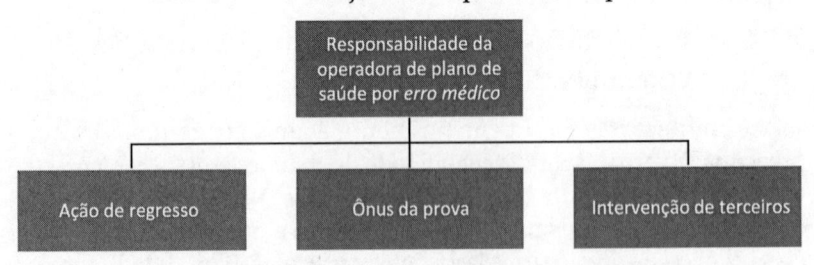

```
                    Responsabilidade da
                    operadora de plano de
                    saúde por erro médico
        ┌──────────────────┬──────────────────┐
   Ação de regresso    Ônus da prova    Intervenção de terceiros
```

É necessária a análise da conduta do profissional que ensejou o erro médico – mitigação da responsabilidade civil objetiva.

Fonte: Elaborada pelo autor.

---

[297] Art. 13. O comerciante é igualmente responsável, nos termos do artigo anterior, quando:
I – o fabricante, o construtor, o produtor ou o importador não puderem ser identificados;
II – o produto for fornecido sem identificação clara do seu fabricante, produtor, construtor ou importador;
III – não conservar adequadamente os produtos perecíveis.
Parágrafo único. Aquele que efetivar o pagamento ao prejudicado poderá exercer o direito de regresso contra os demais responsáveis, segundo sua participação na causação do evento danoso.

CONCLUSÃO

O presente estudo teve, como foco, analisar a responsabilidade civil das operadoras de planos de saúde na hipótese de erro médico sofrido por seus beneficiários. O tema sugere inúmeros desafios, principalmente a compatibilização das teorias aplicáveis tanto à operadora do plano de saúde, quanto ao profissional liberal. Isso, porque se trabalhou com a hipótese de que, para a primeira, aplica-se a teoria da responsabilidade civil objetiva, enquanto para o segundo, aplica-se a teoria da responsabilidade civil subjetiva.

Para aplicar uma dada teoria de responsabilidade civil, entende-se que se deve contextualizar a situação analisada. É o que se buscou fazer no presente trabalho. Para tanto, buscou-se situar o leitor com os conceitos que se inserem no recorte temático apresentado, indicando quais seriam as premissas da responsabilidade civil do médico e da operadora do plano de saúde. Primeiramente, apontaram-se os conceitos de ato ilícito, dano e nexo de causalidade, sendo os primeiros considerados como um desvio de conduta, um afastamento do comportamento esperado, seja em desconformidade com a lei, seja em desconformidade com o que fora pactuado (ainda que o comportamento desviado não seja contrário à lei). Ainda, viu-se que, para a configuração do ato ilícito, há de se observar a existência dos seguintes pressupostos: (i) dever violado (elemento objetivo); e (ii) imputabilidade do agente (elemento subjetivo). O elemento subjetivo, por sua vez, desdobra-se em outros dois elementos: (ii.a) possibilidade, para o agente, de conhecer o dever (discernimento); e (ii.b) possibilidade de observar o dever (previsibilidade e evitabilidade).

Demonstrou-se que o dano, por seu turno, é o prejuízo causado pelo agente. O dano, para o direito, seria a lesão ao bem juridicamente protegido,[298] podendo ser de dois tipos: o patrimonial e o pessoal. Para o primeiro, o regime responsabilização é o da reparação, enquanto para o segundo, é o da compensação. O dano, portanto, é o prejuízo que pode assumir duas grandes categorias: (i) material; e (ii) imaterial. O primeiro tipo de dano compreenderia os danos patrimoniais; o segundo, os danos morais. No universo dos danos materiais, tem-se três outras categorias: (i) os emergentes; (ii) os lucros cessantes; e (iii) a perda de uma chance. Os primeiros traduzem a ideia do que efetivamente se perdeu, e os segundos, daquilo que se deixou de ganhar, conforme o artigo 402[299] do Código Civil. O que se constatou é que a teoria da "perda de uma chance" baseia-se na incerteza, na suposição da ocorrência do dano, com o que se poderia imaginar a possibilidade de se pleitear uma indenização na hipótese de um médico que deixa de utilizar uma dada técnica mais avançada e inovadora para o tratamento de alguma doença, e o paciente morre.

O nexo de causalidade pode ser entendido como o vínculo entre a conduta delituosa e o prejuízo dela decorrente. Essa ligação, essa relação de causa e efeito entre a conduta e o resultado, "fecha", aprioristicamente, o dever de indenizar sob a tutela da teoria da responsabilidade civil subjetiva.

Apontou-se que esses três elementos são essenciais na conclusão pela existência do dever de indenizar, mas, dada a "evolução" da responsabilidade civil e a hipótese de que se aplica a teoria objetiva às operadoras de planos de saúde, na ocorrência de um erro médico sofrido por seus beneficiários, viu-se como é importante abordar as teorias da responsabilidade civil: (i) subjetiva; (ii) da culpa presumida; e (iii) objetiva. Quanto à primeira, observou-se que, para sua aplicação, é preciso a identificação dos três elementos (ato ilícito, dano e nexo de causalidade), para concluir pela existência do dever de indenização.

O elemento fulcral na teoria da responsabilidade civil subjetiva é a culpa, dividida em: (i) dolo; e (ii) culpa em sentido estrito. O dolo, nas palavras de Agostinho Arruda Alvim,[300] é "a vontade consciente de violar o direito". Já a culpa em sentido estrito traduz um comportamento antijurídico impensado pelo agente, sem que haja a intenção de violar

---

[298] LOPES, O. A. *Fundamentos da responsabilidade civil*. Rio de Janeiro: Processo, 2019.

[299] Art. 402. Salvo as exceções expressamente previstas em lei, as perdas e danos devidos ao credor abrangem, além do que ele efetivamente perdeu, o que razoavelmente deixou de lucrar.

[300] ALVIM, A. A. *Da inexecução das obrigações e suas consequências*. 4. ed. São Paulo: Saraiva, 1972. p. 256.

o direito juridicamente tutelado. No entanto, apesar de não existir a intenção de prejudicar, seria possível exigir um comportamento diverso do que fora adotado pelo agente.[301] A culpa, nesses casos, pode advir de uma ação ou omissão, sendo revelada por três circunstâncias: (i) imprudência; (ii) imperícia; e (iii) negligência. Caso seja um erro escusável e/ou plenamente justificável, não há que se falar em culpa. A imprudência pode ser definida como um agir com falta de cautela, um ato impulsivo, um agir precipitado. A imperícia é a demonstração de uma inabilidade por parte do profissional no exercício da sua atividade de natureza técnica, sendo possível ser constatada por ação ou omissão. A negligência, por sua vez, é o descaso, a falta de cuidado por omissão, a indolência, é o não agir quando se esperava a ação do agente.[302] Em relação ao tema do presente trabalho, apontou-se que, em relação às modalidades de culpa, é possível falar em imperícia médica, ainda que o profissional seja legalmente habilitado para desempenhar a profissão, dado que se trata de um ofício no qual o profissional deve estar constantemente se atualizando e aprimorando sua técnica com o ingresso maciço de novas tecnologias e descobertas científicas.

Viu-se, portanto, que na teoria da responsabilidade civil subjetiva apura-se, na conduta do agente, a ocorrência de (i) dolo; ou (ii) culpa *estrito senso* [(i) imprudência; e/ou (ii) imperícia; e/ou (iii) negligência)]. E a apuração desses elementos, na maioria das vezes, caberia à vítima, dado que a ela se impõe o dever de provar os fatos constitutivos do seu direito, conforme preconiza o Código de Processo Civil, artigo 373, I.[303]

Em razão de ser de responsabilidade do lesado a prova da ocorrência da conduta culposa do agente é que surgiu a teoria da culpa presumida, e se constata que tal teoria serviu de "mola propulsora" para a teoria objetiva. O que se objetivou com a "culpa presumida" foi não abandonar a culpa como condição de suporte da responsabilidade civil, mas aliviar a carga probatória de sua existência pelo lesado. Essa teoria – a da culpa presumida – é atualmente presente nos casos de *erros*

---

[301] Entende-se ser completamente frágil qualquer alegação ou sustentação de teorias de comportamentos *standards* como meio de parametrizar a conduta de uma dada pessoa, no tempo e no modo ocorridos, sob uma parca e falha premissa de que haveria um comportamento *médio* a ser seguido. Eventualmente, até pela inexistência objetiva de um comportamento *médio*, é que a avaliação da ocorrência, ou não, da culpa em sentido estrito faça com que se deseje suprimir a prova da sua ocorrência, com o fito de ressarcir os danos sofridos por quem foi lesionado. Talvez, seja objeto de novas pesquisas.

[302] STOCO, R. *Tratado de responsabilidade civil*. 10. ed. São Paulo. Ed. Revista dos Tribunais, 2014.

[303] Art. 373. O ônus da prova incumbe:
I – ao autor, quanto ao fato constitutivo de seu direito;

médicos cometidos pelos cirurgiões plásticos diante de casos puramente estéticos. Na evolução jurisprudencial do tema junto ao Superior Tribunal de Justiça constata-se sua ampla aplicação, incumbindo ao profissional fazer prova de que agiu da forma como se deveria, em tese, agir, para que, com isso, consiga ilidir eventual dever de reparação do paciente. É interessante apontar que a teoria da culpa presumida atrai a teoria da responsabilidade objetiva e se distancia da teoria da responsabilidade subjetiva no que concerne ao ônus de provar a conduta delituosa.

E, por fim, verificou-se a teoria da responsabilidade civil objetiva, que não mais avalia a conduta do agente. E, sob os preceitos dessa teoria, nem mesmo se diz sobre a existência de um ato ilícito para a caracterização do dever de indenizar, tomando-se por base o texto do §único do artigo 927, do Código Civil, que revela ser indenizável, independentemente de culpa, o dano gerado em decorrência do risco da atividade desempenhada. Em outras palavras, nesses casos o ato pode ser lícito, mas – ainda que lícito – se gerou um dano, o agente terá que indenizar o lesado, não mais em razão de um ilícito praticado, sobretudo em função do risco que a atividade representa. Para a teoria objetiva, a equação é binária: evento e dano. Em outras palavras, para a teoria objetiva, basta verificar se na ocorrência de um dado evento, não importando se lícito ou ilícito, gerou dano, passível é a sua reparação. O que está por trás da não necessidade de se avaliar se o ato é lícito ou ilícito é o "risco" da ação praticada.

Feita a correta delimitação conceitual das teorias e dos institutos que permeiam a responsabilidade civil, e dado recorte temático do presente trabalho, fez-se a análise da responsabilidade civil por fato de terceiro, onde se demonstrou que o fato de terceiro, em um primeiro momento, pode significar uma responsabilização ou uma excludente de responsabilização, dado que a ação de um terceiro pode romper o nexo de causalidade entre a ação danosa e o dano sofrido pela vítima. Apontou-se que terceiro é aquele que não é parte no negócio jurídico, mas que sofre os seus efeitos ou altera o seu resultado. Com essa contextualização, viu-se que os efeitos do fato de terceiro assemelham-se àqueles produzidos pelo caso fortuito ou de força maior, porque em ambos há a efetiva exoneração da responsabilidade civil do agente. Em adição, abordou-se que, na responsabilidade civil decorrente de uma relação contratual, considera-se terceiro quem não é parte no negócio jurídico, ou seja, pessoa estranha ao contrato firmado entre as partes, mas que interfere nessa relação para influenciar na contratação em si, ou para alterar os efeitos e o resultado do objeto da avença.³⁰⁴ Já na responsabilidade civil extracontratual, terceiro é qualquer pessoa, além do autor imediato e da vítima, que se inclua na relação causal entre o fato e o resultado, e que neste interfira.³⁰⁵ Acima de tudo, mostrou-se que a regra da responsabilização civil é imputar o dever de reparar ao agente causador direto do dano, sendo a responsabilização por ato de terceiro excepcional, devendo, portanto, estar devidamente prevista no Código Civil. Nesse sentido, apontaram-se todas as hipóteses previstas no ordenamento jurídico que imputam a responsabilização ao terceiro.³⁰⁶

Essa responsabilização por fato de outrem não ocorre sem que haja uma razão lógico-jurídica, e nem se pode imaginar uma responsabilização indiscriminada. Assim, percebe-se que o Código Civil deu guarida à responsabilização por fato de outrem para maior garantia da vítima, ampliando o rol daqueles que devem responder por determinados eventos, dada a alta probabilidade de o agente direto não conseguir recompor o patrimônio daquele que foi lesado. A ampliação dessa responsabilização levou em conta o dever de vigilância, de cuidado, de guarda ou de incolumidade.

Para a análise do presente trabalho, enfrentou-se as teorias de responsabilização de terceiros que apareceram na pesquisa empírica que se realizou junto ao Superior Tribunal de Justiça. Iniciou-se a abordagem com: (i) a culpa *in eligendo*; e (ii) a culpa *in vigilando*. De fato, tais hipóteses "abriram as portas" para uma responsabilização civil por fato de outrem. A culpa *in eligendo* é decorrente de uma "má escolha" do representante ou do preposto. Caracteriza-se pelo fato de se admitir, ou manter proponente a seu serviço, empregado não legalmente habilitado ou sem as aptidões requeridas.³⁰⁷ Ora, se o empregador escolheu mal o seu representante, procurador ou preposto, deve responder pelos atos

---

[304] STOCO, R. *Tratado de responsabilidade civil*. 10. ed. São Paulo. Ed. Revista dos Tribunais, 2014.
[305] *Ibid.*
[306] São elas: (i) os pais respondem pelos filhos menores de 18 anos, sob seu poder e companhia; (ii) o tutor ou curador respondem pelos pupilos ou curatelados, sob seu poder e companhia; (iii) as pessoas jurídicas ou naturais que exerçam empresa hoteleira, de hospedaria, casa ou estabelecimento em que se albergue por dinheiro, mesmo para fins educativos, respondem por seus hóspedes, moradores e educandos; (iv) aquele que, gratuitamente, participar nos produtos de crime, praticado por outrem, responderá pelos danos, até a quantia com que se haja beneficiado; e (v) o empregador responde pelos danos que seus empregados, no exercício da sua atividade, causarem a terceiros. Essas são, portanto, as hipóteses legais para se concluir que alguém de ser responsabilizado para ato/fato de terceiro.
[307] STOCO, R. *Tratado de responsabilidade civil*. 10. ed. São Paulo: Ed. Revista dos Tribunais, 2014.

ilícitos praticados por ele. O Código Civil de 2002, sobre o tema, adotou posicionamento vanguardista, dado que apontou ser tal responsabilidade independente de culpa. A culpa *in vigilando*, por seu turno, é a que emana da ausência de fiscalização por parte do empregador, seja dos seus empregados, seja da própria coisa.[308]

Depois, abordou-se a teoria do risco do empreendimento como fundamento de responsabilização civil. A teoria do risco surge como forma de explicar a teoria da responsabilidade civil objetiva, com base na ideia de que aquele que exerce determinada atividade e tira proveito direto ou indireto dela responde pelos danos que causar, independentemente de culpa sua ou de seus prepostos. Mostrou-se, também, que a adoção de uma teoria que possa explicar a necessidade de alguém ressarcir a vítima de um evento, sem que se tenha que debruçar sobre as nuances da situação ocorrida, fez surgir vários "subtipos" de riscos para explicar a necessidade de ressarcimento frente às mais diversas situações. A "teoria do risco" fez surgir as teorias do "risco-proveito", do "risco profissional", do "risco criado" e do "risco integral". A teoria do risco-proveito impõe a responsabilização civil à pessoa que extrair proveito de certa atividade, pelo risco natural que a atividade traz. A teoria do risco profissional, por sua vez, revela que o dever de indenizar é sempre decorrente da atividade laborativa do lesado. Essa modalidade de teoria é utilizada para explicar a reparação civil nos acidentes de trabalho.[309] Segundo Caio Mário,[310] a teoria do risco criado aduz que aquele que, em função da sua atividade ou profissão, cria um perigo, deve estar sujeito a reparar os danos que causar. Por fim, ressalta-se a teoria do risco integral, que não admite qualquer invocação de excludente de responsabilidade civil.

Vistas as teorias apontadas, entendeu-se, por pertinente, enfrentar os tipos de obrigações que surgem em um contrato de assistência à saúde, com o objetivo de identificar qual teoria deve-se aplicar a cada uma das obrigações existentes. Assim, mostrou-se a existência de três tipos de obrigação: (i) de meio, (ii) de resultado e (iii) de garantia. A análise dos tipos de obrigação envolvendo as participações das operadoras de planos de saúde, dos hospitais e dos médicos, mostrou-se relevante,

---

[308] *Ibid.*
[309] FERREIRA, A. L. L.; VIEGAS, C. M. A. R. A Teoria do risco empresarial e a responsabilidade do código de defesa do consumidor. *Revista de Direito Empresarial*, v. 16, p. 195 – 209, jul-ago. 2016.
[310] PEREIRA, C. M. S. *Responsabilidade civil*. 9. ed. Rio de Janeiro: Forense, 1998.

pois a cada tipo de obrigação deve-se aplicar uma dada teoria da responsabilização civil.

Assim, para as obrigações de meio, deve-se aplicar a teoria da responsabilidade civil subjetiva, pois se deve levar em consideração a conduta do agente. Para as obrigações de resultado, por outro lado, deve-se aplicar a responsabilidade civil objetiva, dado que não importa a conduta do agente, mas tão somente a obtenção do resultado contratado. Já as obrigações de garantia demandam a responsabilidade civil objetiva, com a diferença de que para esse tipo de obrigação não cabe sequer alegação de caso fortuito ou de força maior como excludentes de responsabilização civil, em razão de se ter garantido o cumprimento da obrigação, eliminando-se os riscos inerentes da contratação.

Ao se abordar os tipos de obrigações, considerou-se importante, igualmente, enfrentar as excludentes de responsabilização civil: (i) caso fortuito e (ii) força maior. Para Sérgio Cavalieri Filho,[311] o caso fortuito ocorre quando se está diante de um evento imprevisível e, por isso, inevitável. Se o evento for inevitável, ainda que previsível – por se tratar de fato superior às forças do agente, como normalmente são os fatos da natureza (tempestades, enchentes etc.) –, estar-se-á frente à causa de força maior.[312] Em outro sentido, Carlos Roberto Gonçalves[313] e Agostinho Alvim[314] dividem o caso fortuito em duas classes: (i) fortuito interno e (ii) fortuito externo. No primeiro, as causas são ligadas à pessoa (condutas humanas) ou à coisa, não se prestando a justificar a exclusão de uma responsabilidade. É o caso, por exemplo, de greve, motim, guerra etc. O fortuito externo está ligado aos fatos da natureza, que seriam excludentes de responsabilização. O mais importante, quanto às excludentes da responsabilização civil, é constatar que elas são fatos que podem romper com o nexo de causalidade entre ação danosa e o dano sofrido pela vítima.

Após a conceituação de todos esses elementos, enfrentou-se a questão de como se dá a responsabilidade civil do médico no exercício do seu labor. Mostrou-se que se trata de uma responsabilização por ato próprio e oriunda de um contrato de prestação de serviços. Nessa contextualização, mostrou-se o regramento legal advindo do Código de Defesa do Consumidor, dada a relação consumerista instituída

---

[311] CAVALIERI FILHO, S. *Programa de responsabilidade civil*. 10. ed. São Paulo: Atlas, 2012.
[312] *Ibid.*
[313] GONÇALVES, C. R. *Responsabilidade civil*. 14. ed. São Paulo: Saraiva, 2012.
[314] ALVIM, A. A. *Da inexecução das obrigações e suas consequências*. 4. ed. São Paulo: Saraiva, 1972.

entre médico e paciente. Conforme tal legislação, verificou-se que a responsabilização civil do médico advém da análise de sua conduta, o que conclama a aplicação da teoria da responsabilidade civil subjetiva. Ainda, a atração de tal teoria também se explica pelo fato de se tratar da constituição de uma obrigação de meio, onde é imperiosa a análise da conduta do agente quando não há cumprimento da obrigação.

Nesse particular, buscou-se delimitar, inclusive, o que seria o chamado erro médico, mostrando-se que eventuais resultados negativos de uma conduta médica não significam, necessariamente, erro médico. É possível constatar quatro categorias: (i) erro médico; (ii) evento adverso; (iii) acidente imprevisível e (iv) resultado incontrolável.

Assim, nem todo resultado adverso na assistência à saúde é sinônimo de erro médico. Há resultados que não são aqueles desejados/esperados, ainda que se tenha operado da maneira correta, diligente e perita. Esses resultados são chamados de "eventos adversos" e relacionam-se à impossibilidade, por razões outras além da capacidade e diligência do profissional, de se chegar ao resultado almejado. Há ainda o "acidente imprevisível", que consiste em um resultado lesivo, supostamente oriundo de caso fortuito ou força maior, à integridade física ou psíquica do paciente durante o ato médico ou em face dele. Contudo, cuida-se de um resultado insuscetível de ser previsto ou evitado, não só pelo autor do ato médico, mas por outro qualquer em seu lugar. Por fim, existe o "resultado incontrolável", que é aquele decorrente de uma situação grave e de curso inexorável. Em outras palavras, trata-se de um resultado danoso proveniente de sua própria evolução, para o qual as condições atuais da ciência e a capacidade profissional ainda não oferecem solução. Nessa construção teórica, mostrou-se que apenas o efetivo erro médico converte-se em ato ilícito, em razão de comportamento culposo do profissional, permeado por uma negligência, imprudência ou imperícia.

Igualmente, categorizando possíveis falhas de conduta dos profissionais que podem configurar erro médico, Stoco[315] aponta, basicamente, três tipos de erros: (i) de diagnóstico; (ii) de procedimento e (iii) no procedimento. Quanto ao primeiro, indica-se que a falha em diagnosticar o mal que afeta o paciente implicará a adoção equivocada do procedimento a ser realizado, o qual, embora executado corretamente, não produzirá o efeito desejado. Em relação ao segundo erro, o de

---

[315] STOCO, R. *Tratado de responsabilidade civil*. 10. ed. São Paulo. Ed. Revista dos Tribunais, 2014.

procedimento, entende-se que o diagnóstico foi correto, mas a terapêutica escolhida não o foi. Por fim, quanto ao erro no procedimento, revelam-se acertados os diagnósticos e o procedimento, mas, na execução do procedimento, errou-se. Para todas essas categorias, a responsabilização do profissional necessitará de verificação de culpa.

Após a análise da responsabilidade civil do profissional médico, buscou-se situar o leitor quanto à responsabilização civil da operadora de plano de saúde. Nesse ponto, verificou-se existir uma série de modalidades de obrigação, a depender do contexto de sua atuação.

A saber, por exemplo, apontou-se a existência de uma obrigação de garantia, quando se tratar da disponibilização de uma dada rede de assistência à saúde para os consumidores. Ou seja, ao indicar para o consumidor que possui uma rede específica de assistência à saúde, a empresa está garantindo àquele que essa rede o atenderá em caso de necessidade, em conformidade com o contrato assinado. Por outro lado, mostrou-se que a operadora do plano de saúde não possui uma obrigação de resultado em casos de atendimentos médicos, pois tal obrigação, seja do ponto de vista do profissional, seja do ponto de vista empresarial, não pode vincular uma certeza do resultado, tendo em vista que nesse caso se estaria prometendo a cura quando é sabidamente impossível alcançá-la. Entende-se, assim, que se trata de uma obrigação de meio.

A análise da responsabilização civil das operadoras de planos de saúde demandou, também, a verificação dos tipos de operadoras de planos de saúde, sendo elas: (i) seguro-saúde e (ii) operadoras de planos propriamente ditos. Isso se justifica porque, a depender da modalidade de atuação da operadora de plano de saúde, haverá, ou não, a responsabilização civil por erros médicos sofridos pelos beneficiários. Viu-se que, quando se trata de seguro-saúde, não cabe responsabilizar a operadora do plano, dado que a escolha do profissional pelo consumidor foi "livre", não se podendo atrair qualquer participação da empresa no evento danoso sofrido. Por outro lado, viu-se que, segundo os entendimentos do Superior Tribunal de Justiça, a existência de um plano de saúde propriamente dito poderia atrair a responsabilização civil da operadora.

Nesse ponto, em específico, viu-se importante analisar o tipo de contratação existente entre a operadora do plano de saúde e os profissionais que compõem a rede de assistência, mostrando-se as diferenças entre os tipos de contratação: (i) rede própria; (ii) credenciada; ou (iii) referenciada. As operadoras de planos de saúde podem funcionar com uma "rede própria" de prestadores de serviços. Compondo-se uma rede própria, é fácil a constatação da atração da responsabilidade da empresa pelos atos cometidos por seus prepostos seja no descumprimento das normas contratuais firmadas com os consumidores (responsabilização direta da operadora de plano de saúde), seja na inexecução do contrato pelos prestadores de serviços (responsabilização indireta da operadora do plano de saúde, por fato de terceiro, seu preposto).

Há ainda os "credenciados" ou "conveniados", que firmam um contrato com as operadoras de planos de saúde para atender os clientes das operadoras em um regime de escolha dirigida.[316] Nessa dinâmica, quando o consumidor vai contratar com a operadora do plano de saúde, é-lhe entregue um informativo (qualquer que seja o meio, eletrônico ou não) com as indicações dos prestadores de serviços (médicos e clínicas), número de telefone, endereço e outros dados. Assim, configura-se uma efetiva "propaganda" desses profissionais para os consumidores. Mais uma vez, constata-se a atração da responsabilidade civil da operadora do plano de saúde pelos atos cometidos seja no descumprimento das normas contratuais firmadas com os consumidores (responsabilização direta da operadora de plano de saúde), seja na inexecução do contrato pelos prestadores de serviços (responsabilização indireta da operadora do plano de saúde por fato de terceiro, dado que há clara vinculação entre o prestador de serviço e a operadora, sendo tal vínculo explicado, inclusive, pela teoria do "risco-proveito").[317]

Por último, verificou-se a existência de uma "rede referenciada", que é mais utilizada pelas empresas de seguro-saúde que mantêm planos de seguro-saúde, embora também seja percebida nas operadoras de planos de saúde. Essa rede funciona em um sistema de "livre escolha" do consumidor, com reembolso tarifado dos gastos. Com isso, o consumidor pode escolher o prestador de serviço que desejar e receberá o reembolso previamente combinado da operadora de plano de saúde. Não se olvidou da responsabilidade civil direta pelo inadimplemento contratual, no entanto viu-se ser preciso ter cautela na atribuição, às operadoras de planos de saúde, da responsabilidade civil por eventos danosos cometidos por prestadores de serviços da rede referenciada. Isso, por duas razões: de um lado, porque a escolha do consumidor fora

---

[316] MACHADO, M. C.; BOTTESINI, M. Â. *Lei dos planos e seguros de saúde comentada*: artigo por artigo. 3. ed. Rio de Janeiro: Forense, 2015.

[317] A teoria do risco-proveito sustenta que todo aquele que tira proveito de uma atividade é responsável pelos danos a que essa causar (FERREIRA, A. L. L.; VIEGAS, C. M. A. R. A Teoria do risco empresarial e a responsabilidade do código de defesa do consumidor. *Revista de Direito Empresarial*, v. 16, p. 195-209, jul-ago. 2016).

livre; de outro, porque seria possível cogitar uma aplicação diferenciada em circunstâncias iguais.

No segundo capítulo, apresentou-se um estudo empírico sobre como o Superior Tribunal de Justiça tem interpretado a legislação e aplicado as teorias de responsabilidade civil em relação às operadoras de planos de saúde nos casos de erros médicos sofridos por seus beneficiários.

A pesquisa teve foco no Superior Tribunal de Justiça, dado que é a quem compete a "última palavra" sobre as normas infraconstitucionais. Além disso, a coleta de dados no Superior Tribunal de Justiça permite analisar, também, quais foram as teses utilizadas pelos diferentes Tribunais de Justiça no enfrentamento do tema. Para tanto, fez-se uma pesquisa na base jurisprudencial, utilizando-se as seguintes palavras--chaves: "erro", "médico", "planos" e "saúde", nessa ordem. Não se fez recorte temporal, de modo que se encontraram julgados realizados sob a égide do Código Civil de 1916. Apuraram-se, também, apenas as decisões de colegiado, não fazendo parte da pesquisa as decisões monocráticas adotadas pelos Ministros do Superior Tribunal de Justiça.

A pesquisa retornou com um resultado de 51 acórdãos. Desses, 21 processos não guardavam relação com o tema estudado, de forma que havia um resultado de 30 casos a serem dissecados. Dos 30 casos considerados, em apenas três deles não se teve condenação da operadora de plano de saúde. Portanto, chegou-se a um resultado impressionante, em que, dos casos encontrados e analisados segundo a metodologia aplicada, 90% apresentaram a condenação da operadora do plano de saúde. Para as condenações, verificou-se que se utilizou a teoria da responsabilidade objetiva, com variações das razões de escolha da referida teoria. No âmbito desses acórdãos, apesar da aplicação da teoria da responsabilidade objetiva, constatou-se a demonstração, no curso do processo, do efetivo erro médico, com análise da conduta do profissional. Em outras palavras, aplicou-se a teoria objetiva, embora se tenha analisado a conduta do profissional, o que se mostrou um contrassenso.

O resultado da pesquisa possibilitou, também, verificar quais foram as razões utilizadas para a aplicação da teoria da responsabilidade civil objetiva às operadoras de planos de saúde nos casos de erros médicos. Com isso, foi possível estudar e analisar a pertinência da aplicação das teorias pelo Superior Tribunal de Justiça e propor uma mitigação à responsabilização objetiva das operadoras dos planos de saúde.

No terceiro capítulo, buscou-se propor uma nova interpretação da aplicação da responsabilidade civil das operadoras de planos de saúde quando diante de um erro médico sofrido por seus beneficiários. A primeira distinção que se buscou fazer foi demonstrar a importância de se avaliar qual é a relação jurídica estabelecida entre a operadora do plano de saúde e o profissional prestador do serviço, com o fim de saber qual seria o liame jurídico que poderia atrair ou afastar a responsabilização da operadora do plano de saúde.

Nesse diapasão, argumentou-se que a operadora do plano de saúde poderia ser responsabilizada pelos serviços médicos prestados pela rede própria e pela rede credenciada/conveniada. Essa responsabilização dar-se-ia à luz da teoria objetiva, mas com a sua devida mitigação, pois haveria de se averiguar, necessariamente, e como pressuposto, a culpa do profissional. Ou seja, para que se possa condenar a operadora, é preciso, antes, certificar-se da conduta ilícita (avaliar a culpa) do profissional. Com isso, há uma mitigação da teoria objetiva, dado que, em um momento antecedente, avalia-se a conduta do agente direto do dano. Já no tocante à rede referenciada, demonstrou-se que não poderia a operadora de plano de saúde responder por falha na prestação dos serviços médicos, dado que o profissional age com absoluta autonomia e não guarda qualquer liame fático ou jurídico com a operadora do plano de saúde. Nesses casos, mostrou-se que o profissional é um terceiro na relação entre operadora do plano e beneficiário, e que sua ação "quebra" qualquer nexo de causalidade entre um e outro, funcionando como verdadeiro excludente da responsabilização civil.

Ainda nesse capítulo, buscou-se avaliar cada uma das teorias aplicadas pelo Superior Tribunal de Justiça para condenar as operadoras de planos de saúde quando o erro médico decorre de profissionais que integram a rede credenciada da empresa. De todas as teorias aventadas (risco-proveito, culpa *in eligendo*, perda de uma chance, ausência de liberdade de escolha do profissional pelo consumidor, risco do empreendimento), mostrou-se que a única que é capaz de atrair a responsabilidade civil da operadora do plano de saúde é aquela que aduz ser a operadora do plano parte integrante da "cadeia de consumo".

Demonstrou-se que o mercado de plano de saúde mudou e, com isso, não se pode mais falar em "risco-proveito" como fundamento de condenação da operadora do plano de saúde quando ocorre erro médico. Isso, porque o erro médico é praticado por profissional que, dificilmente, foi motivação para a contratação do plano de saúde. Mostrou-se que a contratação de um plano de saúde passa pela rede de assistência hospitalar e laboratorial, e não pelo profissional que compõe a rede de assistência da empresa. Além disso, quando se pesquisa a rede de assistência, na grande maioria das vezes verifica-se a composição por clínicas, e não por profissionais, o que demonstra não existir proveito, para a operadora do plano de saúde, no fato de um dado profissional constar, ou não, da sua rede credenciada.

Apontou-se, também, que não se poderia falar em culpa *in eligendo* da operadora do plano de saúde, dado que não compete à empresa determinar como o profissional deve agir na execução do seu labor. Com isso, a empresa não possui qualquer ingerência na atuação do profissional, não podendo ser responsabilizada pelos atos deste. A liberdade de atuação do profissional é tão evidente que, igualmente, não se poderia condenar a operadora com base na teoria da "perda de uma chance", pois se estaria requerendo que a empresa impusesse a um determinado profissional a adoção de uma dada terapêutica, contrariando a autonomia do profissional, o que não pode ser permitido.

No mesmo sentido, seguiu-se a análise sob a teoria do risco do empreendimento. Viu-se que a operadora do plano de saúde existe para colocar, à disposição do consumidor, uma rede de assistência à saúde, e não o ato médico em si. Assim, o risco do empreendimento assumido pela empresa está relacionado à disponibilidade, ou não, de uma dada rede de assistência à saúde do beneficiário. Não se pode ampliar esse risco para a execução, em si, de ato médico. Esse risco é do profissional, e não da empresa.

Restou apenas a análise da liberdade de escolha do consumidor. De fato, com a existência de contratos entre a operadora do plano e o consumidor, e entre a operadora do plano e o profissional credenciado, cria-se uma "rede contratual" que acaba por atrair a responsabilidade da operadora do plano de saúde pela falha no serviço do profissional. Isso, porque o contrato havido entre consumidor e operadora do plano de saúde foi vetor para que o consumidor pudesse acionar o profissional. Quer dizer, seria possível que o consumidor chegasse no mesmo profissional sem a intervenção da operadora, mas o fato de aquele profissional constar no rol de assistência da operadora do plano de saúde facilita a sua contratação pelo consumidor, o que acaba por atrair a responsabilidade da operadora do plano de saúde. Apesar de assim se entender, a responsabilidade da operadora do plano de saúde deve ser igualmente precedida pela análise de culpa do profissional.

No tocante à rede própria da operadora do plano de saúde, cabe a responsabilização da empresa pelo erro médico, mas apenas sob o viés da responsabilidade civil objetiva após a averiguação da culpa do profissional.

A necessidade de averiguação prévia da conduta do profissional faz-se presente sob o ponto de vista processual, inclusive, para condenação da operadora do plano de saúde, ainda que conforme a responsabilidade objetiva. Primeiramente, apontou-se que, em relação à produção de provas, mostra-se necessária a averiguação da conduta do profissional. Tal se justifica porque, sem a prova do ilícito praticado pelo profissional, acaba-se por cercear o direito de defesa da operadora do plano de saúde, impedindo-a de eventualmente solicitar, em ação regressiva, o ressarcimento pelo profissional.

Sob outro prisma, demonstrou-se que, para que haja responsabilidade solidária entre o profissional e a empresa, é preciso verificar a culpa daquele. Isso, pois, sendo esses agentes solidários, estariam eles no mesmo "patamar" da responsabilização civil, de modo que não se poderia aplicar duas teorias para os "mesmos" agentes. Por fim, demonstrou-se que é proibida a intervenção de terceiros em ações movidas por consumidores, o que pode ensejar uma assimetria de informações e condenações. Isso, porque a operadora do plano de saúde poderia ser condenada e, depois, em uma ação regressiva, não conseguir o ressarcimento, dado que a conduta do profissional não fora averiguada na ação principal.

Assim, por todo o exposto, viu-se que a operadora de plano de saúde pode responder por erro médico, desde que este seja cometido por profissionais que componham a rede própria ou credenciada. Nesses casos, a responsabilização da operadora do plano de saúde só pode se dar mediante análise da conduta do profissional, com o que se mitiga a aplicação da teoria objetiva em relação à operadora do plano de saúde. Em relação aos profissionais da rede referenciada, a operadora do plano de saúde não pode responder pelo ilícito praticado pelo profissional, pois a escolha foi feita pelo próprio beneficiário, sem qualquer intervenção da operadora do plano de saúde.

Sob o ponto de vista processual, viu-se que se deve apurar a conduta do profissional para condenar a operadora do plano de saúde. Caso contrário, pode-se prejudicar severamente a empresa, impedindo-a de conseguir o ressarcimento por meio de uma ação de regresso, seja pela impossibilidade de inserir o profissional no processo movido pelo consumidor, seja por não conseguir produzir uma determinada prova.

Tem-se, com isso, que a responsabilização da operadora do plano de saúde deve se dar com base na teoria da responsabilidade objetiva mitigada, pois a análise da culpa do profissional é elemento essencial na responsabilização por erro médico, visto que, na essência, trata-se de uma obrigação de meio, e não de resultado.

REFERÊNCIAS

AGUIAR JÚNIOR, R. R. Responsabilidade civil do médico. *Revista dos Tribunais*, São Paulo, v. 718, p. 33-53, ago. 1995.

AGUIAR JÚNIOR, R. R. Responsabilidade civil do médico. *ADV Advocacia Dinâmica: seleções jurídicas*, São Paulo, v. 1, p. 25-35, dez. 2003. Edição especial.

ALONSO, P. S. G. Responsabilidade civil por fato de terceiros. *Revista de Direito Privado*, v. 64, p. 161-176. out.-dez. 2015.

ALVIM, A. A. *Da inexecução das obrigações e suas consequências*. 4. ed. São Paulo: Saraiva, 1972.

ALVIM, J. E. *Teoria geral do processo*. 16. ed. Rio de Janeiro: Editora Forense, 2014.

AMARAL, F. Os atos ilícitos. *In*: DOMINGOS, F. N.; MENDES, G. F.; MARTINS FILHO, I. G. S (Coords.). *O novo código civil*: estudos em homenagem ao Prof. Miguel Reale. São Paulo: LTr, 2003.

ARMSTRONG, M. Competition in two-sided markets. *RAND Journal of Economics*, v. 37, nº 3, 2006.

ATHAYDE, A. *Antitruste, varejo e infrações à ordem econômica*. São Paulo: Singular, 2017.

BENJAMIN, A. H. V. *Comentário ao Código de Proteção ao Consumidor*. São Paulo: Saraiva, 1991.

BENTHAM, J. *Tratado de las pruebas judiciales* – sacado de los manuscritos de Jeremias Bentham, por Esteban Dumont, y traducido al castellano por D. Jose Gomez Castro. Madrid: Imprenta de Don Tomás Jordan, 1835. t. 1.

BRASIL. Lei nº 3.071, de 1º de janeiro de 1916. *Diário Oficial da União*, Poder Executivo, Rio de Janeiro, 1 jan. 1916. Seção 1, p. 133.

BRASIL. Lei nº 8.078, de 11 de setembro de 1990. *Diário Oficial da União*, Poder Executivo, Brasília, 11 set. 1990. Seção 1, p. 1.

BRASIL. Lei nº 10.406, de 10 de janeiro de 2002. *Diário Oficial da União*, Poder Executivo, Brasília, 11 jan. 2002. Seção 1, p. 1.

BRASIL. Lei nº 13.105, de 16 de março de 2015. *Diário Oficial da União*, Poder Executivo, Brasília, 17 mar. 2015. Seção 1, p. 51.

BUENO, C. S. A inversão do ônus da prova no projeto do Novo Código de Processo Civil (PL nº 8046/2010). 1. ed. *In*: NETO, O. O. (Coord.). *A Prova no Direito Processual Civil* – Estudos em homenagem ao professor João Batista Lopes. São Paulo: Verbatim, 2013.

CAILLAUD, B.; JULLIEN, B. Competing cybermediaries. *European Economic Review*, v. 45, nº 4, 2001.

CAMBI, E. *Curso de direito probatório*. Curitiba: Juruá, 2014.

CARNAÚBA, D. A. A responsabilidade civil pela perda de uma chance: a técnica na jurisprudência francesa. *Revista dos Tribunais*, São Paulo, v. 922, ago. 2012.

CASTRO, D. P. *Poderes instrutórios do juiz no processo civil*. São Paulo: Saraiva, 2013.

CAVALIERI FILHO, S. *Programa de responsabilidade civil*. 9. ed. São Paulo: Atlas, 2010.

CAVALIERI FILHO, S. *Programa de responsabilidade civil*. 10 ed. São Paulo: Atlas, 2012.

CHAVES, A. *Tratado de direito civil* – responsabilidade civil. São Paulo. Ed: Revista dos Tribunais, v. 3, 1985.

CLÁPIS, A. L. Obrigações de meio, de resultado e de garantia. *Revista de Direito Privado*, v. 39, p. 9-42, jul-set. 2009.

COMPARATO, F. K. Obrigações de meios, de resultado e de garantia. *In*: NERY JUNIOR, Nelson; NERY, R. M. A. *Doutrinas essenciais*: responsabilidade civil. São Paulo: Revista dos Tribunais, 2010, v. 5. p. 333-348.

COMPARATO, F. K. Democratização e segurança. *Revista de Direito Administrativo e Infraestrutura*. v. 8, p. 391-407, jan-mar, 2019.

COUTO E SILVA, C. V. *Obrigação como processo*. São Paulo: Bushatsky, 1976.

DAVID, T. B. Da culpa ao nexo causal: o caráter valorativo do juízo de causalidade e as (de)limitações da responsabilidade objetiva. *Revista de Direito Civil Contemporâneo*, v. 17, p. 87-104, out-dez. 2018.

DEMOGUE, R. *Traité des obligations em général*. Paris: Libraire Arthur Rousseau, v. 4, nº 66, 1924.

DERNBURG, H. *Pandekten*: obligationenrecht. Berlim: Verlag von velhagen rafling, v. 2, 1892

DIAS, J. A. *Da Responsabilidade civil*. 6. ed. v. 1. Rio de Janeiro: Forense, 1979.

DIAS, J. A. *Da responsabilidade civil*. 10. ed. v.1-2. Rio de Janeiro: Forense, 1995.

DIDIER JR, F. *Curso de direito processual civil* – teoria da prova, direito probatório, teoria do precedente, decisão judicial, coisa julgada e antecipação dos efeitos da tutela. 4. ed. Salvador: JusPodvim, 2009.

DINIZ, M. H. *Curso de direito civil brasileiro*. 6. ed. São Paulo: Saraiva, v. 2, 1991.

EVANS, D. S. Some empirical aspects of multi-sided plataform industries. *Review of Network Economics*, v. 2, nº 3, 2003.

EVANS, D. S.; SCHMALENSEE, R. *Matchmakers*: the new economics of multi-sided plataforms. Massachusetts: Havard business review press, 2016.

FACHIN, L. E. Responsabilidade civil contemporânea no Brasil: notas para uma aproximação. *Revista Jurídica – Notadez*, Sapucaia do Sul, ano 58, nº 397, nov. 2010.

FACCHINI NETO, E. Da responsabilidade civil no novo código. *Revista Jurídica – Notadez*, Porto Alegre, ano 55, nº 356, jun. 2007.

FACCHINI NETO, E. Da responsabilidade civil no novo código. *Revista do Tribunal Superior do Trabalho*, Porto Alegre, RS, v. 76, nº 1, p. 17-63, jan-mar. 2010.

FARAH, E. Contrato profissional médico-paciente: reflexões sobre obrigações básicas. *Revista do Instituto dos Advogados de São Paulo*, v. 23, p. 96 – 137, jan-jun, 2009.

FERREIRA, A. L. L.; VIEGAS, C. M. A. R. A Teoria do risco empresarial e a responsabilidade do código de defesa do consumidor. *Revista de Direito Empresarial*, v. 16, p. 195 - 209, jul-ago. 2016.

FIUZA, C. *Direito Civil*: curso completo. 1. ed. São Paulo: Revista dos Tribunais; Belo Horizonte: Del Rey Editora, 2014.

FLUMIGNAN, S. J. G. Por uma reinterpretação do princípio da reparação integral: a teoria da fair compensation. *Revista de Direito Privado*, v. 83, p. 113-135, nov. 2017.

FRANÇA, G. V. *Direito médico*. 13. ed. Rio de Janeiro: Forense, 2016.

FRAZÃO, A. Networks e redes contratuais: os desafios decorrentes da crescente sofisticação e interdependência funcional entre contratos empresariais. *Portal Jota*, 3 maio, 2017. Disponível em: http://twixar.me/VnC1. Acesso em: 26 ago. 2019.

GARCEZ NETO, Martinho. *Prática da responsabilidade civil*. 4. ed. São Paulo: Saraiva, 1989.

GOLDBERG, J. C. P. Two conceptions of tort damages: fair v. full compensation. *DePaul Law Review*, v. 55, nº 2, p. 435-468, 2006.

GONÇALVES, C. R. *Responsabilidade civil*. 14. ed. São Paulo: Saraiva, 2012.

GREGORI, M. S. Desafios para a desjudicialização dos planos de saúde. *Revista dos Tribunais*, v. 1004, p. 123-143, jun. 2019.

HOUAISS, Antônio. *Dicionário Houaiss da Língua Portuguesa*. 1. ed. Rio de Janeiro: Objetiva, 2001.

LYRA JÚNIOR, E. M. G. Notas sobre a solidariedade passiva no novo Código Civil. *Revista de Direito Privado*, v. 13, p. 29-50, jan-mar, 2003.

KIRCHNER, F. A responsabilidade civil objetiva no art. 927, parágrafo único, do CC/2002. *Doutrinas Essenciais de Responsabilidade Civil*, v. 2. p. 617-657. out, 2011.

LANGE, H.; SCHIEMANN, G. *Schadensersatz*. 3. ed. Tubinga: Mohr, 2003.

LARENZ, K. *Lehrbuch des Schuldrechts*. 14. ed. v. 1. Munique: C. H. Beck, 1987.

LIMA, A. F. *Culpa e risco*. 2. ed. São Paulo: Revista dos Tribunais, 1998.

LOPES, O. A. *Fundamentos da responsabilidade civil*. Rio de Janeiro: Processo, 2019.

LOPES, T. A. *Responsabilidade civil dos médicos*. São Paulo: Saraiva, 1984.

LOPES, T. A. *O dano estético*. 3. ed. São Paulo: Revista dos Tribunais, 2004.

LOPES, T. A. *Princípio da precaução e evolução da responsabilidade civil*. São Paulo: Quartier Latin, 2010.

LUNDBERG, G. D. Fair compensation for physicians. *Journal of the American Medical Association*, v. 261, 1989.

MACHADO, M. C.; BOTTESINI, M. Â. *Lei dos planos e seguros de saúde comentada*: artigo por artigo. 3. ed. Rio de Janeiro: Forense, 2015.

MAIA, M. C. A Responsabilidade objetiva mitigada hospitalar por dano médico: releitura jurisprudencial e a culpa médica como defeito e nexo causal na harmonização entre o *caput* e o §4º do art. 14 do CDC. *Revista de Direito do Consumidor*, v. 99, p. 233-257, maio-jun. 2015.

MARCHI, C. A culpa e o surgimento da responsabilidade objetiva: evolução histórica, noções gerais e hipóteses previstas no Código Civil. *Revista dos Tribunais*, v. 964, p. 215-241, fev. 2016.

MAZZONI, C. M. Le obbligazioni solidali e indivisibili&quot. *In*: RESCIGNO, P. (Dir.). *Trattato di diretto privato*: obbligazioni e contratti. Turim: Utet, p. 592, 1992. t. 1.

MCGINN, K. Fair compensation. *Waste Age*, v. 35, out. 2004.

MELO, N. D. *Responsabilidade civil por erro médico*: doutrina e jurisprudência. 3. ed. São Paulo: Atlas, 2014.

MINASSE, E. *Contribuição ao estudo das obrigações "de meios" e "de resultado"*. 2005. Dissertação (Mestrado) – Faculdade de Direito, Universidade de São Paulo, São Paulo, 2005.

MIRANDA, F. C. P. *Tratado de direito privado*. 3. ed. Rio de Janeiro: Borsói, 1971.

MONTEIRO, W. B. *Curso de direito civil* – direito das obrigações. 7. ed. São Paulo: Saraiva, v. 4, 1971.

MONTORO, A. F. *Introdução à ciência do direito*. 25. ed. São Paulo: Revista dos Tribunais, 2000.

NETO FACCHINI, E. Da responsabilidade civil no novo Código. *Revista Jurídica – Notadez*, Porto Alegre, ano 55, nº 356, jun. 2007.

NETO KFOURI, Miguel. Graus de culpa e a redução equitativa da indenização. *Revista dos Tribunais*, São Paulo, v. 94, nº 839, p. 47-68, 2005.

NORONHA, F. *Direito das obrigações*. São Paulo: Saraiva, v. 1, p. 638, 2003.

NORONHA, F. O nexo de causalidade na responsabilidade civil. *In*: NERY, R. M. A. (Org.) *Doutrinas essenciais* – responsabilidade civil. São Paulo: Revista dos Tribunais, 2010.

OCDE. ORGANIZAÇÃO PARA A COOPERAÇÃO E DESENVOLVIMENTO ECONÔMICO. *Roundtable on two-sided markets*: competition Committee. DAF/COMP. Paris: OECD, nº 69, 2009.

OLIVA, M. D.; RENTERIA, P. Obrigação de meios e assunção de riscos pelo consumidor. *Revista de Direito do Consumidor*, v. 111, p. 19-38, maio-jun 2017.

OLIVEIRA, A. P. C. R. A "culpa" e a evolução da responsabilidade civil. *Revista de Direito Privado*, v. 88, p. 81-95, abr/2018.

PARKER, G.; VAN ALSTYNE, M. Two-sided network effects: a theory of information product desing. *Management Science*, v. 51, nº 10, 2005.

PEREIRA, C. M. S. *Responsabilidade civil*. 9. ed. Rio de Janeiro: Forense, 1998.

PEREIRA, C. M. S. *Instituições de direito civil*: teoria geral das obrigações. 26. ed. v. 3. Rio de Janeiro: Forense, 2003.

PEREIRA, F. Q. Danos estéticos: uma análise à luz da função social da responsabilidade civil e da dignidade humana. *Revista de Direito Privado*, v. 50, p. 205-226, abr./jun 2012.

POLLACK, D. International legal note – salaries of CEOs of international NGOs: ensuring fair compensation while avoiding populist rage. *International Social Work*, v. 54, jul. 2011.

REINIG, G. H. L. A teoria da causalidade adequada no direito civil alemão. *Revista de Direito Civil Contemporâneo*, v. 18, jan-mar, 2019.

ROCHET, J-C; TIROLE, J. Cooperation among competitors: some economics of payment card associations. *Rand Journal of economics*, v. 33. nº 4, 2002.

SANTOS, M. H. G.; RIVERA M. Releitura da responsabilidade civil em cirurgia estética à luz do novo CPC: obrigação de meio e não de resultado. *Revista dos Tribunais*, São Paulo, v. 982, ago. 2017.

SAVIGNY, F. C. Sistema del derecho romano actual. *Nueva biblioteca universal. Sección jurídica*, v. 1, nº IV, p. 25, 1879.

SCAFF, F. C. *Direito à saúde no âmbito privado*: contratos de adesão, planos de saúde e seguro-saúde. São Paulo: Saraiva, 2010.

SCHEINMAN, M. O representante comercial autônomo e a sua responsabilidade na relação de consumo. *Revista de Direito Privado*, v. 13, p. 170-186, jan-mar, 2003.

SCHLECHTRIEM, P.; SCHMIDT-KESSEL, M. *Schuldrecht*: allgemeiner Teil. 6. ed. Tubinga: Mohr Siebeck, 2005.

SEBASTIÃO, J. *Fundamentos da responsabilidade civil e criminal e a aplicação do direito*. 1. ed. Minas Gerais: W/S Editora e Gráfica, 2012.

SILVA, C. C. O *conceito de dano no direito brasileiro e comparado*. São Paulo: Revista dos Tribunais, nº 14, 1991.

SILVA, R. P. *Responsabilidade civil pela perda de uma chance*. São Paulo: Atlas, 2007.

SILVA, W. M. *Responsabilidade sem culpa*. 2. ed. São Paulo: Saraiva, 1974.

SOUZA de, N. O.; COLETTO, Y. C. Legislação do SUS comentada e esquematizada. 2. ed. Ed. Sanar, Salvador, 2018

STOCO, R. *Tratado de responsabilidade civil*. 10. ed. São Paulo. Ed. Revista dos Tribunais, 2014.

TEPEDINO, G. A responsabilidade médica na experiência brasileira contemporânea. *Revista Jurídica*, Porto Alegre: Natadez, ano 51, nº 311, set. 2003.

THEODORO JÚNIOR, H. *Curso de direito processual civil*: teoria geral do direito processual civil e processo de conhecimento. 52. ed. v. 1. Rio de Janeiro: Forense, 2011.

TUNC, A. A distinção entre obrigações de resultado e obrigações de diligência. *Revista dos Tribunais*, v. 778, p. 755-764. ago. 2000.

TUNC, A. A distinção entre obrigações de resultado e obrigações de diligência. *Doutrinas Essenciais Obrigações e Contratos*, v. 1, p. 747-760, jun. 2011.

VANGEROW, K. A. L. P. *Marburg e Leipzig*: Elwert'sche Universitätsbuchhandlung. 7. ed. v. 3, nº 571, 1869. 3 v.

VARELA, J. M. A. *Das obrigações em geral*. 9. ed. Coimbra: Almedina, v. I, 1996.

VENOSA, S. S. *Direito civil*: responsabilidade civil. 10. ed. São Paulo: Atlas, 2010.

VIEIRA, I. A. A análise econômica da responsabilidade civil – viabilidade jurídica no sistema nacional e o princípio da reparação integral. *Doutrinas Essenciais de Dano Moral*, v. 1, p. 593-613, jul. 2015.

APÊNDICE

(continua)

Superior Tribunal de Justiça

Número do processo	Teve comprovação de culpa pelo erro médico?		Conclusão (teve condenação?)		Teoria aplicada	Turma Julgadora	Data julgamento
	Sim	Não	Sim	Não			
AgRg no AResp nº 1.380.905/ES	x			Não	A responsabilidade do plano de saúde é **objetiva**, dado o defeito na prestação do serviço médico. Reconhecida a culpa do médico (negligência e *imperícia*), **responde solidariamente a cadeia de fornecimento do serviço**.	Quarta	28/05/2019
Resp nº 1.769.520/SP	x		x		A responsabilidade do plano de saúde é *objetiva*, em razão da **teoria da culpa in eligendo**. Para os hospitais, no que tange à atuação dos médicos contratados que neles laboram, a responsabilidade é subjetiva, dependendo da demonstração de culpa do preposto, não se podendo excluir a culpa do médico e responsabilizar, objetivamente, o hospital. Já em relação ao plano de saúde, a sua responsabilidade decorre da falha na prestação do serviço médico e hospitalar próprio ou credenciado.	Terceira	21/05/2019
AgRg no Resp nº 1.289.696/RJ	x		x		A responsabilidade do plano de saúde é solidária e objetiva, em razão da teoria do *risco do empreendimento*.	Terceira	30/04/2019
AgRg no Resp nº 1.311.258/RJ	x		x		A responsabilidade do plano de saúde é solidária e objetiva, em razão da teoria do *risco do empreendimento*.	Terceira	10/12/2018

(continua)

Superior Tribunal de Justiça

Número do processo	Teve comprovação de culpa pelo erro médico?		Conclusão (teve condenação?)		Teoria aplicada	Turma Julgadora	Data julgamento
	Sim	Não	Sim	Não			
AgRg no AResp nº 616.058/RJ	x		x		A responsabilidade é objetiva.	Quarta	27/11/2018
AgRg no AResp nº 1.008.571/SP	x		x		A responsabilidade é por *solidariedade*, com hospitais e médicos credenciados/referenciados.	Terceira	26/06/2018
Resp nº 1.673.051/SP	x		x		Responsabilidade do plano por ato dos seus profissionais credenciados. *Teoria da perda de uma chance.*	Terceira	05/06/2018
Resp nº 1.733.387/SP	x			x	Não há responsabilização do plano de saúde se entre a empresa e o médico não existir qualquer vínculo. Reformou-se o acórdão que condenava o plano, em razão de participar da "cadeia de fornecimento dos serviços".	Terceira	15/05/2018
AgRg no AResp nº 1.155.735/SP	x		x		*Responsabilidade por culpa in eligendo.* Consignou-se também que a responsabilidade dos hospitais é objetiva em relação aos danos causados por seus prepostos, dispensada a demonstração de culpa relativa aos atos lesivos.	Quarta	22/03/2018
AgRg no AResp nº 986.140/SP	x		x		Responsabilidade do plano por *"participar da cadeia de fornecimento dos serviços médicos"*, respondendo solidariamente em razão dos danos ocasionados por hospitais e médicos credenciados/conveniados.	Quarta	16/05/2017

(continua)

Superior Tribunal de Justiça

Número do processo	Teve comprovação de culpa pelo erro médico?		Conclusão (teve condenação?)		Teoria aplicada	Turma Julgadora	Data julgamento
	Sim	Não	Sim	Não			
AgRg no AResp nº 364.766/RJ	x		x		Responsabilidade do plano por *"participar da cadeia de fornecimento dos serviços médicos"*, respondendo solidariamente em razão dos danos ocasionados por hospitais e médicos credenciados/conveniados.	Terceira	03/12/2015
AgRg no Resp nº 1.537.273	x		x		*Responsabilidade objetiva da fornecedora de serviços, pelos danos causados pelos médicos a ela vinculados.* Afastou-se a alegação de culpa exclusiva de terceiro, pois se entendeu que o médico não é um "terceiro" em relação à Amil.	Terceira	24/11/2015
AgRg no AResp nº 785.521/RJ	x		x		Responsabilidade da Cooperativa (Unimed) pelo erro médico do cooperado.	Quarta	17/11/2015
AgRg no AResp nº 518.051/SP	x		x		Responsabilidade por erro cometido nas instalações próprias da operadora do plano de saúde. Indicou-se a responsabilização da operadora de plano de saúde por falha na prestação dos serviços médicos e hospitalares próprios ou credenciados.	Quarta	01/10/2015

APÊNDICE | 177

(continua)

Superior Tribunal de Justiça

Número do processo	Teve comprovação de culpa pelo erro médico?		Conclusão (teve condenação?)		Teoria aplicada	Turma Julgadora	Data julgamento
	Sim	Não	Sim	Não			
AgRg no AResp nº 661.608/SP	x			x	Em contratos do tipo "seguro-saúde", *não há responsabilidade da seguradora, dado que há livre escolha, pelo consumidor*, do profissional que irá realizar o serviço. Isso afasta a teoria da "cadeia de fornecedores".	Quarta	06/08/2015
Resp nº 1.359.156/SP	x		x		Responsabilidade da operadora do plano de saúde, por estar na "cadeia de fornecedores do serviço".	Terceira	05/03/2015
AgRg no Resp nº 1.442.794/DF	x		x		Responsabilidade da empresa operadora de *plano/seguro* de saúde, que detém legitimidade, juntamente com clínica a ela *conveniada*, para figurar no polo passivo de ação judicial proposta por segurado para indenização de danos morais por ele sofridos em razão de erro de diagnóstico cometido por médico/especialista da clínica conveniada. Há responsabilidade da operadora, dado que o paciente escolheu os profissionais dentre aqueles constantes de uma lista de *credenciados*.	Quarta	16/12/2014

(continua)

	Superior Tribunal de Justiça					
	Teve comprovação de culpa pelo erro médico?		Conclusão (teve condenação?)			
Número do processo	Sim	Não	Sim	Não	Teoria aplicada	Turma Julgadora	Data julgamento
AgRg no Resp nº 1.319.848/RJ	x		x		Independentemente da natureza jurídica da empresa (se operadora de plano de saúde ou seguradora), ela oferece médicos credenciados ou referenciados, com o que responde por erros por eles cometidos. *Aplica-se a teoria da responsabilidade objetiva, oriunda do Código de Defesa do Consumidor*.	Quarta	03/06/2014
Resp nº 1.170.239/RJ	x		x		A responsabilidade é solidária entre a operadora do plano de saúde e o hospital conveniado/credenciado.	Quarta	21/05/2013
AgRg no AResp nº 194.955/RS	x		x		A responsabilidade da operadora de plano de saúde configura-se por falhas nos serviços prestados por profissionais credenciados.	Terceira	26/02/2013
Resp nº 866.371/RS	x		x		Responsabilidade objetiva e solidária, por médicos e hospitais contratados ou credenciados. Contudo, internamente, a responsabilização é nos limites da culpa de cada agente.	Quarta	27/03/2012
AgRg no Resp nº 1.037.348/SP	x		x		Em se tratando de erro cometido por médico credenciado à empresa prestadora do plano de assistência à saúde, esta é parte legítima para figurar no polo passivo da ação indenizatória movida pelo associado.	Terceira	04/08/2011

(continua)

Superior Tribunal de Justiça

Número do processo	Teve comprovação de culpa pelo erro médico? Sim	Teve comprovação de culpa pelo erro médico? Não	Conclusão (teve condenação?) Sim	Conclusão (teve condenação?) Não	Teoria aplicada	Turma Julgadora	Data julgamento
AgRg no AResp nº 1.385.555/BA	x		x		Responsabilidade objetiva da empresa, por falha na prestação de serviços pelos médicos constantes no rol de conveniados, dado que o paciente não possui "livre escolha".	Terceira	14/06/2011
Resp nº 579.839/SP	x		x		Não se teceram considerações sobre as razões pelas quais o plano de saúde deveria ter sido condenado.	Quarta	24/11/2009
AgRg no AResp nº 682.875/RJ			x		A responsabilidade da operadora de plano de saúde configura-se por falhas nos serviços prestados por profissionais credenciados.	Terceira	15/09/2009
AgRg no AResp nº 495.306/DF	x		x		A responsabilidade da operadora de plano de saúde (do tipo Cooperativa) configura-se por falhas nos serviços prestados por profissionais credenciados.	Terceira	25/05/2004
Resp nº 328309/RJ	x		X		A responsabilidade da operadora de plano de saúde configura-se por falhas nos serviços prestados por profissionais credenciados ou autorizados.	Quarta	08/10/2002
Resp nº 309760/RJ	x		x		A responsabilidade da operadora de plano de saúde (do tipo Cooperativa) configura-se por falhas nos serviços prestados por profissionais credenciados.	Quarta	06/11/2001

(conclusão)

	Teve comprovação de culpa pelo erro médico?		Conclusão (teve condenação?)		Superior Tribunal de Justiça		
Número do processo	Sim	Não	Sim	Não	Teoria aplicada	Turma Julgadora	Data julgamento
Resp nº 138059/ MG	x		x		A responsabilidade da operadora de plano de saúde configura-se por falhas nos serviços prestados por profissionais credenciados ou autorizados. No voto da Min. Nancy, falou-se em *"risco-proveito"*.	Terceira	13/03/2001
Resp nº 164.084/SP		x		x	A responsabilidade da operadora de plano de saúde (do tipo Cooperativa) configura-se por falhas nos serviços prestados por profissionais credenciados.	Quarta	17/02/2000

Esta obra foi composta em fonte
Palatino Linotype, corpo 10
e impressa em papel Offset 75g
(miolo) e Supremo 250g (capa)
pela Paulinelli Serviços Gráficos.